CAZAQUE

VOCABULÁRIO

PORTUGUÊS BRASILEIRO

PORTUGUÊS
CAZAQUE

Para alargar o seu léxico e apurar
as suas competências linguísticas

9000 palavras

Vocabulário Português Brasileiro-Cazaque - 9000 palavras

Por Andrey Taranov

Os vocabulários da T&P Books destinam-se a ajudar a aprender, a memorizar, e a rever palavras estrangeiras. O dicionário é dividido em temas, cobrindo todas as principais esferas de atividades quotidianas, negócios, ciência, cultura, etc.

O processo de aprendizagem, utilizando os dicionários baseados em temáticas da T&P Books dá-lhe as seguintes vantagens:

* Informação de origem corretamente agrupada predetermina o sucesso em fases subsequentes da memorização de palavras
* Disponibilização de palavras derivadas da mesma raiz, o que permite a memorização de unidades de texto (em vez de palavras separadas)
* Pequenas unidades de palavras facilitam o processo de estabelecimento de vínculos associativos necessários para a consolidação do vocabulário
* O nível de conhecimento da língua pode ser estimado pelo número de palavras aprendidas

T&P Books Publishing
www.tpbooks.com

ISBN: 978-1-78767-283-3

Este livro também está disponível em formato E-book.
Por favor visite www.tpbooks.com ou as principais livrarias on-line.

VOCABULÁRIO CAZAQUE
palavras mais úteis

Os vocabulários da T&P Eooks destinam-se a ajudar a aprender, a memorizar, e a rever palavras estrangeiras. O vocabulário contém mais de 9000 palavras de uso comum organizadas tematicamente.

O vocabulário contém as palavras mais comummente usadas

Recomendado como adicional para qualquer curso de línguas

Satisfaz as necessidades dos iniciados e dos alunos avançados de línguas estrangeiras

Conveniente para o uso diário, sessões de revisão e atividades de auto-teste

Permite avaliar o seu vocabulário

Características especias do vocabulário

- As palavras estão organizadas de acordo com o seu significado, e não por ordem alfabética
- As palavras são apresentadas em três colunas para facilitar os processos de revisão e auto-teste
- As palavras compostas são divididas em pequenos blocos para facilitar o processo de aprendizagem
- O vocabulário oferece uma transcrição simples e adequada de cada palavra estrangeira

O vocabulário contém 256 tópicos incluindo:

Conceitos básicos, Números, Cores, Meses, Estações do ano, Unidades de medida, Roupas & Acessórios, Alimentos & Nutrição, Restaurante, Membros da Família, Parentes, Caráter, Sentimentos, Emoções, Doenças, Cidade, Passeios, Compras, Dinheiro, Casa, Lar, Escritório, Trabalho no Escritório, Importação & Exportação, Marketing, Pesquisa de Emprego, Esportes, Educação, Computador, Internet, Ferramentas, Natureza, Países, Nacionalidades e muito mais ...

TABELA DE CONTEÚDOS

GUIA DE PRONUNCIAÇÃO

Alfabeto fonético T&P	Exemplo Cazaque	Exemplo Português
[a]	танәуы [tanawi]	chamar
[e]	лейтенант [lejtenant]	metal
[ɛ]	экран [ɛkran]	mesquita
[i]	сөндіру [søndiru]	sinônimo
[ı]	принцип [prıntsıp]	sinônimo
[ɨ]	айқындық [ajqindiq]	sinônimo
[o]	жолбарыс [ʒolbaris]	lobo
[u]	қуыру [quiru]	bonita
[ʉ]	жүгері [ʒʉgerı]	nacional
[ʊ]	қаламуш [qalamʊʃ]	bonita
[ø]	актөр [aktør]	orgulhoso
[æ]	әзірлеу [æzirleu]	semana
[ju]	сарғаю [sarɣaju]	nacional
[ja]	саяхат [sajahat]	Himalaias
[b]	баяндау [bajandau]	barril
[d]	құндыз [qundiz]	dentista
[dʒ]	джинси [dʒınsi]	adjetivo
[f]	ферма [ferma]	safári
[g]	үлгісі [ʉlgiʃi]	gosto
[ɣ]	жағдай [ʒaɣdaj]	agora
[ʒ]	қажетті [qaʒetti]	talvez
[j]	өгей ана [øgej ana]	Vietnã
[h]	халық [haliq]	[h] aspirada
[k]	кілегей [kilegej]	aquilo
[l]	либерал [lıberal]	libra
[m]	көмектесу [kømektesu]	magnólia
[n]	неміс [nemis]	natureza
[ŋ]	қаңтар [qaŋtar]	alcançar
[p]	пайдалы [pajdali]	presente
[q]	қақпақ [qaqpaq]	teckel
[r]	реттелім [rettelim]	riscar
[s]	санырау [saŋirau]	sanita
[ʃ]	сиқыршы [sıqirʃi]	mês
[ɕ]	түщі [tʊɕi]	shiatsu
[t]	тақтайша [taqtajʃa]	tulipa
[ts]	инфляция [ınfljatsıja]	tsé-tsé
[tʃ]	чемпион [tʃempiɔn]	Tchau!
[v]	вольт [voĺt]	fava

Alfabeto fonético T&P Exemplo Cazaque　　　　**Exemplo Português**

[z]	заңгер [zaŋger]	sésamo
[w]	бауыр [bawir]	bonita
[ʲ]	компьютер [kɔmpʲuter]	sinal suave

ABREVIATURAS
usadas no vocabulário

Abreviaturas do Português

adj	-	adjetivo
adv	-	advérbio
anim.	-	animado
conj.	-	conjunção
desp.	-	esporte
etc.	-	Etcetera
ex.	-	por exemplo
f	-	nome feminino
f pl	-	feminino plural
fem.	-	feminino
inanim.	-	inanimado
m	-	nome masculino
m pl	-	masculino plural
m, f	-	masculino, feminino
masc.	-	masculino
mat.	-	matemática
mil.	-	militar
pl	-	plural
prep.	-	preposição
pron.	-	pronome
sb.	-	sobre
sing.	-	singular
v aux	-	verbo auxiliar
vi	-	verbo intransitivo
vi, vt	-	verbo intransitivo, transitivo
vr	-	verbo reflexivo
vt	-	verbo transitivo

CONCEITOS BÁSICOS

Conceitos básicos. Parte 1

1. Pronomes

eu	мен	[men]
você	сен	[sen]
ele, ela	ол	[ol]
nós	біз	[biz]
vocês	сендер	[sender]
eles, elas	олар	[olar]

2. Cumprimentos. Saudações. Despedidas

Oi!	Сәлем!	[sælem]
Olá!	Сәлеметсіз бе?	[sælemetsiz be]
Bom dia!	Қайырлы таң!	[qajïrlï taŋ]
Boa tarde!	Қайырлы күн!	[qajïrlï kʉn]
Boa noite!	Қайырлы кеш!	[qajïrlï keʃ]
cumprimentar (vt)	сәлемдесу	[sælemdesu]
Oi!	Сәлем!	[sælem]
saudação (f)	сәлем	[sælem]
saudar (vt)	амандасу	[amandasu]
Como você está?	Қалыңыз қалай?	[qalïŋïz qalaj]
Como vai?	Қалың қалай?	[qalïŋ qalaj]
E aí, novidades?	Не жаңалық бар?	[ne ʒaŋalïq bar]
Tchau!	Сау болыңыз!	[sau bolïŋïz]
Até logo!	Сау бол!	[sau bol]
Até breve!	Келесі кездескенше!	[kelesi kezdeskenʃæ]
Adeus! (sing.)	Қош!	[qoʃ]
Adeus! (pl)	Сау болыңыз!	[sau bolïŋïz]
despedir-se (dizer adeus)	коштасу	[qoʃtasu]
Até mais!	Әзір!	[æzir]
Obrigado! -a!	Рахмет!	[rahmet]
Muito obrigado! -a!	Үлкен рахмет!	[ʉlken rahmet]
De nada	Мархабат	[marhabat]
Não tem de quê	Мархабат түк емес	[marhabat tʉk emes]
Não foi nada!	Түк емес	[tʉk emes]
Desculpa!	Кешір!	[keʃir]
Desculpe!	Кешіріңіз!	[keʃiriŋiz]
desculpar (vt)	кешіру	[keʃiru]

desculpar-se (vr)	кешірім сұрау	[keʃirim surau]
Me desculpe	Кешірім сұраймын	[keʃirim surajmin]
Desculpe!	Кешіріңіз!	[keʃiriŋiz]
perdoar (vt)	кешіру	[keʃiru]
Não faz mal	Оқасы жоқ	[oqasɨ ʒoq]
por favor	өтінемін	[øtinemin]

Não se esqueça!	Ұмытпаңызшы!	[umɨtpaŋɨzʃi]
Com certeza!	Әрине!	[ærɪne]
Claro que não!	Әрине жоқ!	[ærɪne ʒoq]
Está bem! De acordo!	Келісемін!	[kelisemin]
Chega!	Болды!	[boldɨ]

3. Como se dirigir a alguém

senhor	Мырза	[mɨrza]
senhora	Ханым	[hanɨm]
senhorita	Қыз	[qɨz]
jovem	Жігіт	[ʒigit]
menino	Ұл	[ul]
menina	Қыз	[qɨz]

4. Números cardinais. Parte 1

zero	нөл	[nøl]
um	бір	[bir]
dois	екі	[eki]
três	үш	[uʃ]
quatro	төрт	[tørt]

cinco	бес	[bes]
seis	алты	[altɨ]
sete	жеті	[ʒeti]
oito	сегіз	[segiz]
nove	тоғыз	[toɣɨz]

dez	он	[on]
onze	он бір	[on bir]
doze	он екі	[on eki]
treze	он үш	[on uʃ]
catorze	он төрт	[on tørt]

quinze	он бес	[on bes]
dezesseis	он алты	[on altɨ]
dezessete	он жеті	[on ʒeti]
dezoito	он сегіз	[on segiz]
dezenove	он тоғыз	[on toɣɨz]

vinte	жиырма	[ʒɨɨrma]
vinte e um	жиырма бір	[ʒɨɨrma bir]
vinte e dois	жиырма екі	[ʒɨɨrma eki]
vinte e três	жиырма үш	[ʒɨɨrma uʃ]

trinta	отыз	[otiz]
trinta e um	отыз бір	[otiz bir]
trinta e dois	отыз екі	[otiz eki]
trinta e três	отыз үш	[otiz uʃ]
quarenta	қырық	[qiriq]
quarenta e um	қырық бір	[qiriq bir]
quarenta e dois	қырық екі	[qiriq eki]
quarenta e três	қырық үш	[qiriq uʃ]
cinquenta	елу	[elu]
cinquenta e um	елу бір	[elu bir]
cinquenta e dois	елу екі	[elu eki]
cinquenta e três	елу үш	[elu uʃ]
sessenta	алпыс	[alpis]
sessenta e um	алпыс бір	[alpis bir]
sessenta e dois	алпыс екі	[alpis eki]
sessenta e três	алпыс үш	[alpis uʃ]
setenta	жетпіс	[ʒetpis]
setenta e um	жетпіс бір	[ʒetpis bir]
setenta e dois	жетпіс екі	[ʒetpis eki]
setenta e três	жетпіс үш	[ʒetpis uʃ]
oitenta	сексен	[seksen]
oitenta e um	сексен бір	[seksen bir]
oitenta e dois	сексен екі	[seksen eki]
oitenta e três	сексен үш	[seksen uʃ]
noventa	тоқсан	[toqsan]
noventa e um	тоқсан бір	[toqsan bir]
noventa e dois	тоқсан екі	[toqsan eki]
noventa e três	тоқсан үш	[toqsan uʃ]

5. Números cardinais. Parte 2

cem	жүз	[ʒuz]
duzentos	екі жүз	[eki ʒuz]
trezentos	үш жүз	[uʃ ʒuz]
quatrocentos	төрт жүз	[tørt ʒuz]
quinhentos	бес жүз	[bes ʒuz]
seiscentos	алты жүз	[alti ʒuz]
setecentos	жеті жүз	[ʒeti ʒuz]
oitocentos	сегіз жүз	[segiz ʒuz]
novecentos	тоғыз жүз	[toɣiz ʒuz]
mil	мың	[miŋ]
dois mil	екі мың	[eki miŋ]
três mil	үш мың	[uʃ miŋ]
dez mil	он мың	[on miŋ]
cem mil	жүз мың	[ʒuz miŋ]
um milhão	миллион	[mıllıon]
um bilhão	миллиард	[mıllıard]

6. Números ordinais

primeiro (adj)	бірінші	[birinʃi]
segundo (adj)	екінші	[ekinʃi]
terceiro (adj)	үшінші	[ʉʃinʃi]
quarto (adj)	төртінші	[tørtinʃi]
quinto (adj)	бесінші	[besinʃi]

sexto (adj)	алтыншы	[altinʃi]
sétimo (adj)	жетінші	[ʒetinʃi]
oitavo (adj)	сегізінші	[segizinʃi]
nono (adj)	тоғызыншы	[toɣizinʃi]
décimo (adj)	оныншы	[oninʃi]

7. Números. Frações

fração (f)	бөлшек	[bølʃæk]
um meio	екіден бір	[ekiden bir]
um terço	үштен бір	[ʉʃten bir]
um quarto	төрттен бір	[tørtten bir]

um oitavo	сегізден бір	[segizden bir]
um décimo	оннан бір	[onan bir]
dois terços	үштен екі	[ʉʃten eki]
três quartos	төрттен үш	[tørtten ʉʃ]

8. Números. Operações básicas

subtração (f)	азайту	[azajtu]
subtrair (vi, vt)	алу	[alu]
divisão (f)	бөлү	[bølʉ]
dividir (vt)	бөлү	[bølʉ]

adição (f)	қосу	[qosu]
somar (vt)	қосу	[qosu]
adicionar (vt)	қосу	[qosu]
multiplicação (f)	көбейту	[købejtu]
multiplicar (vt)	көбейту	[købejtu]

9. Números. Diversos

algarismo, dígito (m)	сан	[san]
número (m)	сан	[san]
numeral (m)	сан есім	[san esim]
menos (m)	алу белгісі	[alu belgisi]
mais (m)	қосу белгісі	[qosu belgisi]
fórmula (f)	формула	[formula]
cálculo (m)	есептеп шығару	[eseptep ʃiɣaru]
contar (vt)	санау	[sanau]

| calcular (vt) | есептеу | [esepteu] |
| comparar (vt) | салыстыру | [salistiru] |

| Quanto? | Неше? | [neʃæ] |
| Quantos? -as? | Қанша? | [qanʃa] |

soma (f)	қосынды	[qosindi]
resultado (m)	қорытынды	[qoritindi]
resto (m)	қалдық	[qaldiq]

alguns, algumas ...	бірнеше	[birneʃæ]
pouco (~ tempo)	көп емес ...	[köp emes]
resto (m)	қалғаны	[qalɣani]
um e meio	бір жарым	[bir ʒarim]
dúzia (f)	дожна	[doʒna]

ao meio	қақ бөліп	[qaq bölip]
em partes iguais	бірдей бөлу	[birdej bölʉ]
metade (f)	жарты	[ʒarti]
vez (f)	рет	[ret]

10. Os verbos mais importantes. Parte 1

abrir (vt)	ашу	[aʃu]
acabar, terminar (vt)	бітіру	[bitiru]
aconselhar (vt)	кеңес беру	[keŋes beru]
adivinhar (vt)	шешу	[ʃæʃu]
advertir (vt)	ескерту	[eskertu]

ajudar (vt)	көмектесу	[kömektesu]
almoçar (vi)	түскі тамақ жеу	[tʉski tamaq ʒeu]
alugar (~ um apartamento)	жалға алу	[ʒalɣa alu]
amar (pessoa)	жақсы көру	[ʒaqsi köru]
ameaçar (vt)	қорқыту	[qorqitu]

anotar (escrever)	жазу	[ʒazu]
apressar-se (vr)	асығу	[asiɣu]
arrepender-se (vr)	өкіну	[ökinu]
assinar (vt)	қол қою	[qol qoju]
brincar (vi)	әзілдеу	[æzildeu]

brincar, jogar (vi, vt)	ойнау	[ojnau]
buscar (vt)	іздеу	[izdeu]
caçar (vi)	аулау	[aulau]
cair (vi)	құлау	[qʊlau]
cavar (vt)	қазу	[qazu]
chamar (~ por socorro)	жәрдемге шақыру	[ʒærdemge ʃaqiru]

chegar (vi)	келу	[kelu]
chorar (vi)	жылау	[ʒɨlau]
começar (vt)	бастау	[bastau]
comparar (vt)	салыстыру	[salistiru]
concordar (dizer "sim")	келу	[könu]
confiar (vt)	сену	[senu]

confundir (equivocar-se)	қателесу	[qatelesu]
conhecer (vt)	білу	[bilu]
contar (fazer contas)	санау	[sanau]
contar com ...	үміт арту ...	[ʉmit artu]
continuar (vt)	жалғастыру	[ʒalɣastɨru]
controlar (vt)	бақылау	[baqɨlau]
convidar (vt)	шақыру	[ʃaqɨru]
correr (vi)	жүгіру	[ʒʉgiru]
criar (vt)	құру	[quru]
custar (vt)	тұру	[tʊru]

11. Os verbos mais importantes. Parte 2

dar (vt)	беру	[beru]
dar uma dica	тұспалдау	[tʊspaldau]
decorar (enfeitar)	әсемдеу	[æsemdeu]
defender (vt)	қорғау	[qorɣau]
deixar cair (vt)	түсіру	[tʉsiru]
descer (para baixo)	түсу	[tʉsu]
desculpar (vt)	кешіру	[keʃiru]
desculpar-se (vr)	кешірім сұрау	[keʃirim surau]
dirigir (~ uma empresa)	басқару	[basqaru]
discutir (notícias, etc.)	талқылау	[talqɨlau]
disparar, atirar (vi)	ату	[atu]
dizer (vt)	айту	[ajtu]
duvidar (vt)	шүбәлану	[ʃʉbælanu]
encontrar (achar)	табу	[tabu]
enganar (vt)	алдау	[aldau]
entender (vt)	түсіну	[tʉsinu]
entrar (na sala, etc.)	кіру	[kiru]
enviar (uma carta)	жөнелту	[ʒøneltu]
errar (enganar-se)	қателесу	[qatelesu]
escolher (vt)	таңдау	[taŋdau]
esconder (vt)	жасыру	[ʒasɨru]
escrever (vt)	жазу	[ʒazu]
esperar (aguardar)	тосу	[tosu]
esperar (ter esperança)	үміттену	[ʉmittenu]
esquecer (vt)	ұмыту	[ʊmɨtu]
estudar (vt)	зерттеу	[zerttu]
exigir (vt)	талап ету	[talap etu]
existir (vi)	тіршілік ету	[tirʃilik etu]
explicar (vt)	түсіндіру	[tʉsindiru]
falar (vi)	сөйлесу	[søjlesu]
faltar (a la escuela, etc.)	өткізу	[øtkizu]
fazer (vt)	жасау	[ʒasau]
ficar em silêncio	үндемеу	[ʉndemeu]
gabar-se (vr)	мақтану	[maqtanu]

gostar (apreciar)	ұнау	[ʊnau]
gritar (vi)	айғайлау	[ajɣajlau]
guardar (fotos, etc.)	сақтау	[saqtau]
informar (vt)	мәлімдеу	[mælimdeu]
insistir (vi)	кеуделеу	[keudeleu]

insultar (vt)	қорлау	[qorlau]
interessar-se (vr)	көңіл қою	[kəɳil qoju]
ir (a pé)	жүру	[ʒʉru]
ir nadar	шомылу	[ʃomilu]
jantar (vi)	кешкі тамақ ішу	[keʃki tamaq iʃu]

12. Os verbos mais importantes. Parte 3

ler (vt)	оқу	[oqu]
libertar, liberar (vt)	босату	[bosatu]
matar (vt)	өлтіру	[øltiru]
mencionar (vt)	атау	[atau]
mostrar (vt)	көрсету	[kørsetu]

mudar (modificar)	өзгерту	[øzgertu]
nadar (vi)	жүзу	[ʒʉzu]
negar-se a ... (vr)	бас тарту	[bas tartu]
objetar (vt)	қарсы айту	[qarsi ajtu]

observar (vt)	бақылау	[baqilau]
ordenar (mil.)	бұйыру	[bujiru]
ouvir (vt)	есту	[estu]
pagar (vt)	төлеу	[tøleu]
parar (vi)	тоқтау	[toqtau]

parar, cessar (vt)	доғару	[doɣaru]
participar (vi)	қатысу	[qatisu]
pedir (comida, etc.)	жасату	[ʒasatu]
pedir (um favor, etc.)	сұрау	[sʊrau]
pegar (tomar)	алу	[alu]

pegar (uma bola)	ұстау	[ʊstau]
pensar (vi, vt)	ойлану	[ojlanu]
perceber (ver)	байқап қалу	[bajqap qalu]
perdoar (vt)	кешіру	[keʃiru]
perguntar (vt)	сұрау	[sʊrau]

permitir (vt)	рұқсат ету	[rʊqsat etu]
pertencer a ... (vi)	меншігі болу	[menʃigi bolu]
planejar (vt)	жоспарлау	[ʒosparlau]
poder (~ fazer algo)	істей алу	[istej alu]
possuir (uma casa, etc.)	ие болу	[ie bolu]

preferir (vt)	артық көру	[artiq køru]
preparar (vt)	әзірлеу	[æzirleu]
prever (vt)	алдағыны болжап білу	[aldaɣini bolʒap bilu]
prometer (vt)	уәде беру	[wæde beru]
pronunciar (vt)	айту	[ajtu]

propor (vt)	ұсыну	[usinu]
punir (castigar)	жазалау	[ʒazalau]
quebrar (vt)	сындыру	[sindiru]
queixar-se de …	арыздану	[arizdanu]
querer (desejar)	тілеу	[tileu]

13. Os verbos mais importantes. Parte 4

ralhar, repreender (vt)	ұрсу	[ursu]
recomendar (vt)	кеңес беру	[keŋes beru]
repetir (dizer outra vez)	қайталау	[qajtalau]
reservar (~ um quarto)	кейінге сақтау	[kejinge saqtau]
responder (vt)	жауап беру	[ʒawap beru]

rezar, orar (vi)	сиыну	[siinu]
rir (vi)	күлу	[kulu]
roubar (vt)	ұрлау	[urlau]
saber (vt)	білу	[bilu]
sair (~ de casa)	шығу	[ʃiɣu]

salvar (resgatar)	құтқару	[qutqaru]
seguir (~ alguém)	артынан еру	[artinan eru]
sentar-se (vr)	отыру	[otiru]
ser necessário	керек болу	[kerek bolu]

ser, estar	болу	[bolu]
significar (vt)	білдіру	[bilʹdiru]
sorrir (vi)	күлімдеу	[kulimdeu]
subestimar (vt)	бағаламау	[baɣalamau]
surpreender-se (vr)	таңдану	[taŋdanu]

tentar (~ fazer)	байқап көру	[bajqap køru]
ter (vt)	өзінде бар болу	[øzinde bar bolu]
ter fome	жегісі келу	[ʒegisi kelu]

ter medo	қорқу	[qorqu]
ter sede	шөлдеу	[ʃøldeu]
tocar (com as mãos)	қозғау	[qozɣau]
tomar café da manhã	ертеңгі тамақты ішу	[erteŋgi tamaqti iʃu]
trabalhar (vi)	жұмыс істеу	[ʒumis isteu]
traduzir (vt)	аудару	[audaru]

unir (vt)	біріктіру	[biriktiru]
vender (vt)	сату	[satu]
ver (vt)	көру	[køru]
virar (~ para a direita)	бұру	[buru]
voar (vi)	ұшу	[uʃu]

14. Cores

| cor (f) | түс | [tus] |
| tom (m) | түс | [tus] |

| tonalidade (m) | түс | [tʉs] |
| arco-íris (m) | кемпір қосақ | [kempir qosaq] |

branco (adj)	ақ	[aq]
preto (adj)	қара	[qara]
cinza (adj)	сұр	[sʊr]

verde (adj)	жасыл	[ʒasɨl]
amarelo (adj)	сары	[sari]
vermelho (adj)	қызыл	[qɨzɨl]

azul (adj)	көк	[køk]
azul claro (adj)	көгілдір	[køgildir]
rosa (adj)	қызғылт	[qɨzɣɨlt]
laranja (adj)	сарғылт	[sarɣɨlt]
violeta (adj)	күлгін	[kʉlgin]
marrom (adj)	қоңыр	[qoŋir]

| dourado (adj) | алтын | [altin] |
| prateado (adj) | күміс түсті | [kʉmis tʉsti] |

bege (adj)	ақшыл сары	[aqʃil sari]
creme (adj)	ақшыл сары	[aqʃil sari]
turquesa (adj)	көк	[køk]
vermelho cereja (adj)	шие түсті	[ʃie tʉsti]
lilás (adj)	ақшыл көк	[aqʃil køk]
carmim (adj)	қызыл күрең	[qɨzɨl kʉreŋ]

claro (adj)	ашық	[aʃiq]
escuro (adj)	қоңыр	[qonir]
vivo (adj)	айқын	[ajqin]

de cor	түрлі-түсті	[tʉrli tʉsti]
a cores	түрлі-түсті	[tʉrli tʉsti]
preto e branco (adj)	қара-ала	[qara ala]
unicolor (de uma só cor)	бір түсті	[bir tʉsti]
multicolor (adj)	алабажақ	[alabaʒaq]

15. Questões

Quem?	Кім?	[kim]
O que?	Не?	[ne]
Onde?	Қайда?	[qajda]
Para onde?	Қайда?	[qajda]
De onde?	Қайдан?	[qajdan]
Quando?	Қашан?	[qaʃan]
Para quê?	Неге?	[nege]
Por quê?	Неге?	[nege]

Para quê?	Не үшін?	[ne ʉʃin]
Como?	Қалай?	[qalaj]
Qual (~ é o problema?)	Қандай?	[qandaj]
Qual (~ deles?)	Нешінші?	[neʃinʃi]
A quem?	Кімге?	[kimge]

De quem?	Кім туралы?	[kim turali]
Do quê?	Не жөнінде?	[ne ʒøninde]
Com quem?	Кіммен?	[kimmen]

Quantos? -as?	Қанша?	[qanʃa]
Quanto?	Неше?	[neʃæ]
De quem? (masc.)	Кімнің?	[kimniŋ]

16. Preposições

com (prep.)	бірге	[birge]
sem (prep.)	онсыз	[onsiz]
a, para (exprime lugar)	-да, -де, -та, -те	[da], [de], [ta], [te]
sobre (ex. falar ~)	туралы	[turali]
antes de ...	алдында	[aldinda]
em frente de ...	алдында	[aldinda]

debaixo de ...	астында	[astinda]
sobre (em cima de)	үстінде	[ʉstinde]
em ..., sobre ...	үстінде	[ʉstinde]
de, do (sou ~ Rio de Janeiro)	-дан, -ден, -тан, -тен	[dan], [den], [tan], [ten]
de (feito ~ pedra)	-дан, -ден, -тан, -тен	[dan], [den], [tan], [ten]

| em (~ 3 dias) | кейін, соң | [kejin], [soŋ] |
| por cima de ... | кейін, соң | [kejin], [soŋ] |

17. Palavras funcionais. Advérbios. Parte 1

Onde?	Қайда?	[qajda]
aqui	осында	[osinda]
lá, ali	онда	[onda]

| em algum lugar | әлдеқайда | [ældeqajda] |
| em lugar nenhum | еш жерде | [eʃ ʒerde] |

| perto de ... | қасында | [qasinda] |
| perto da janela | терезенің қасында | [terezeniŋ qasinda] |

Para onde?	Қайда?	[qajda]
aqui	мұнда	[mʊnda]
para lá	онда	[onda]
daqui	осы жерден	[osi ʒerdeŋ]
de lá, dali	ол жақтан	[ol ʒaqtan]

| perto | жақын | [ʒaqin] |
| longe | алыс | [alis] |

perto de ...	қасында	[qasinda]
à mão, perto	жақын	[ʒaqin]
não fica longe	алыс емес	[alis emes]
esquerdo (adj)	сол	[sol]
à esquerda	сол жақтан	[sol ʒaqtan]

23

para a esquerda	солға	[solɣa]
direito (adj)	оң	[oŋ]
à direita	оң жақтан	[oŋ ʒaqtan]
para a direita	оңға	[oŋɣa]

em frente	алдынан	[aldinan]
da frente	алдыңғы	[aldiŋɣi]
adiante (para a frente)	алға	[alɣa]

atrás de …	артынан	[artinan]
de trás	артынан	[artinan]
para trás	кейін	[kejin]

| meio (m), metade (f) | орта | [orta] |
| no meio | ортасында | [ortasinda] |

do lado	бір бүйірден	[bir bʉjirden]
em todo lugar	барлық жерде	[barliq ʒerde]
por todos os lados	айнала	[ajnala]

de dentro	іштен	[iʃten]
para algum lugar	әлдеқайда	[æeldeqajda]
diretamente	тура	[tura]
de volta	кері	[keri]

| de algum lugar | қайдан болсада | [qajdan bolsada] |
| de algum lugar | қайдан болсада | [qajdan bolsada] |

em primeiro lugar	біріншіден	[birinʃiden]
em segundo lugar	екіншіден	[ekinʃiden]
em terceiro lugar	үшіншіден	[ʉʃinʃiden]

de repente	кенет	[kenet]
no início	басында	[basinda]
pela primeira vez	алғаш	[alɣaʃ]
muito antes de …	көп бұрын …	[køp bʉrin]
de novo	жаңадан	[ʒaŋadan]
para sempre	мәңгі-бақи	[mæŋgi baqı]

nunca	еш уақытта	[eʃ waqitta]
de novo	тағы	[taɣi]
agora	енді	[endi]
frequentemente	жиі	[ʒıi]
então	сол кезде	[sol kezde]
urgentemente	жедел	[ʒedel]
normalmente	әдетте	[æedette]

a propósito, …	айтпақшы	[ajtpaqʃi]
é possível	мүмкін	[mʉmkin]
provavelmente	мүмкін	[mʉmkin]
talvez	мүмкін	[mʉmkin]
além disso, …	одан басқа …	[odan basqa]
por isso …	сондиқтан	[sondiqtan]
apesar de …	қарамастан …	[qaramastan]
graças a …	арқасында …	[arqasinda]
que (pron.)	не	[ne]

que (conj.)	не	[ne]
algo	осы	[osï]
alguma coisa	бір нәрсе	[bir nærse]
nada	ештеңе	[eʃteŋe]

quem	кім	[kim]
alguém (~ que …)	кейбіреу	[kejbireu]
alguém (com ~)	біреу	[bireu]

ninguém	ешкім	[eʃkim]
para lugar nenhum	ешқайда	[eʃqajda]
de ninguém	ешкімнің	[eʃkimniŋ]
de alguém	біреудің	[bireudiŋ]

tão	солай	[solaj]
também (gostaria ~ de …)	дәл осындай	[dæl osïndaj]
também (~ eu)	да, де	[da], [de]

18. Palavras funcionais. Advérbios. Parte 2

Por quê?	Неге?	[nege]
por alguma razão	неге екені белгісіз	[nege ekeni belgisiz]
porque …	өйткені …	[øjtkeni]
por qualquer razão	бірдеңеге	[birdeŋege]

e (tu ~ eu)	және	[ʒæne]
ou (ser ~ não ser)	немесе	[nemese]
mas (porém)	бірақ	[biraq]
para (~ a minha mãe)	үшін	[ʉʃin]

muito, demais	тым	[tïm]
só, somente	тек қана	[tek qana]
exatamente	дәл	[dæl]
cerca de (~ 10 kg)	жуық	[ʒuïq]

aproximadamente	шамамен	[ʃamamen]
aproximado (adj)	шамасында	[ʃamasïnda]
quase	дерлік	[derlik]
resto (m)	қалғаны	[qalɣanï]

cada (adj)	әр	[ær]
qualquer (adj)	әрбіреу	[ærbireu]
muito, muitos, muitas	көп	[køp]
muitas pessoas	көптеген	[køptegen]
todos	бүкіл	[bʉkil]

em troca de …	айырбастау …	[ajïrbastau]
em troca	орнына	[ornïna]
à mão	қолмен	[qolmen]
pouco provável	күдікті	[kʉdikti]

provavelmente	сірә	[siræ]
de propósito	әдейі	[ædeji]
por acidente	кездейсоқ	[kezdejsoq]

muito	ете	[øte]
por exemplo	мысалы	[misali]
entre	арасында	[arasinda]
entre (no meio de)	арасында	[arasinda]
tanto	мұнша	[mʊnʃa]
especialmente	әсіресе	[æsirese]

Conceitos básicos. Parte 2

19. Opostos

rico (adj)	бай	[baj]
pobre (adj)	кедей	[kedej]
doente (adj)	ауру	[auru]
bem (adj)	дені сау	[deni sau]
grande (adj)	үлкен	[ulken]
pequeno (adj)	кішкентай	[kiʃkentaj]
rapidamente	тез	[tez]
lentamente	ақырын	[aqɨrɨn]
rápido (adj)	шапшаң	[ʃapʃaŋ]
lento (adj)	баяу	[bajau]
alegre (adj)	жайдары	[ʒajdarɨ]
triste (adj)	қайғылы	[qajɣɨlɨ]
juntos (ir ~)	бірге	[birge]
separadamente	жеке	[ʒeke]
em voz alta (ler ~)	дауыстап	[dawɨstap]
para si (em silêncio)	іштен	[iʃten]
alto (adj)	биік	[bɨik]
baixo (adj)	төмен	[tømen]
profundo (adj)	терең	[tereŋ]
raso (adj)	таяз	[tajaz]
sim	иә	[ɪæ]
não	жоқ	[ʒoq]
distante (adj)	алыс	[alɨs]
próximo (adj)	жақын	[ʒaqɨn]
longe	алысқа	[alɨsqa]
à mão, perto	қатар	[katar]
longo (adj)	ұзын	[uzɨn]
curto (adj)	қысқа	[qɨsqa]
bom (bondoso)	мейірімді	[mejirimdi]
mal (adj)	қатал	[qatal]
casado (adj)	үйленген	[ujlengen]

| solteiro (adj) | бойдақ | [bojdaq] |

| proibir (vt) | тыйым салу | [tijim salu] |
| permitir (vt) | рұқсат беру | [ruqsat beru] |

| fim (m) | соңы | [soŋi] |
| início (m) | басы | [basi] |

| esquerdo (adj) | сол | [sol] |
| direito (adj) | оң | [oŋ] |

| primeiro (adj) | бірінші | [birinʃi] |
| último (adj) | ақырғы | [aqirɣi] |

| crime (m) | қылмыс | [qilmis] |
| castigo (m) | жаза | [ʒaza] |

| ordenar (vt) | бұйыру | [bujiru] |
| obedecer (vt) | илігу | [ıligu] |

| reto (adj) | тік | [tik] |
| curvo (adj) | қисық | [qısiq] |

| paraíso (m) | жұмақ | [ʒumaq] |
| inferno (m) | тозақ | [tozaq] |

| nascer (vi) | туу | [tuu] |
| morrer (vi) | қайтыс болу | [qajtis bolu] |

| forte (adj) | күшті | [kuʃti] |
| fraco, débil (adj) | әлсіз | [ælsiz] |

| velho, idoso (adj) | кәрі | [kæri] |
| jovem (adj) | жас | [ʒas] |

| velho (adj) | ескі | [eski] |
| novo (adj) | жаңа | [ʒaŋa] |

| duro (adj) | қатты | [qatti] |
| macio (adj) | жұмсақ | [ʒumsaq] |

| quente (adj) | жылы | [ʒili] |
| frio (adj) | суық | [suiq] |

| gordo (adj) | семіз | [semiz] |
| magro (adj) | арық | [ariq] |

| estreito (adj) | тар | [tar] |
| largo (adj) | кең | [keŋ] |

| bom (adj) | жақсы | [ʒaqsi] |
| mau (adj) | жаман | [ʒaman] |

| valente, corajoso (adj) | қайсар | [qajsar] |
| covarde (adj) | қорқақ | [qorqaq] |

20. Dias da semana

segunda-feira (f)	дүйсенбі	[dujsenbi]
terça-feira (f)	сейсенбі	[sejsenbi]
quarta-feira (f)	сәрсенбі	[særsenbi]
quinta-feira (f)	бейсенбі	[bejsenbi]
sexta-feira (f)	жұма	[ʒuma]
sábado (m)	сенбі	[senbi]
domingo (m)	жексенбі	[ʒeksenbi]
hoje	бүгін	[bugin]
amanhã	ертең	[erteŋ]
depois de amanhã	бүрсігүні	[bursiguni]
ontem	кеше	[keʃæ]
anteontem	алдыңғы күні	[aldiŋɣi kuni]
dia (m)	күн	[kun]
dia (m) de trabalho	жұмыс күні	[ʒumis kuni]
feriado (m)	мерекелік күн	[merekelik kun]
dia (m) de folga	демалыс күні	[demalis kuni]
fim (m) de semana	демалыс	[demalis]
o dia todo	күні бойы	[kuni boji]
no dia seguinte	ертесіне	[ertesine]
há dois dias	екі күн кері	[eki kun keri]
na véspera	қарсаңында	[qarsaŋinda]
diário (adj)	күнделікті	[kundelikti]
todos os dias	күнбе-күн	[kunbe kun]
semana (f)	апта	[apta]
na semana passada	өткен жұмада	[øtken ʒumada]
semana que vem	келесі жұмада	[kelesi ʒumada]
semanal (adj)	апталық	[aptaliq]
toda semana	апта сайын	[apta sajin]
duas vezes por semana	жұмада екі рет	[ʒumada eki ret]
toda terça-feira	сейсенбі сайын	[sejsenbi sajin]

21. Horas. Dia e noite

manhã (f)	таң	[taŋ]
de manhã	таңертеңгілік	[taŋerteŋgilik]
meio-dia (m)	тал түс	[tal tus]
à tarde	түстен кейін	[tusten kejin]
tardinha (f)	кеш	[keʃ]
à tardinha	кешке	[keʃke]
noite (f)	түн	[tun]
à noite	түнде	[tunde]
meia-noite (f)	түн жарымы	[tun ʒarimi]
segundo (m)	секунд	[sekund]
minuto (m)	минут	[minut]
hora (f)	сағат	[saɣat]

meia hora (f)	жарты сағат	[ʒartɨ saɣat]
quarto (m) de hora	он бес минут	[on bes mɨnut]
quinze minutos	он бес минут	[on bes mɨnut]
vinte e quatro horas	тәулік	[tæulik]

nascer (m) do sol	күннің шығуы	[kүniŋ ʃɨɣuɨ]
amanhecer (m)	таң ату	[taŋ atu]
madrugada (f)	азан	[azan]
pôr-do-sol (m)	күннің батуы	[kүniŋ batuɨ]

de madrugada	таңертең	[taŋerteŋ]
esta manhã	бүгін ертеңмен	[bүgin erteŋmen]
amanhã de manhã	ертең ертеңгісін	[erteŋ erteŋgisin]

esta tarde	бүгін күндіз	[bүgin kүndiz]
à tarde	түстен кейін	[tүsten kejin]
amanhã à tarde	ертең түстен кейін	[erteŋ tүsten kejin]

| esta noite, hoje à noite | бүгін кешке | [bүgin keʃke] |
| amanhã à noite | ертең кешке | [erteŋ keʃke] |

às três horas em ponto	сағат дәл үште	[saɣat dæl үʃte]
por volta das quatro	сағат төртке қарай	[saɣat tørtke qaraj]
às doze	сағат он екіге қарай	[saɣat on ekige qaraj]

em vinte minutos	жиырма минуттан соң	[ʒɨɨrma mɨnuttan soŋ]
em uma hora	бір сағаттан соң	[bir saɣattan soŋ]
a tempo	дәл кезінде	[dæl kezinde]

... um quarto para	он бес минутсыз	[on bes mɨnutsɨz]
dentro de uma hora	сағат бойында	[saɣat bojɨnda]
a cada quinze minutos	әр он бес минут сайын	[ær on bes mɨnut sajɨn]
as vinte e quatro horas	тәулік бойы	[tæulik bojɨ]

22. Meses. Estações

janeiro (m)	қаңтар	[qaŋtar]
fevereiro (m)	ақпан	[aqpan]
março (m)	наурыз	[nauriz]
abril (m)	сәуір	[sæwir]
maio (m)	мамыр	[mamɨr]
junho (m)	маусым	[mausɨm]

julho (m)	шілде	[ʃilde]
agosto (m)	тамыз	[tamɨz]
setembro (m)	қыркүйек	[qɨrkүjek]
outubro (m)	қазан	[qazan]
novembro (m)	қараша	[qaraʃa]
dezembro (m)	желтоқсан	[ʒeltoqsan]

primavera (f)	көктем	[køktem]
na primavera	көктемде	[køktemde]
primaveril (adj)	көктемгі	[køktemgi]
verão (m)	жаз	[ʒaz]

no verão	жазда	[ʒazda]
de verão	жазғы	[ʒazɣɨ]
outono (m)	күз	[kʉz]
no outono	күзде	[kʉzde]
outonal (adj)	күздік	[kʉzdik]
inverno (m)	қыс	[qis]
no inverno	қыста	[qista]
de inverno	қысқы	[qisqɨ]
mês (m)	ай	[aj]
este mês	осы айда	[osɨ ajda]
mês que vem	келесі айда	[kelesi ajda]
no mês passado	өткен айда	[ɵtken ajda]
um mês atrás	бір ай кері	[bir aj keri]
em um mês	бір айдан кейін	[bir ajdan kejin]
em dois meses	екі айдан кейін	[eki ajdan kejin]
todo o mês	ай бойы	[aj bojɨ]
um mês inteiro	ай бойы	[aj bojɨ]
mensal (adj)	ай сайынғы	[aj sajɨnɣɨ]
mensalmente	ай сайын	[aj sajɨn]
todo mês	әр айда	[ær ajda]
duas vezes por mês	айда екі рет	[ajda eki ret]
ano (m)	жыл	[ʒɨl]
este ano	биылғы	[bɨɨlɣɨ]
ano que vem	келесі жылы	[kelesi ʒɨlɨ]
no ano passado	өткен жылы	[ɵtken ʒɨlɨ]
há um ano	алдынғы жылы	[aldɨnɣɨ ʒɨlɨ]
em um ano	бір жылдан кейін	[bir ʒɨldan kejin]
dentro de dois anos	екі жылдан кейін	[eki ʒɨldan kejin]
todo o ano	жыл бойы	[ʒɨl bojɨ]
um ano inteiro	жыл бойы	[ʒɨl bojɨ]
cada ano	әр жыл сайын	[ær ʒɨl sajɨn]
anual (adj)	жыл сайынғы	[ʒɨl sajɨnɣɨ]
anualmente	жыл сайын	[ʒɨl sajɨn]
quatro vezes por ano	жылына төрт рет	[ʒɨlɨna tɵrt ret]
data (~ de hoje)	сан	[san]
data (ex. ~ de nascimentc)	дата	[data]
calendário (m)	күнтізбе	[kʉntizbe]
meio ano	жарты жыл	[ʒartɨ ʒɨl]
seis meses	жарты жылдық	[ʒartɨ ʒɨldɨq]
estação (f)	маусым	[mausɨm]
século (m)	ғасыр	[ɣasɨr]

<h2>23. Tempo. Diversos</h2>

tempo (m)	уақыт	[waqit]
momento (m)	сәт	[sæt]

instante (m)	кірпік қағыс	[kirpik qaɣis]
instantâneo (adj)	көз ілеспейтін	[køz ilespejtin]
lapso (m) de tempo	уақыт бөлігі	[waqit bøligi]
vida (f)	өмір	[ømir]
eternidade (f)	мәңгілік	[mæŋgilik]

época (f)	дәуір	[dæwir]
era (f)	кезең	[kezeŋ]
ciclo (m)	цикл	[tsikl]
período (m)	уақыт кезеңінде	[waqit kezeŋinde]
prazo (m)	мерзім	[merzim]

futuro (m)	келешек	[keleʃæk]
futuro (adj)	келешек	[keleʃæk]
da próxima vez	келесі жолы	[kelesi ʒoli]
passado (m)	өткен	[øtken]
passado (adj)	болған	[bolɣan]
na última vez	өткен жолы	[øtken ʒoli]
mais tarde	кейін	[kejin]
depois de ...	кейін	[kejin]
atualmente	қазір	[qazir]
agora	қазір	[qazir]
imediatamente	дереу	[dereu]
em breve	жуық арада	[ʒuiq arada]
de antemão	ертерек	[erterek]

há muito tempo	бұрын	[burin]
recentemente	жақында	[ʒaqinda]
destino (m)	тағдыр	[taɣdir]
recordações (f pl)	ес	[es]
arquivo (m)	мұрағат	[muraɣat]
durante ...	... уақытында	[waqitinda]
durante muito tempo	ұзақ	[uzaq]
pouco tempo	ұзақ емес	[uzaq emes]
cedo (levantar-se ~)	ерте	[erte]
tarde (deitar-se ~)	кеш	[keʃ]

para sempre	мәңгі бақи	[mæŋgi baqi]
começar (vt)	бастау	[bastau]
adiar (vt)	көшіру	[køʃiru]

ao mesmo tempo	біржолы	[birʒoli]
permanentemente	үнемі	[ünemi]
constante (~ ruído, etc.)	тұрақты	[turaqti]
temporário (adj)	уақытша	[waqitʃa]

às vezes	кейде	[kejde]
raras vezes, raramente	сирек	[sirek]
frequentemente	жиі	[ʒii]

24. Linhas e formas

| quadrado (m) | квадрат | [kvadrat] |
| quadrado (adj) | квадрат | [kvadrat] |

círculo (m)	дөңгелек	[døŋgelek]
redondo (adj)	дөңгелек	[døŋgelek]
triângulo (m)	үшбұрыш	[ʉʃbʊriʃ]
triangular (adj)	үш бұрышты	[ʉʃ bʊriʃti]

oval (f)	сопақ	[sopaq]
oval (adj)	сопақ	[sopaq]
retângulo (m)	тікбұрыш	[tikbʊriʃ]
retangular (adj)	тікбұрышты	[tikbʊriʃti]

pirâmide (f)	пирамида	[pɪramɪda]
losango (m)	қиық	[qɪiq]
trapézio (m)	трапеция	[trapetsɪja]
cubo (m)	текше	[tekʃæ]
prisma (m)	призма	[prɪzma]

circunferência (f)	дөңгелек	[døŋgelek]
esfera (f)	сфера	[sfera]
globo (m)	шар	[ʃar]
diâmetro (m)	диаметр	[dɪametr]
raio (m)	радиус	[radɪus]
perímetro (m)	периметр	[perɪmetr]
centro (m)	орта	[orta]

horizontal (adj)	көлденең	[køldeneŋ]
vertical (adj)	тік	[tik]
paralela (f)	параллель	[parallelʲ]
paralelo (adj)	параллель	[parallelʲ]

linha (f)	сызық	[sɨzɨq]
traço (m)	сызық	[sɨzɨq]
reta (f)	түзу	[tʉzu]
curva (f)	қисық сызық	[qɪsɨq sɨzɨq]
fino (linha ~a)	жіңішке	[ʒiŋiʃke]
contorno (m)	контур	[kontur]

interseção (f)	қиылысу	[qɪɨlɨsu]
ângulo (m) reto	тік бұрыш	[tik bʊriʃ]
segmento (m)	бұнақ	[bunaq]
setor (m)	сектор	[sektor]
lado (de um triângulo, etc.)	жақ	[ʒaq]
ângulo (m)	бұрыш	[bʊriʃ]

25. Unidades de medida

peso (m)	салмақ	[salmaq]
comprimento (m)	ұзындық	[uzindiq]
largura (f)	ен	[en]
altura (f)	биіктік	[bɪiktik]
profundidade (f)	тереңдік	[tereŋdik]
volume (m)	көлем	[kølem]
área (f)	аумақ	[aumaq]
grama (m)	грамм	[gramm]
miligrama (m)	миллиграм	[mɪllɪgram]

quilograma (m)	килограмм	[kɪlogramm]
tonelada (f)	тонна	[tona]
libra (453,6 gramas)	қадақ	[qadaq]
onça (f)	унция	[untsɪja]
metro (m)	метр	[metr]
milímetro (m)	миллиметр	[mɪllɪmetr]
centímetro (m)	сантиметр	[santɪmetr]
quilômetro (m)	километр	[kɪlometr]
milha (f)	миля	[mɪlja]
polegada (f)	дюйм	[djujm]
pé (304,74 mm)	фут	[fut]
jarda (914,383 mm)	ярд	[jard]
metro (m) quadrado	шаршы метр	[ʃarʃɪ metr]
hectare (m)	гектар	[gektar]
litro (m)	литр	[lɪtr]
grau (m)	градус	[gradus]
volt (m)	вольт	[volʲt]
ampère (m)	ампер	[amper]
cavalo (m) de potência	ат күші	[at kuʃɪ]
quantidade (f)	мөлшері	[mølʃæri]
um pouco de ...	аздап ...	[azdap]
metade (f)	жарты	[ʒartɪ]
dúzia (f)	дожна	[doʒna]
peça (f)	дана	[dana]
tamanho (m), dimensão (f)	көлем	[kølem]
escala (f)	масштаб	[masʃtab]
mínimo (adj)	ең азы	[eŋ azɪ]
menor, mais pequeno	ең кіші	[eŋ kɪʃɪ]
médio (adj)	орташа	[ortaʃa]
máximo (adj)	барынша көп	[barinʃa køp]
maior, mais grande	ең үлкен	[eŋ ʉlken]

26. Recipientes

pote (m) de vidro	банкі	[banki]
lata (~ de cerveja)	банкі	[banki]
balde (m)	шелек	[ʃælek]
barril (m)	бөшке	[bøʃke]
bacia (~ de plástico)	леген	[legen]
tanque (m)	бак	[bak]
cantil (m) de bolso	құты	[qutɪ]
galão (m) de gasolina	канистр	[kanɪstr]
cisterna (f)	цистерна	[tsɪsterna]
caneca (f)	сапты аяқ	[saptɪ ajaq]
xícara (f)	шыны аяқ	[ʃɪnɪ ajaq]

pires (m)	табақша	[tabaqʃa]
copo (m)	стақан	[staqan]
taça (f) de vinho	бокал	[bokal]
panela (f)	кастрөл	[kastrøl]
garrafa (f)	шөлмек	[ʃølmek]
gargalo (m)	ауыз	[awiz]
jarra (f)	графин	[grafın]
jarro (m)	көзе	[køze]
recipiente (m)	ыдыс	[idis]
pote (m)	құмыра	[qʊmira]
vaso (m)	ваза	[vaza]
frasco (~ de perfume)	шиша	[ʃıʃa]
frasquinho (m)	құты	[qʊti]
tubo (m)	сықпалы сауыт	[siqpali sawit]
saco (ex. ~ de açúcar)	қап	[qap]
sacola (~ plastica)	пакет	[paket]
maço (de cigarros, etc.)	десте	[deste]
caixa (~ de sapatos, etc.)	қорап	[qorap]
caixote (~ de madeira)	жәшік	[ʒæʃik]
cesto (m)	көрзеңке	[kærziŋke]

27. Materiais

material (m)	материал	[materıal]
madeira (f)	ағаш	[aɣaʃ]
de madeira	ағаш	[aɣaʃ]
vidro (m)	шыны	[ʃini]
de vidro	шыны	[ʃini]
pedra (f)	тас	[tas]
de pedra	тас	[tas]
plástico (m)	пластмасса	[plastmassa]
plástico (adj)	пластмасса	[plastmassa]
borracha (f)	резеңке	[rezeŋke]
de borracha	резеңке	[rezeŋke]
tecido, pano (m)	мата	[mata]
de tecido	матадан	[matadan]
papel (m)	қағаз	[qaɣaz]
de papel	қағаз	[qaɣaz]
papelão (m)	картон	[karton]
de papelão	картон	[karton]
polietileno (m)	полиэтилен	[polıɛtılen]
celofane (m)	целлофан	[ʦellofan]

| linóleo (m) | линолеум | [lınoleum] |
| madeira (f) compensada | жұқа тақтай | [ʒʊqa taqtaj] |

porcelana (f)	кәрлен	[kærlen]
de porcelana	кәрлен	[kærlen]
argila (f), barro (m)	балшық	[balʃiq]
de barro	балшықты	[balʃiqti]
cerâmica (f)	керамика	[keramıka]
de cerâmica	керамика	[keramıka]

28. Metais

metal (m)	металл	[metal]
metálico (adj)	металл	[metal]
liga (f)	қорытпа	[qoritpa]

ouro (m)	алтын	[altin]
de ouro	алтын	[altin]
prata (f)	күміс	[kʉmis]
de prata	күміс	[kʉmis]

ferro (m)	темір	[temir]
de ferro	темір	[temir]
aço (m)	болат	[bolat]
de aço (adj)	болат	[bolat]
cobre (m)	мыс	[mis]
de cobre	мыс	[mis]

alumínio (m)	алюминий	[aljumınıj]
de alumínio	алюминді	[aljumındi]
bronze (m)	қола	[qola]
de bronze	қола	[qola]

latão (m)	жез	[ʒez]
níquel (m)	никель	[nıkelʲ]
platina (f)	платина	[platına]
mercúrio (m)	сынап	[sinap]
estanho (m)	қалайы	[qalaji]
chumbo (m)	қорғасын	[qorɣasin]
zinco (m)	мырыш	[miriʃ]

O SER HUMANO

O ser humano. O corpo

29. Humanos. Conceitos básicos

ser (m) humano	адам	[adam]
homem (m)	еркек	[erkek]
mulher (f)	әйел	[æjel]
criança (f)	бала	[bala]
menina (f)	қыз бала	[qiz bala]
menino (m)	ұл бала	[ʊl bala]
adolescente (m)	жас өспірім	[ʒas øspirim]
velho (m)	қарт	[qart]
velha (f)	кемпір	[kempir]

30. Anatomia humana

organismo (m)	ағза	[aɣza]
coração (m)	жүрек	[ʒʉrek]
sangue (m)	қан	[qan]
artéria (f)	артерия	[arterija]
veia (f)	күретамыр	[kʉretamir]
cérebro (m)	ми	[mɪ]
nervo (m)	жүйке	[ʒʉjke]
nervos (m pl)	жүйкелер	[ʒʉjkeler]
vértebra (f)	омыртқа	[omirtqa]
coluna (f) vertebral	омыртқа	[omirtqa]
estômago (m)	асқазан	[asqazan]
intestinos (m pl)	ішектер	[iʃækter]
intestino (m)	ішек	[iʃæk]
fígado (m)	бауыр	[bawir]
rim (m)	бүйрек	[bʉjrek]
osso (m)	сүйек	[sʉjek]
esqueleto (m)	сүлде	[sʉlde]
costela (f)	қабырға	[qabirɣa]
crânio (m)	бас сүйек	[bas sʉjek]
músculo (m)	бұлшық ет	[bʊlʃiq et]
bíceps (m)	бицепс	[bɪtseps]
tríceps (m)	трицепс	[trɪtseps]
tendão (m)	тарамыс	[taramis]
articulação (f)	жілік	[ʒilik]

pulmões (m pl)	өкпе	[økpe]
órgãos (m pl) genitais	жыныс мүшелері	[ʒinis muʃæleri]
pele (f)	тері	[teri]

31. Cabeça

cabeça (f)	бас	[bas]
rosto, cara (f)	бет	[bet]
nariz (m)	мұрын	[murin]
boca (f)	ауыз	[awiz]

olho (m)	көз	[køz]
olhos (m pl)	көз	[køz]
pupila (f)	қарашық	[qaraʃiq]
sobrancelha (f)	қас	[qas]
cílio (f)	кірпік	[kirpik]
pálpebra (f)	қабақ	[qabaq]

língua (f)	тіл	[til]
dente (m)	тіс	[tis]
lábios (m pl)	ерін	[erin]
maçãs (f pl) do rosto	бет сүегі	[bet suegi]
gengiva (f)	қызыл иек	[qizil ıek]
palato (m)	таңдай	[taŋdaj]

narinas (f pl)	танауы	[tanawi]
queixo (m)	иек	[ıek]
mandíbula (f)	жақ	[ʒaq]
bochecha (f)	ұрт	[urt]

testa (f)	маңдай	[maŋdaj]
têmpora (f)	самай	[samaj]
orelha (f)	құлақ	[qulaq]
costas (f pl) da cabeça	желке	[ʒelke]
pescoço (m)	мойын	[mojin]
garganta (f)	тамақ	[tamaq]

cabelo (m)	шаш	[ʃaʃ]
penteado (m)	сәнденген шаш	[sændengen ʃaʃ]
corte (m) de cabelo	сәндеп қиылған шаш	[sændep qiilɣan ʃaʃ]
peruca (f)	жасанды шаш	[ʒasandi ʃaʃ]

bigode (m)	мұрт	[murt]
barba (f)	сақал	[saqal]
ter (~ barba, etc.)	өсіру	[øsiru]
trança (f)	бұрым	[burim]
suíças (f pl)	жақ сақал	[ʒaq saqal]

ruivo (adj)	жирен	[ʒıren]
grisalho (adj)	ақ шашты	[aq ʃaʃti]
careca (adj)	тақыр	[taqir]
calva (f)	бастың қасқасы	[bastiŋ qasqasi]
rabo-de-cavalo (m)	құйыршық	[qujirʃiq]
franja (f)	кекіл	[kekil]

32. Corpo humano

mão (f)	шашақ	[ʃaʃaq]
braço (m)	қол	[qol]
dedo (m)	саусақ	[sausaq]
polegar (m)	бас бармақ	[bas barmaq]
dedo (m) mindinho	шынашақ	[ʃinaʃaq]
unha (f)	тырнақ	[tirnaq]
punho (m)	жұдырық	[ʒʊdiriq]
palma (f)	алақан	[alaqan]
pulso (m)	білезік сүйектері	[bilezik sʉjekteri]
antebraço (m)	білек сүйектері	[bilek sʉjekteri]
cotovelo (m)	шынтақ	[ʃintaq]
ombro (m)	иық	[ɨiq]
perna (f)	аяқ	[ajaq]
pé (m)	табан	[taban]
joelho (m)	тізе	[tize]
panturrilha (f)	балтыр	[baltir]
quadril (m)	жая	[ʒaja]
calcanhar (m)	тақа	[taqa]
corpo (m)	дене	[dene]
barriga (f), ventre (m)	қарын	[qarin]
peito (m)	кеуде	[keude]
seio (m)	емшек	[emʃæk]
lado (m)	бүйір	[bʉjir]
costas (dorso)	арқа	[arqa]
região (f) lombar	белдеме	[beldeme]
cintura (f)	бел	[bel]
umbigo (m)	кіндік	[kindik]
nádegas (f pl)	бөксе	[bøkse]
traseiro (m)	бөксе	[bøkse]
sinal (m), pinta (f)	қал	[qal]
tatuagem (f)	татуировка	[tatuɪrovka]
cicatriz (f)	тыртық	[tirtiq]

Vestuário & Acessórios

33. Roupa exterior. Casacos

roupa (f)	киім	[kıim]
roupa (f) exterior	сыртқы киім	[sirtqi kıim]
roupa (f) de inverno	қысқы киім	[qisqi kıim]
sobretudo (m)	шапан	[ʃapan]
casaco (m) de pele	тон	[ton]
jaqueta (f) de pele	қысқа тон	[qisqa ton]
casaco (m) acolchoado	тұлып тон	[tuɫip ton]
casaco (m), jaqueta (f)	куртка	[kurtka]
impermeável (m)	жадағай	[ʒadaɣaj]
a prova d'água	су өтпейтін	[su øtpejtin]

34. Vestuário de homem & mulher

camisa (f)	көйлек	[køjlek]
calça (f)	шалбар	[ʃalbar]
jeans (m)	джинсы	[dʒınsi]
paletó, terno (m)	пиджак	[pıdʒak]
terno (m)	костюм	[kostjum]
vestido (ex. ~ de noiva)	көйлек	[køjlek]
saia (f)	белдемше	[beldemʃæ]
blusa (f)	блузка	[bluzka]
casaco (m) de malha	кеудеше	[keudeʃæ]
camiseta (f)	футболка	[futbolka]
short (m)	дамбал	[dambal]
training (m)	спорттық костюм	[sporttiq kostjum]
roupão (m) de banho	шапан	[ʃapan]
pijama (m)	түнгі жейде	[tʉngi ʒejde]
suéter (m)	свитер	[svıter]
pulôver (m)	пуловер	[pulover]
colete (m)	желетке	[ʒeletke]
fraque (m)	фрак	[frak]
smoking (m)	смокинг	[smokıng]
uniforme (m)	бірыңғай формалы киімдер	[biriŋɣaj formali kıimder]
roupa (f) de trabalho	жұмыс киімі	[ʒumis kıimi]
macacão (m)	комбинезон	[kombınezon]
jaleco (m), bata (f)	шапан	[ʃapan]

40

35. Vestuário. Roupa interior

roupa (f) íntima	іш киім	[iʃ kıim]
camiseta (f)	ішкөйлек	[iʃkøjlek]
meias (f pl)	шұлық	[ʃułïq]
camisola (f)	түнгі көйлек	[tungi køjlek]
sutiã (m)	кеудеше	[keudeʃæ]
meias longas (f pl)	гольф	[golʲf]
meias-calças (f pl)	шұлықдамбал	[ʃułïqdambal]
meias (~ de nylon)	шұлық	[ʃułïq]
maiô (m)	шомылу костюмі	[ʃomïlu kostjumi]

36. Adereços de cabeça

chapéu (m), touca (f)	телпек	[telpek]
chapéu (m) de feltro	қалпақ	[qalpaq]
boné (m) de beisebol	бейсболка	[bejsbolka]
boina (~ italiana)	кепеш	[kepeʃ]
boina (ex. ~ basca)	берет	[beret]
capuz (m)	капюшон	[kapjuʃon]
chapéu panamá (m)	панама	[panama]
touca (f)	тоқыма телпек	[toqïma telpek]
lenço (m)	орамал	[oramal]
chapéu (m) feminino	қалпақша	[qalpaqʃa]
capacete (m) de proteção	каска	[kaska]
bibico (m)	пилотка	[pılotka]
capacete (m)	дулыға	[dulïɣa]
chapéu-coco (m)	котелок	[kotelok]
cartola (f)	цилиндр	[tsılındr]

37. Calçado

calçado (m)	аяқ киім	[ajaq kıim]
botinas (f pl), sapatos (m pl)	бәтеңке	[bæteŋke]
sapatos (de salto alto, etc.)	туфли	[tuflı]
botas (f pl)	етік	[etik]
pantufas (f pl)	тәпішке	[tæpiʃke]
tênis (~ Nike, etc.)	кроссовкалар	[krossovkalar]
tênis (~ Converse)	кеды	[kedï]
sandálias (f pl)	сандал	[sandal]
sapateiro (m)	аяқ киім жамаушы	[ajaq kıim ʒamauʃï]
salto (m)	тақа	[taqa]
par (m)	қос	[qos]
cadarço (m)	бау	[bau]

amarrar os cadarços	байлау	[bajlau]
calçadeira (f)	аяқ киімге қасық	[ajaq kıimɣe qasiq]
graxa (f) para calçado	аяқ киімге жағатын кірем	[ajaq kıimɣe ʒaɣatin kirem]

38. Têxtil. Tecidos

algodão (m)	мақта	[maqta]
de algodão	мақтадан	[maqtadan]
linho (m)	зығыр	[ziɣir]
de linho	зығырдан	[ziɣirdan]

seda (f)	жібек	[ʒibek]
de seda	жібектен	[ʒibekten]
lã (f)	жүн	[ʒʉn]
de lã	жүнді	[ʒʉndi]

veludo (m)	барқыт	[barqit]
camurça (f)	күдері	[kʉderi]
veludo (m) cotelê	ши барқыт	[ʃı barqit]

nylon (m)	нейлон	[nejlon]
de nylon	нейлоннан	[nejlonan]
poliéster (m)	полиэстер	[polıɛster]
de poliéster	полиэстерден	[polıɛsterden]

couro (m)	тері	[teri]
de couro	теріден	[teriden]
pele (f)	аң терісі	[aŋ terisi]
de pele	аң терісі	[aŋ terisi]

39. Acessórios pessoais

luva (f)	биялай	[bıjalaj]
mitenes (f pl)	қолғап	[qolɣap]
cachecol (m)	шарф	[ʃarf]

óculos (m pl)	көзілдірік	[køzildirik]
armação (f)	жиектеме	[ʒıekteme]
guarda-chuva (m)	қол шатыр	[qol ʃatir]
bengala (f)	таяқ	[tajaq]
escova (f) para o cabelo	тарақ	[taraq]
leque (m)	желпігіш	[ʒelpigiʃ]

gravata (f)	галстук	[galstuk]
gravata-borboleta (f)	галстук-көбелек	[galstuk købelek]
suspensórios (m pl)	аспа	[aspa]
lenço (m)	қол орамал	[qol oramal]

pente (m)	тарақ	[taraq]
fivela (f) para cabelo	шаш қыстырғыш	[ʃaʃ qistirɣiʃ]
grampo (m)	шаш түйрегіш	[ʃaʃ tʉjregiʃ]

fivela (f)	айылбас	[ajilbas]
cinto (m)	белдік	[beldik]
alça (f) de ombro	белдік	[beldik]

bolsa (f)	сөмке	[sømke]
bolsa (feminina)	әйел сөмкесі	[æjel sømkesi]
mochila (f)	жолдорба	[ʒoldorba]

40. Vestuário. Diversos

moda (f)	сән	[sæn]
na moda (adj)	сәнді	[sændi]
estilista (m)	үлгіші	[ʉlgiʃi]

colarinho (m)	жаға	[ʒaɣa]
bolso (m)	қалта	[qalta]
de bolso	қалта	[qalta]
manga (f)	жең	[ʒeŋ]
ganchinho (m)	ілгіш	[ilgiʃ]
bragueta (f)	ілгек	[ilgek]

zíper (m)	ілгек	[ilgek]
colchete (m)	ілгек	[ilgek]
botão (m)	түйме	[tʉjme]
botoeira (casa de botão)	желкелік	[ʒelkelik]
soltar-se (vr)	түймені үзіп алу	[tʉjmeni ʉzip alu]

costurar (vi)	тігу	[tigu]
bordar (vt)	кесте тігу	[keste tigu]
bordado (m)	кесте	[keste]
agulha (f)	ине	[ine]
fio, linha (f)	жіп	[ʒip]
costura (f)	тігіс	[tigis]

sujar-se (vr)	былғану	[bilɣanu]
mancha (f)	дақ	[daq]
amarrotar-se (vr)	қырыстанып қалу	[qiristanip qalu]
rasgar (vt)	жырту	[ʒirtu]
traça (f)	күйе	[kʉje]

41. Cuidados pessoais. Cosméticos

pasta (f) de dente	тіс пастасы	[tis pastasi]
escova (f) de dente	месуек	[mæsuek]
escovar os dentes	тіс тазалау	[tis tazalau]

gilete (f)	ұстара	[ʊstara]
creme (m) de barbear	қырынуға арналған крем	[qirinuɣa arnalɣan krem]
barbear-se (vr)	қырыну	[qirinu]

| sabonete (m) | сабын | [sabin] |
| xampu (m) | сусабын | [susabin] |

tesoura (f)	қайшы	[qajʃɨ]
lixa (f) de unhas	тырнақ егеуіш	[tɨrnaq egewiʃ]
corta-unhas (m)	тістеуік	[tistewik]
pinça (f)	іскек	[iskek]

cosméticos (m pl)	косметика	[kosmetɨka]
máscara (f)	маска	[maska]
manicure (f)	маникюр	[manɨkjur]
fazer as unhas	маникюр жасау	[manɨkjur ʒasau]
pedicure (f)	педикюр	[pedɨkjur]

bolsa (f) de maquiagem	бояулар салатын сомке	[bojaular salatɨn somke]
pó (de arroz)	опа	[opa]
pó (m) compacto	опа сауыт	[opa sawɨt]
blush (m)	еңлік	[eŋlik]

perfume (m)	иіс су	[ɨis su]
água-de-colônia (f)	иіссу	[ɨissu]
loção (f)	лосьон	[losʲon]
colônia (f)	әтір	[ætir]

sombra (f) de olhos	қабақ бояуы	[qabaq bojawɨ]
delineador (m)	көзге арналған қарындаш	[køzge arnalɣan qarɨndaʃ]
máscara (f), rímel (m)	кірпік сүрмесі	[kirpik surmesi]

batom (m)	ерін далабы	[erin dalabɨ]
esmalte (m)	тырнақ арналған лак	[tɨrnaq arnalɣan lak]
laquê (m), spray fixador (m)	шашқа арналған лак	[ʃaʃqa arnalɣan lak]
desodorante (m)	дезодорант	[dezodorant]

creme (m)	иісмай	[ɨismaj]
creme (m) de rosto	бетке арналған крем	[betke arnalɣan krem]
creme (m) de mãos	қолға арналған крем	[qolɣa arnalɣan krem]
creme (m) antirrugas	әжімге қарсы кремі	[æʒimge qarsɨ kremi]
de dia	күндізгі иісмай	[kundizgi ɨismaj]
da noite	түнгі иісмай	[tungi ɨismaj]

absorvente (m) interno	тықпа	[tɨqpa]
papel (m) higiênico	дәрет қағазы	[dæret qaɣazɨ]
secador (m) de cabelo	шаш кептіргіш	[ʃaʃ keptirgiʃ]

42. Joalheria

joias (f pl)	асылдар	[asɨldar]
precioso (adj)	асыл	[asɨl]
marca (f) de contraste	белгі	[belgi]

anel (m)	сақина	[saqɨna]
aliança (f)	неке жүзігі	[neke ʒuzigi]
pulseira (f)	білезік	[bilezik]

brincos (m pl)	сырға	[sɨrɣa]
colar (m)	алқа	[alqa]
coroa (f)	таж	[taʒ]

colar (m) de contas	моншақ	[monʃaq]
diamante (m)	гауһар	[gauhar]
esmeralda (f)	зүмірет	[zʉmiret]
rubi (m)	лағыл	[laɣɨl]
safira (f)	жақұт	[ʒaqʊt]
pérola (f)	меруерт	[meruert]
âmbar (m)	көріптас	[kæriptas]

43. Relógios de pulso. Relógios

relógio (m) de pulso	сағат	[saɣat]
mostrador (m)	циферблат	[tsɨferblat]
ponteiro (m)	тіл	[til]
bracelete (em aço)	білезік	[bilezik]
bracelete (em couro)	таспа	[taspa]

pilha (f)	батарейка	[batarejka]
acabar (vi)	батарейка отырып қалды	[batarejka otirip qaldɨ]
trocar a pilha	батарейканы ауыстыру	[batarejkanɨ awistiru]
estar adiantado	асығу	[asɨɣu]
estar atrasado	кейіндеу	[kejindeu]

relógio (m) de parede	қабырға сағат	[qabɨrɣa saɣat]
ampulheta (f)	құм сағат	[qʊm saɣat]
relógio (m) de sol	күн сағаты	[kʉn saɣatɨ]
despertador (m)	оятар	[ojatar]
relojoeiro (m)	сағатшы	[saɣatʃɨ]
reparar (vt)	жөндеу	[ʒøndeu]

Alimentação. Nutrição

44. Comida

carne (f)	ет	[et]
galinha (f)	тауық	[tawiq]
frango (m)	балапан	[balapan]
pato (m)	үйрек	[ʉjrek]
ganso (m)	қаз	[qaz]
caça (f)	құс	[qʊs]
peru (m)	түйетауық	[tʉjetawiq]
carne (f) de porco	шошқа еті	[ʃoʃqa eti]
carne (f) de vitela	бұзау еті	[buzau eti]
carne (f) de carneiro	қой еті	[qoj eti]
carne (f) de vaca	сиыр еті	[sɨr eti]
carne (f) de coelho	қоян еті	[qojan eti]
linguiça (f), salsichão (m)	шұжық	[ʃʊʒiq]
salsicha (f)	сосиска	[sosɪska]
bacon (m)	бекон	[bekon]
presunto (m)	ветчина	[vetʃina]
pernil (m) de porco	сан ет	[san et]
patê (m)	бұқтырлған ет	[bʊqtirlɣan et]
fígado (m)	бауыр	[bawir]
guisado (m)	турама	[turama]
língua (f)	тіл	[til]
ovo (m)	жұмыртқа	[ʒʊmirtqa]
ovos (m pl)	жұмыртқалар	[ʒʊmirtqalar]
clara (f) de ovo	ақуыз	[aquiz]
gema (f) de ovo	сарыуыз	[sariwiz]
peixe (m)	балық	[baliq]
mariscos (m pl)	теңіз азығы	[teŋiz aziɣi]
crustáceos (m pl)	шаян тәрізділер	[ʃajan tærizdiler]
caviar (m)	уылдырық	[wildiriq]
caranguejo (m)	таңқышаян	[taŋqiʃajan]
camarão (m)	асшаян	[asʃajan]
ostra (f)	устрица	[ustrɪtsa]
lagosta (f)	лангуст	[langust]
polvo (m)	сегізаяқ	[segizajaq]
lula (f)	кальмар	[kalʲmar]
esturjão (m)	бекіре еті	[bekire eti]
salmão (m)	арқан балық	[arqan baliq]
halibute (m)	палтус	[paltus]
bacalhau (m)	нәлім	[nælim]

cavala, sarda (f)	скумбрия	[skumbrıja]
atum (m)	тунец	[tunets]
enguia (f)	жыланбалық	[ʒilanbaliq]
truta (f)	бахтах	[bahtah]
sardinha (f)	сардина	[sardına]
lúcio (m)	шортан	[ʃortan]
arenque (m)	майшабақ	[majʃabaq]
pão (m)	нан	[nan]
queijo (m)	ірімшік	[irimʃik]
açúcar (m)	қант	[qant]
sal (m)	тұз	[tʊz]
arroz (m)	күріш	[kʉriʃ]
massas (f pl)	түтік кеспе	[tʉtik kespe]
talharim, miojo (m)	кеспе	[kespe]
manteiga (f)	сарымай	[sarimaj]
óleo (m) vegetal	өсімдік майы	[øsimdik maji]
óleo (m) de girassol	күнбағыс майы	[kʉnbaɣis maji]
margarina (f)	маргарин	[margarın]
azeitonas (f pl)	зәйтүн	[zæjtʉn]
azeite (m)	зәйтүн майы	[zæjtʉn maji]
leite (m)	сүт	[sʉt]
leite (m) condensado	қоюлатқан сүт	[qojulatqan sʉt]
iogurte (m)	йогурт	[jogurt]
creme (m) azedo	қаймақ	[qajmaq]
creme (m) de leite	кілегей	[kilegej]
maionese (f)	майонез	[majonez]
creme (m)	крем	[krem]
grãos (m pl) de cereais	жарма	[ʒarma]
farinha (f)	ұн	[ʊn]
enlatados (m pl)	консервілер	[konserviler]
flocos (m pl) de milho	жүгері жапалақтары	[ʒʉgeri ʒapalaqtari]
mel (m)	бал	[bal]
geleia (m)	джем	[dʒem]
chiclete (m)	сағыз	[saɣiz]

45. Bebidas

água (f)	су	[su]
água (f) potável	ішетін су	[iʃætin su]
água (f) mineral	минералды су	[mıneraldi su]
sem gás (adj)	газсыз	[gazsiz]
gaseificada (adj)	газдалған	[gazdalɣan]
com gás	газдалған	[gazdalɣan]
gelo (m)	мұз	[mʊz]

com gelo	мұзбен	[muzben]
não alcoólico (adj)	алкогольсыз	[alkogolʲsiz]
refrigerante (m)	алкогольсыз сусын	[alkogolʲsiz susin]
refresco (m)	салқындататын сусын	[salqindatatin susin]
limonada (f)	лимонад	[limonad]
bebidas (f pl) alcoólicas	алкогольды ішімдіктер	[alkogolʲdi iʃimdikter]
vinho (m)	шарап	[ʃarap]
vinho (m) branco	ақшарап	[aqʃarap]
vinho (m) tinto	қызыл шарап	[qizil ʃarap]
licor (m)	ликер	[liker]
champanhe (m)	аққайнар	[aqqajnar]
vermute (m)	вермут	[vermut]
uísque (m)	виски	[viski]
vodca (f)	арақ	[araq]
gim (m)	жын	[ʒin]
conhaque (m)	коньяк	[konʲak]
rum (m)	ром	[rom]
café (m)	кофе	[kofe]
café (m) preto	қара кофе	[qara kofe]
café (m) com leite	кофе сүтпен	[kofe sutpen]
cappuccino (m)	кофе кілегеймен	[kofe kilegejmen]
café (m) solúvel	ерігіш кофе	[erigiʃ kofe]
leite (m)	сүт	[sut]
coquetel (m)	коктейль	[koktejlʲ]
batida (f), milkshake (m)	сүт коктейлі	[sut koktejli]
suco (m)	шырын	[ʃirin]
suco (m) de tomate	қызанақ шырыны	[qizanaq ʃirini]
suco (m) de laranja	апельсин шырыны	[apelʲsin ʃirini]
suco (m) fresco	жаңа сығылған шырын	[ʒaŋa siɣilɣan ʃirin]
cerveja (f)	сыра	[sira]
cerveja (f) clara	ақшыл сыра	[aqʃil sira]
cerveja (f) preta	қараңғы сырасы	[qaraŋɣi sirasi]
chá (m)	шай	[ʃaj]
chá (m) preto	қара шай	[qara ʃaj]
chá (m) verde	көк шай	[køk ʃaj]

46. Vegetais

vegetais (m pl)	көкөністер	[køkønister]
verdura (f)	көкөніс	[køkønis]
tomate (m)	қызанақ	[qizanaq]
pepino (m)	қияр	[qijar]
cenoura (f)	сәбіз	[sæbiz]
batata (f)	картоп	[kartop]
cebola (f)	пияз	[pijaz]

alho (m)	сарымсақ	[sarimsaq]
couve (f)	қырыққабат	[qiriqqabat]
couve-flor (f)	түсті орамжапырақ	[tʉsti oramʒapiraq]
couve-de-bruxelas (f)	брюсель орамжапырағы	[brjuselʲ oramʒapiraɣi]
brócolis (m pl)	брокколи орамжапырағы	[brokkolı oramʒapiraɣi]
beterraba (f)	қызылша	[qizilʃa]
berinjela (f)	кәді	[kædi]
abobrinha (f)	кәдіш	[kædiʃ]
abóbora (f)	асқабақ	[asqabaq]
nabo (m)	шалқан	[ʃalqan]
salsa (f)	ақжелкен	[aqʒelken]
endro, aneto (m)	аскөк	[askøk]
alface (f)	салат	[salat]
aipo (m)	балдыркөк	[baldirkøk]
aspargo (m)	ақтық	[aqtiq]
espinafre (m)	саумалдық	[saumaldiq]
ervilha (f)	ноқат	[noqat]
feijão (~ soja, etc.)	ірі бұршақтар	[iri bʉrʃaqtar]
milho (m)	жүгері	[ʒʉgeri]
feijão (m) roxo	үрме бұршақ	[ʉrme bʉrʃaq]
pimentão (m)	бұрыш	[bʉriʃ]
rabanete (m)	шалғам	[ʃalɣam]
alcachofra (f)	бөрікгүл	[børikgʉl]

47. Frutos. Nozes

fruta (f)	жеміс	[ʒemis]
maçã (f)	алма	[alma]
pera (f)	алмұрт	[almʉrt]
limão (m)	лимон	[lımon]
laranja (f)	апельсин	[apelʲsın]
morango (m)	құлпынай	[qʉlpinaj]
tangerina (f)	мандарин	[mandarın]
ameixa (f)	алхоры	[alhori]
pêssego (m)	шабдалы	[ʃabdalı]
damasco (m)	өрік	[ørik]
framboesa (f)	таңқурай	[taŋquraj]
abacaxi (m)	ананас	[ananas]
banana (f)	банан	[banan]
melancia (f)	қарбыз	[qarbız]
uva (f)	жүзім	[ʒʉzim]
ginja (f)	кәдімгі шие	[kædımgı ʃie]
cereja (f)	қызыл шие	[qizil ʃie]
melão (m)	қауын	[qawin]
toranja (f)	грейпфрут	[grejpfrut]
abacate (m)	авокадо	[avokado]
mamão (m)	папайя	[papaja]

manga (f)	манго	[mango]
romã (f)	анар	[anar]

groselha (f) vermelha	қызыл қарақат	[qizil qaraqat]
groselha (f) negra	қара қарақат	[qara qaraqat]
groselha (f) espinhosa	қарлыған	[qarliɣan]
mirtilo (m)	қара жидек	[qara ʒɪdek]
amora (f) silvestre	қожақат	[qoʒaqat]

passa (f)	мейіз	[mejiz]
figo (m)	інжір	[inʒir]
tâmara (f)	құрма	[qʊrma]

amendoim (m)	жержаңғақ	[ʒerʒaŋɣaq]
amêndoa (f)	бадам	[badam]
noz (f)	жаңғақ	[ʒaŋɣaq]
avelã (f)	ағаш жаңғағы	[aɣaʃ ʒaŋɣaɣɪ]
coco (m)	кокос жаңғақ	[kokos ʒaŋɣaq]
pistaches (m pl)	пісте	[piste]

48. Pão. Bolaria

pastelaria (f)	кондитер бұйымдары	[kondɪter bujimdarɪ]
pão (m)	нан	[nan]
biscoito (m), bolacha (f)	печенье	[petʃenʲe]

chocolate (m)	шоколад	[ʃokolad]
de chocolate	шоколад	[ʃokolad]
bala (f)	кәмпит	[kæmpɪt]
doce (bolo pequeno)	тәтті тоқаш	[tætti toqaʃ]
bolo (m) de aniversário	торт	[tort]

torta (f)	бәліш	[bæliʃ]
recheio (m)	салынды	[salindi]

geleia (m)	қайнатпа	[qajnatpa]
marmelada (f)	мармелад	[marmelad]
wafers (m pl)	вафли	[vaflɪ]
sorvete (m)	балмұздақ	[balmʊzdaq]
pudim (m)	пудинг	[pudɪng]

49. Pratos cozinhados

prato (m)	тағам	[taɣam]
cozinha (~ portuguesa)	ұлттық тағамдар	[ʊlttiq taɣamdar]
receita (f)	рецепт	[retsept]
porção (f)	мөлшер	[mølʃær]

salada (f)	салат	[salat]
sopa (f)	көже	[køʒe]
caldo (m)	сорпа	[sorpa]
sanduíche (m)	бутерброд	[buterbrod]

ovos (m pl) fritos	қуырылған жұмыртқа	[quirilɣan ʒumirtqa]
hambúrguer (m)	гамбургер	[gamburger]
bife (m)	бифштекс	[bɪfʃteks]

acompanhamento (m)	гарнир	[garnɪr]
espaguete (m)	спагетти	[spagettɪ]
purê (m) de batata	картоп езбесі	[kartop ezbesi]
pizza (f)	пицца	[pɪtsa]
mingau (m)	ботқа	[botqa]
omelete (f)	омлет	[omlet]

fervido (adj)	пісірілген	[pisirilgen]
defumado (adj)	ысталған	[istalɣan]
frito (adj)	қуырылған	[quirilɣan]
seco (adj)	кептірілген	[keptirilgen]
congelado (adj)	мұздатылған	[muzdatilɣan]
em conserva (adj)	маринадталған	[marɪnadtalɣan]

doce (adj)	тәтті	[tætti]
salgado (adj)	тұзды	[tuzdi]
frio (adj)	суық	[suiq]
quente (adj)	ыстық	[istiq]
amargo (adj)	ащы	[aɕi]
gostoso (adj)	дәмді	[dæmdi]

cozinhar em água ferverte	пісіру	[pisiru]
preparar (vt)	әзірлеу	[æzirleu]
fritar (vt)	қуыру	[quiru]
aquecer (vt)	ысыту	[isitu]

salgar (vt)	тұздау	[tuzdau]
apimentar (vt)	бұрыш салу	[buriʃ salu]
ralar (vt)	үйкеу	[ujkeu]
casca (f)	қабық	[qabiq]
descascar (vt)	аршу	[arʃu]

50. Especiarias

sal (m)	тұз	[tuz]
salgado (adj)	тұзды	[tuzdi]
salgar (vt)	тұздау	[tuzdau]

pimenta-do-reino (f)	қара бұрыш	[qara buriʃ]
pimenta (f) vermelha	қызыл бұрыш	[qizil buriʃ]
mostarda (f)	қыша	[qiʃa]
raiz-forte (f)	түбіртамыр	[tubirtamir]

condimento (m)	дәмдеуіш	[dæmdewiʃ]
especiaria (f)	дәмдеуіш	[dæmdewiʃ]
molho (~ inglês)	тұздық	[tuzdiq]
vinagre (m)	сірке суы	[sirke sui]

| anis estrelado (m) | анис | [anɪs] |
| manjericão (m) | насыбайгүл | [nasibajgul] |

cravo (m)	қалампыргүл	[qalampirgʉl]
gengibre (m)	имбирь	[ımbırʲ]
coentro (m)	кориандр	[korıandr]
canela (f)	даршын	[darʃin]

gergelim (m)	күнжіт	[kʉnʒit]
folha (f) de louro	лавр жапырағы	[lavr ʒapiraɣi]
páprica (f)	паприка	[paprıka]
cominho (m)	зире	[zıre]
açafrão (m)	бәйшешек	[bæjʃeʃek]

51. Refeições

comida (f)	тамақ	[tamaq]
comer (vt)	жеу	[ʒeu]

café (m) da manhã	ертеңгілік тамақ	[erteŋgilik tamaq]
tomar café da manhã	ертеңгі тамақты ішу	[erteŋgi tamaqti iʃu]
almoço (m)	түскі тамақ	[tʉski tamaq]
almoçar (vi)	түскі тамақ жеу	[tʉski tamaq ʒeu]
jantar (m)	кешкі тамақ	[keʃki tamaq]
jantar (vi)	кешкі тамақ ішу	[keʃki tamaq iʃu]

apetite (m)	тәбет	[tæbet]
Bom apetite!	Ас болсын!	[as bolsin]

abrir (~ uma lata, etc.)	аш	[aʃ]
derramar (~ líquido)	төгу	[tøgu]
derramar-se (vr)	төгілу	[tøgilu]

ferver (vi)	қайнау	[qajnau]
ferver (vt)	қайнату	[qajnatu]
fervido (adj)	қайнатылған	[qajnatiɫɣan]

esfriar (vt)	салқындату	[salqindatu]
esfriar-se (vr)	салқындау	[salqindau]

sabor, gosto (m)	талғам	[talɣam]
fim (m) de boca	татым	[tatim]

emagrecer (vi)	арықтау	[ariqtau]
dieta (f)	диета	[dıeta]
vitamina (f)	дәрумен	[dærumen]
caloria (f)	калория	[kalorıja]

vegetariano (m)	вегетариан	[vegetarıan]
vegetariano (adj)	вегетариандық	[vegetarıandiq]

gorduras (f pl)	майлар	[majlar]
proteínas (f pl)	ақуыз	[aquiz]
carboidratos (m pl)	көміртегі	[kømirtegi]
fatia (~ de limão, etc.)	тілім	[tilim]
pedaço (~ de bolo)	кесек	[kesek]
migalha (f), farelo (m)	үзім	[ʉzim]

52. Por a mesa

colher (f)	қасық	[qasiq]
faca (f)	пышақ	[piʃaq]
garfo (m)	шанышқы	[ʃaniʃqi]
xícara (f)	шыныаяқ	[ʃiniajaq]
prato (m)	тәрелке	[tærelke]
pires (m)	табақша	[tabaqʃa]
guardanapo (m)	майлық	[majliq]
palito (m)	тіс тазартқыш	[tis tazartqiʃ]

53. Restaurante

restaurante (m)	мейрамхана	[mejramhana]
cafeteria (f)	кофехана	[kofehana]
bar (m), cervejaria (f)	бар	[bar]
salão (m) de chá	шайхана	[ʃajhana]
garçom (m)	даяшы	[dajaʃi]
garçonete (f)	даяшы	[dajaʃi]
barman (m)	бармен	[barmen]
cardápio (m)	мәзір	[mæzir]
lista (f) de vinhos	шарап картасы	[ʃarap kartasi]
reservar uma mesa	бронды үстел	[brondi ʉstel]
prato (m)	тамақ	[tamaq]
pedir (vt)	тапсырыс беру	[tapsiris beru]
fazer o pedido	тапсырыс жасау	[tapsiris ʒasau]
aperitivo (m)	аперитив	[aperitiv]
entrada (f)	дәмтатым	[dæmtatim]
sobremesa (f)	десерт	[desert]
conta (f)	есеп	[esep]
pagar a conta	есеп бойынша төлеу	[esep bojinʃa tøleu]
dar o troco	төленгеннің артығын беру	[tølengeniŋ artiɣin beru]
gorjeta (f)	шайлық	[ʃajliq]

Família, parentes e amigos

54. Informação pessoal. Formulários

nome (m)	есім	[esim]
sobrenome (m)	тек	[tek]
data (f) de nascimento	туған күні	[tuɣan kʉni]
local (m) de nascimento	туған жері	[tuɣan ʒeri]
nacionalidade (f)	ұлт	[ʊlt]
lugar (m) de residência	тұратын мекені	[tʊratin mekeni]
país (m)	ел	[el]
profissão (f)	мамандық	[mamandiq]
sexo (m)	жыныс	[ʒinis]
estatura (f)	бой	[boj]
peso (m)	салмақ	[salmaq]

55. Membros da família. Parentes

mãe (f)	ана	[ana]
pai (m)	әке	[æke]
filho (m)	ұл	[ʊl]
filha (f)	қыз	[qiz]
caçula (f)	кіші қыз	[kiʃi qiz]
caçula (m)	кіші ұл	[kiʃi ʊl]
filha (f) mais velha	үлкен қыз	[ʉlken qiz]
filho (m) mais velho	үлкен ұл	[ʉlken ʊl]
irmão (m)	бауыр	[bawir]
irmão (m) mais velho	аға	[aɣa]
irmão (m) mais novo	іні	[ini]
irmã (f)	қарындас	[qarindas]
irmã (f) mais velha	апа	[apa]
irmã (f) mais nova	сіңлі	[siŋli]
primo (m)	немере аға	[nemere aɣa]
prima (f)	немере әпке	[nemere æpke]
mamãe (f)	апа	[apa]
papai (m)	әке	[æke]
pais (pl)	әке-шеше	[ækeʃeʃe]
criança (f)	бала	[bala]
crianças (f pl)	балалар	[balalar]
avó (f)	әже	[æʒe]
avô (m)	ата	[ata]
neto (m)	немере, жиен	[nemere], [ʒien]

neta (f)	немере қыз, жиен қыз	[nemere qiz], [ʒien qiz]
netos (pl)	немерелер	[nemereler]
tio (m)	аға	[aɣa]
tia (f)	тәте	[tæte]
sobrinho (m)	жиен, ини	[ʒien], [ını]
sobrinha (f)	жиен	[ʒien]
sogra (f)	ене	[ene]
sogro (m)	қайын ата	[qajin ata]
genro (m)	жездей	[ʒezdej]
madrasta (f)	өгей ана	[øgej ana]
padrasto (m)	өгей әке	[øgej æke]
criança (f) de colo	емшек баласы	[emʃæk balasi]
bebê (m)	бөбек	[bøbek]
menino (m)	бөбек	[bøbek]
mulher (f)	әйел	[æjel]
marido (m)	еркек	[erkek]
esposo (m)	күйеу	[kʉjeu]
esposa (f)	әйел	[æjel]
casado (adj)	үйленген	[ʉjlengen]
casada (adj)	күйеуге шыққан	[kʉjeuge ʃiqqan]
solteiro (adj)	бойдақ	[bojdaq]
solteirão (m)	бойдақ	[bojdaq]
divorciado (adj)	ажырасқан	[aʒirasqan]
viúva (f)	жесір әйел	[ʒesir æjel]
viúvo (m)	тұл ер адам	[tʊl er adam]
parente (m)	туысқан	[tuisqan]
parente (m) próximo	жақын туысқан	[ʒaqin tuisqan]
parente (m) distante	алыс ағайын	[alis aɣajin]
parentes (m pl)	туған-туысқандар	[tuɣan tuisqandar]
órfão (m), órfã (f)	жетім бала	[ʒetim bala]
tutor (m)	қамқоршы	[qamqorʃi]
adotar (um filho)	бала қылып алу	[bala qilip alu]
adotar (uma filha)	қыз етіп асырап алу	[qiz etip asirap alu]

56. Amigos. Colegas de trabalho

amigo (m)	дос	[dos]
amiga (f)	құрбы	[qurbi]
amizade (f)	достық	[dostiq]
ser amigos	достасу	[dostasu]
amigo (m)	дос	[dos]
amiga (f)	құрбы	[qurbi]
parceiro (m)	серіктес	[seriktes]
chefe (m)	бастық	[bastiq]
superior (m)	бастық	[bastiq]

| subordinado (m) | бағынышты адам | [bayiniʃti adam] |
| colega (m, f) | еңбектес | [eŋbektes] |

conhecido (m)	таныс	[tanis]
companheiro (m) de viagem	жолserik	[ʒolserik]
colega (m) de classe	сыныптас	[siniptas]

vizinho (m)	көрші	[kørʃi]
vizinha (f)	көрші	[kørʃi]
vizinhos (pl)	көршілер	[kørʃi ler]

57. Homem. Mulher

mulher (f)	әйел	[æjel]
menina (f)	қыз	[qiz]
noiva (f)	айттырылған қыз	[ajttirilɣan qiz]

bonita, bela (adj)	әдемі	[ædemi]
alta (adj)	ұзын бойлы	[uzin bojli]
esbelta (adj)	сымбатты	[simbatti]
baixa (adj)	бойы биік емес	[boji biik emes]

| loira (f) | ақ сары | [aq sari] |
| morena (f) | қара қас | [qara qas] |

de senhora	әйелдік	[æjeldik]
virgem (f)	қыздығын сақтаған	[qizdiɣin saqtaɣan]
grávida (adj)	жүкті әйел	[ʒukti æjel]

homem (m)	ер адам	[er adam]
loiro (m)	ақ сары	[aq sari]
moreno (m)	қара қас	[qara qas]
alto (adj)	ұзын бойлы	[uzin bojli]
baixo (adj)	бойы биік емес	[boji biik emes]

rude (adj)	дөрекі	[døreki]
atarracado (adj)	дембелше	[dembelʃe]
robusto (adj)	берік	[berik]
forte (adj)	күшті	[kuʃti]
força (f)	күш	[kuʃ]

gordo (adj)	толық	[toliq]
moreno (adj)	қараторы	[qaratori]
esbelto (adj)	сымбатты	[simbatti]
elegante (adj)	сырбаз	[sirbaz]

58. Idade

idade (f)	жас шамасы	[ʒas ʃamasi]
juventude (f)	жастық	[ʒastiq]
jovem (adj)	жас	[ʒas]
mais novo (adj)	кіші	[kiʃi]

mais velho (adj)	үлкен	[ʉlken]
jovem (m)	жас жігіт	[ʒas ʒigit]
adolescente (m)	жас өспірім	[ʒas øspirim]
rapaz (m)	жігіт	[ʒigit]
velho (m)	қарт	[qart]
velha (f)	кемпір	[kempir]
adulto	ересек	[eresek]
de meia-idade	орта жаста	[orta ʒasta]
idoso, de idade (adj)	егде	[egde]
velho (adj)	кәрі	[kæri]
aposentar-se (vr)	зейнетақыға кету	[zejnetaqiɣa ketu]
aposentado (m)	зейнеткер	[zejnetker]

59. Crianças

criança (f)	бала	[bala]
crianças (f pl)	балалар	[balalar]
gêmeos (m pl), gêmeas (f pl)	егіздер	[egizder]
berço (m)	бесік	[besik]
chocalho (m)	сылдырақ	[sɨldiraq]
fralda (f)	подгузник	[podguznık]

60. Casais. Vida de família

beijar (vt)	сүю	[sʉjʉ]
beijar-se (vr)	сүйісу	[sʉjisu]
família (f)	жанұя	[ʒanʊja]
familiar (vida ~)	отбасылық	[otbasiliq]
casal (m)	жұп	[ʒʊp]
matrimônio (m)	неке	[neke]
lar (m)	үй ішінде	[ʉj iʃinde]
dinastia (f)	әулет	[æulet]
encontro (m)	жүздесу	[ʒʉzdesu]
beijo (m)	сүйіс	[sʉjis]
amor (m)	махаббат	[mahabbat]
amar (pessoa)	жақсы көру	[ʒaqsɨ køru]
amado, querido (adj)	аяулы	[ajaulɨ]
ternura (f)	мейрімділік	[mejrimdilik]
afetuoso (adj)	мейрімді	[mejrimdi]
fidelidade (f)	берілгендік	[berilgendik]
fiel (adj)	берілген	[berilgen]
cuidado (m)	қам жеу	[qam ʒeu]
carinhoso (adj)	қамқор	[qamqor]
recém-casados (pl)	жас жұбайлар	[ʒas ʒʊbajlar]
lua (f) de mel	жас жұбайлар айы	[ʒas ʒʊbajlar ajɨ]

casar-se (com um homem)	күйеуге шығу	[kujeuge ʃïɣu]
casar-se (com uma mulher)	үйлену	[ujlenu]
casamento (m)	үйлену тойы	[ujlenu toji]
bodas (f pl) de ouro	алтын той	[altïn toj]
aniversário (m)	жылдық	[ʒïldïq]
amante (m)	ашына	[aʃïna]
amante (f)	ашына	[aʃïna]
adultério (m), traição (f)	опасыздық	[opasïzdïq]
cometer adultério	опасыздық ету	[opasïzdïq etu]
ciumento (adj)	қызғанышты	[qïzɣanïʃtï]
ser ciumento, -a	қызғану	[qïzɣanu]
divórcio (m)	ажырасу	[aʒïrasu]
divorciar-se (vr)	ажырап кету	[aʒïrap ketu]
brigar (discutir)	араздасу	[arazdasu]
fazer as pazes	райласу	[rajlasu]
juntos (ir ~)	бірге	[birge]
sexo (m)	жыныстық қатынас	[ʒïnïstïq qatïnas]
felicidade (f)	бақыт	[baqït]
feliz (adj)	бақытты	[baqïttï]
infelicidade (f)	бақытсыздық	[bïqïtsïzdïq]
infeliz (adj)	бақытсыз	[bïqïtsïz]

Caráter. Sentimentos. Emoções

61. Sentimentos. Emoções

sentimento (m)	сезім	[sezim]
sentimentos (m pl)	сезімдер	[sezimder]
fome (f)	аштық	[aʃtiq]
ter fome	жегісі келу	[ʒegisi kelu]
sede (f)	шөл	[ʃøl]
ter sede	шөлдеу	[ʃøldeu]
sonolência (f)	ұйқышылдық	[ujqiʃildiq]
estar sonolento	ұйқы келу	[ujqi kelu]
cansaço (m)	шаршағандық	[ʃarʃaɣandiq]
cansado (adj)	шаршаған	[ʃarʃaɣan]
ficar cansado	шаршау	[ʃarʃau]
humor (m)	көңіл күй	[køŋil kɵj]
tédio (m)	зерігу	[zerigu]
entediar-se (vr)	сағыну	[saɣinu]
reclusão (isolamento)	жалғыздық	[ʒalɣizdiq]
isolar-se (vr)	жекелену	[ʒekelenu]
preocupar (vt)	мазалау	[mazalau]
estar preocupado	алаң болу	[alaŋ bolu]
preocupação (f)	алаңдау	[alaŋdau]
ansiedade (f)	қорқыныш	[qorqiniʃ]
preocupado (adj)	абыржыған	[abirʒiɣan]
estar nervoso	абыржу	[abirʒu]
entrar em pânico	дүрлігу	[dɵrligu]
esperança (f)	үміт	[ɵmit]
esperar (vt)	үміттену	[ɵmittenu]
certeza (f)	сенімділік	[senimdilik]
certo, seguro de ...	көзі жеткен	[køzi ʒetken]
indecisão (f)	сенімділіксіз	[senimdiliksiz]
indeciso (adj)	өзіне сенбейтін	[øzine senbejtin]
bêbado (adj)	мас	[mas]
sóbrio (adj)	мас емес	[mas emes]
fraco (adj)	әлсіз	[ælsiz]
feliz (adj)	бақытты	[baqitti]
assustar (vt)	шошыту	[ʃoʃitu]
fúria (f)	құтырушылық	[qutiruʃiliq]
ira, raiva (f)	кәр	[kær]
depressão (f)	депрессия	[depressija]
desconforto (m)	жайсыздық	[ʒajsizdiq]

conforto (m)	жайлылық	[ʒajlïłiq]
arrepender-se (vr)	өкіну	[økinu]
arrependimento (m)	өкініш	[økiniʃ]
azar (m), má sorte (f)	қырсық	[qïrsïq]
tristeza (f)	кейіс	[kejis]

vergonha (f)	ұят	[ʊjat]
alegria (f)	ойын-күлкі	[ojïn kʉlki]
entusiasmo (m)	ынта	[ïnta]
entusiasta (m)	энтузиаст	[ɛntuzïast]
mostrar entusiasmo	ынта көрсету	[ïnta kørsetu]

62. Caráter. Personalidade

caráter (m)	мінез	[minez]
falha (f) de caráter	кемшілік	[kemʃilik]
mente (f)	ес	[es]
razão (f)	ақыл	[aqïl]

consciência (f)	ұят	[ʊjat]
hábito, costume (m)	әдет	[ædet]
habilidade (f)	қабілеттілік	[qabilettilik]
saber (~ nadar, etc.)	білу	[bilu]

paciente (adj)	шыдамды	[ʃïdamdï]
impaciente (adj)	шыдамсыз	[ʃïdamsïz]
curioso (adj)	қызық құмар	[qïzïq kʊmar]
curiosidade (f)	құмарлық	[qʊmarlïq]

modéstia (f)	сыпайлық	[sïpajlïq]
modesto (adj)	сыпайлы	[sïpajlï]
imodesto (adj)	сыпайсыз	[sïpajsïz]

preguiçoso (adj)	еріншек	[erinʃæk]
preguiçoso (m)	еріншек	[erinʃæk]

astúcia (f)	қулық	[qulïq]
astuto (adj)	қу	[qu]
desconfiança (f)	сенбеушілік	[senbeuʃilik]
desconfiado (adj)	секемшіл	[sekemʃil]

generosidade (f)	мырзалық	[mïrzalïq]
generoso (adj)	алақаны ашық	[alaqanï aʃïq]
talentoso (adj)	дарынды	[darïndï]
talento (m)	дарын	[darïn]

corajoso (adj)	батыл	[batïl]
coragem (f)	батылдық	[batïłdïq]
honesto (adj)	адал	[adal]
honestidade (f)	адалдық	[adaldïq]

prudente, cuidadoso (adj)	құнты	[qʊntï]
valoroso (adj)	ержүрек	[erʒʉrek]
sério (adj)	салмақты	[salmaqtï]

severo (adj)	қатал	[qatal]
decidido (adj)	батыл	[batɨl]
indeciso (adj)	жасқаншақ	[ʒasqanʃaq]
tímido (adj)	жасқаншақ	[ʒasqanʃaq]
timidez (f)	жасқаншақтық	[ʒasqanʃaqtɨq]
confiança (f)	сенім	[senim]
confiar (vt)	сену	[senu]
crédulo (adj)	сенгіш	[sengiʃ]
sinceramente	бүкпесіз	[bʉkpesiz]
sincero (adj)	адал	[adal]
sinceridade (f)	ақжүректік	[aqʒʉrektik]
aberto (adj)	ашық	[aʃɨq]
calmo (adj)	тыныш	[tɨnɨʃ]
franco (adj)	ашық	[aʃɨq]
ingênuo (adj)	аңқау	[aŋqau]
distraído (adj)	ұмытшақ	[umɨtʃaq]
engraçado (adj)	күлкілі	[kʉlkili]
ganância (f)	арамдылық	[aramdɨlɨq]
ganancioso (adj)	арам	[aram]
avarento, sovina (adj)	сараң	[saraŋ]
mal (adj)	өш	[øʃ]
teimoso (adj)	қыңыр	[qɨŋɨr]
desagradável (adj)	сүйкімсіз	[sʉjkimsiz]
egoísta (m)	өзімшіл	[øzimʃil]
egoísta (adj)	өзімшіл	[øzimʃil]
covarde (m)	қорқақ	[qorqaq]
covarde (adj)	қорқақ	[qorqaq]

63. O sono. Sonhos

dormir (vi)	ұйықтау	[ujɨqtau]
sono (m)	ұйқы	[ujqɨ]
sonho (m)	түс	[tʉs]
sonhar (ver sonhos)	түстерді көру	[tʉsterdi køru]
sonolento (adj)	ұйқылы	[ujqɨlɨ]
cama (f)	төсек	[tøsek]
colchão (m)	матрас	[matras]
cobertor (m)	көрпе	[kørpe]
travesseiro (m)	жастық	[ʒastɨq]
lençol (m)	ақжайма	[aqʒajma]
insônia (f)	ұйқы көрмеу	[ujqɨ kørmeu]
sem sono (adj)	ұйқысыз	[ujqɨsɨz]
sonífero (m)	ұйықтататын дəрі	[ujɨqtatatɨn dæri]
tomar um sonífero	ұйықтататын дəріні ішу	[ujɨqtatatɨn dærini iʃu]
estar sonolento	ұйқы келу	[ujqɨ kelu]
bocejar (vi)	есінеу	[esineu]

ir para a cama	ұйқыға бару	[ujqiɣa baru]
fazer a cama	төсек салу	[tøsek salu]
adormecer (vi)	ұйықтау	[ujiqtau]

pesadelo (m)	сұмдық	[sumdiq]
ronco (m)	қорыл	[qoriɫ]
roncar (vi)	қорылдау	[qoriɫdau]

despertador (m)	оятар	[ojatar]
acordar, despertar (vt	ояту	[ojatu]
acordar (vi)	ояну	[ojanu]
levantar-se (vr)	төсектен тұру	[tøsekten turu]
lavar-se (vr)	жуыну	[ʒuinu]

64. Humor. Riso. Alegria

humor (m)	мысқыл	[misqiɫ]
senso (m) de humor	мысқыл сезім	[misqiɫ sezim]
divertir-se (vr)	көңіл көтеру	[køŋil koteru]
alegre (adj)	көңілді	[køŋildi]
diversão (f)	шаттық	[ʃattiq]

sorriso (m)	күлкі	[kulki]
sorrir (vi)	күлімдеу	[kulimdeu]
começar a rir	күле бастау	[kule bastau]
rir (vi)	күлу	[kulu]
riso (m)	күлкі	[kulki]

anedota (f)	анекдот	[anekdot]
engraçado (adj)	күлкілі	[kulkili]
ridículo, cômico (adj)	күлдіргі	[kuldirgi]

brincar (vi)	әзілдеу	[æzildeu]
piada (f)	әзіл	[æzil]
alegria (f)	қуаныш	[quaniʃ]
regozijar-se (vr)	қуану	[quanu]
alegre (adj)	қуанышты	[quaniʃti]

65. Discussão, conversação. Parte 1

comunicação (f)	байланыс	[bajlanis]
comunicar-se (vr)	араласу	[aralasu]

conversa (f)	әңгіме	[æŋgime]
diálogo (m)	диалог	[dialog]
discussão (f)	дискуссия	[diskussija]
debate (m)	пікірталас	[pikirtalas]
debater (vt)	дауласу	[daulasu]

interlocutor (m)	әңгімелесуші	[æŋgimelesuʃi]
tema (m)	тақырып	[taqirip]
ponto (m) de vista	көзқарас	[køzqaras]

opinião (f)	пікір	[pikir]
discurso (m)	сөйлеу	[søjleu]

discussão (f)	талқылау	[talqïlau]
discutir (vt)	талқылау	[talqïlau]
conversa (f)	сұқбат	[suqbat]
conversar (vi)	сұқбаттасу	[suqbattasu]
reunião (f)	кездесу	[kezdesu]
encontrar-se (vr)	кездесу	[kezdesu]

provérbio (m)	мақал	[maqal]
ditado, provérbio (m)	мәтел	[mætel]
adivinha (f)	жұмбақ	[ʒumbaq]
dizer uma adivinha	жұмбақ айту	[ʒumbaq ajtu]
senha (f)	пароль	[parolʲ]
segredo (m)	құпия	[qupïja]

juramento (m)	ант	[ant]
jurar (vi)	ант беру	[ant beru]
promessa (f)	уәде	[wæde]
prometer (vt)	уәде беру	[wæde beru]

conselho (m)	кеңес	[keŋes]
aconselhar (vt)	кеңес беру	[keŋes beru]
escutar (~ os conselhos)	тыңдау	[tiŋdau]

novidade, notícia (f)	жаңалық	[ʒaŋalïq]
sensação (f)	таң қаларлық оқиға	[taŋ qalarlïq oqïɣa]
informação (f)	мәліметтер	[mælimetter]
conclusão (f)	қорытынды	[qoritindï]
voz (f)	дауыс	[dawis]
elogio (m)	комплимент	[komplïment]
amável, querido (adj)	ақ пейілді	[aq pejildi]

palavra (f)	сөз	[søz]
frase (f)	фраза	[fraza]
resposta (f)	жауап	[ʒawap]
verdade (f)	ақиқат	[aqïqat]
mentira (f)	өтірік	[øtirik]

pensamento (m)	ой	[oj]
ideia (f)	ой	[oj]
fantasia (f)	қиял	[qïjal]

66. Discussão, conversação. Parte 2

estimado, respeitado (adj)	құрметті	[qurmetti]
respeitar (vt)	құрметтеу	[qurmetteu]
respeito (m)	құрмет	[qurmet]
Estimado ..., Caro ...	Құрметті ...	[qurmetti]

apresentar (alguém a alguém)	таныстыру	[tanistiru]
conhecer (vt)	танысу	[tanisu]

intenção (f)	ниет	[nıet]
tencionar (~ fazer algo)	ниеттену	[nıettenu]
desejo (de boa sorte)	талап-тілек	[talap tilek]
desejar (ex. ~ boa sorte)	тілеу	[tileu]

surpresa (f)	таңдану	[taŋdanu]
surpreender (vt)	таңдандыру	[taŋdandiru]
surpreender-se (vr)	таңдану	[taŋdanu]

dar (vt)	беру	[beru]
pegar (tomar)	алу	[alu]
devolver (vt)	қайтару	[qajtaru]
retornar (vt)	беру, қайтару	[beru], [qajtaru]

desculpar-se (vr)	кешірім сұрау	[keʃirim surau]
desculpa (f)	кешірім	[keʃirim]
perdoar (vt)	кешіру	[keʃiru]

falar (vi)	сөйлесу	[søjlesu]
escutar (vt)	тыңдау	[tiŋdau]
ouvir até o fim	тыңдау	[tiŋdau]
entender (compreender)	түсіну	[tusinu]
mostrar (vt)	көрсету	[kørsetu]
olhar para ...	қарау	[qarau]
chamar (alguém para ...)	шақыру	[ʃaqiru]

| perturbar (vt) | кедергі жасау | [kedergi ʒasau] |
| entregar (~ em mãos) | беру | [beru] |

pedido (m)	өтініш	[øtiniʃ]
pedir (ex. ~ ajuda)	өтініш ету	[øtiniʃ etu]
exigência (f)	талап	[talap]
exigir (vt)	талап ету	[talap etu]

insultar (chamar nomes)	мазақтау	[mazaqtau]
zombar (vt)	күлкі қылу	[kulki qilu]
zombaria (f)	мазақ	[mazaq]
alcunha (f), apelido (m)	лақап ат	[laqap at]

insinuação (f)	тұспал	[tuspal]
insinuar (vt)	тұспалдау	[tuspaldau]
querer dizer	жобалап түсіну	[ʒobalap tusinu]

descrição (f)	сипаттама	[sıpattama]
descrever (vt)	сипаттау	[sıpattau]
elogio (m)	мақтан	[maqtan]
elogiar (vt)	мақтау	[maqtau]

desapontamento (m)	көңілі қайту	[køŋili qajtu]
desapontar (vt)	түңілту	[tuŋiltu]
desapontar-se (vr)	көңіл қалу	[køŋil qalu]

suposição (f)	ұсыныс	[usinis]
supor (vt)	шамалау	[ʃamalau]
advertência (f)	алдын-ала ескерту	[aldin ala eskertu]
advertir (vt)	алдын-ала ескерту	[aldin ala eskertu]

67. Discussão, conversação. Parte 3

convencer (vt)	көндіру	[køndiru]
acalmar (vt)	жұбату	[ʒubatu]
silêncio (o ~ é de ouro)	үндемеу	[ʉndemeu]
ficar em silêncio	үндемеу	[ündemeu]
sussurrar (vt)	сыбырлау	[sibїrlau]
sussurro (m)	сыбыр	[sibїr]
francamente	ашықтан-ашық	[aʃїqtan aʃїq]
na minha opinião ...	менің пікірім бойынша ...	[meniŋ pikirim bojinʃa]
detalhe (~ da história)	толықтық	[toliqtiq]
detalhado (adj)	толық	[toliq]
detalhadamente	толық	[toliq]
dica (f)	ойға салу	[ojɣa salu]
dar uma dica	ойға түсіре айт	[ojɣa tʉsirɛ ajtu]
olhar (m)	көзқарас	[køzqaras]
dar uma olhada	назар салу	[nazar salu]
fixo (olhada ~a)	қадалған	[qadalɣan]
piscar (vi)	жыпылықтау	[ʒїpїlїqtau]
piscar (vt)	жыпылықтау	[ʒїpїlїqtau]
acenar com a cabeça	бас изеу	[bas їzeu]
suspiro (m)	дем	[dem]
suspirar (vi)	ішке дем тарту	[iʃke dem tartu]
estremecer (vi)	селк ету	[selk etu]
gesto (m)	дене қимылы	[dene qїmїlї]
tocar (com as mãos)	тию	[tїju]
agarrar (~ pelo braço)	жармасу	[ʒarmasu]
bater de leve	соғу	[soɣu]
Cuidado!	Абайла!	[abajla]
Sério?	Шынымен?	[ʃїnїmen]
Tem certeza?	Сенімдісін бе?	[senimdisin be]
Boa sorte!	Сәтті бол!	[sætti bol]
Entendi!	Түсінікті!	[tʉsinikti]
Que pena!	Әттең-ай!	[ætteŋ aj]

68. Acordo. Recusa

consentimento (~ mútuo)	келісім	[kelisim]
consentir (vi)	келесу	[kelesu]
aprovação (f)	жақтыру	[ʒaqtiru]
aprovar (vt)	мақұлдау	[maqʉldau]
recusa (f)	бас тарту	[bas tartu]
negar-se a ...	бас тарту	[bas tartu]
Ótimo!	Керемет!	[keremet]
Tudo bem!	Жақсы!	[ʒaqsї]

Está bem! De acordo!	Жарайды!	[ʒarajdɪ]
proibido (adj)	рұқсат етілмеген	[rʊqsat etilmegen]
é proibido	болмайды	[bolmajdɪ]
é impossível	мүмкін емес	[mʉmkin emes]
incorreto (adj)	дұрыс емес	[dʊrɪs emes]

rejeitar (~ um pedido)	қабылдамау	[qabɪldamau]
apoiar (vt)	қолдау	[qoldau]
aceitar (desculpas, etc.)	қабылдап алу	[qabɪldap alu]

confirmar (vt)	растау	[rastau]
confirmação (f)	растау	[rastau]
permissão (f)	рұқсат	[rʊqsat]
permitir (vt)	рұқсат ету	[rʊqsat etu]
decisão (f)	шешім	[ʃæʃim]
não dizer nada	үндемеу	[ʉndemeu]

condição (com uma ~)	шарт	[ʃart]
pretexto (m)	сылтау	[sɪltau]
elogio (m)	мақтау	[maqtau]
elogiar (vt)	мақтау	[maqtau]

69. Sucesso. Boa sorte. Insucesso

êxito, sucesso (m)	табыс	[tabɪs]
com êxito	табысты	[tabɪstɪ]
bem sucedido (adj)	табысты	[tabɪstɪ]

sorte (fortuna)	сәттілік	[sættilik]
Boa sorte!	Сәтті бол!	[sætti bol]
de sorte	сәтті	[sætti]
sortudo, felizardo (adj)	сәтті	[sætti]
fracasso (m)	сәтсіздік	[sætsizdik]
pouca sorte (f)	қырсықтық	[qɪrsɪqtɪq]
azar (m), má sorte (f)	қырсықтық	[qɪrsɪqtɪq]
mal sucedido (adj)	сәтсіз	[sætsiz]
catástrofe (f)	апат	[apat]

orgulho (m)	намыс	[namɪs]
orgulhoso (adj)	тәкаппар	[tækappar]
estar orgulhoso, -a	мақтан ету	[maqtan etu]
vencedor (m)	жеңімпаз	[ʒeŋimpaz]
vencer (vi, vt)	жеңу	[ʒeŋu]
perder (vt)	жеңілу	[ʒeŋilu]
tentativa (f)	талап	[talap]
tentar (vt)	талпыну	[talpɪnu]
chance (m)	мүмкіндік	[mʉmkindik]

70. Conflitos. Emoções negativas

grito (m)	айқай	[ajqaj]
gritar (vi)	айқайлау	[ajqajlau]

começar a gritar	айқайлау	[ajqajlau]
discussão (f)	ұрыс	[ʊris]
brigar (discutir)	ұрысу	[ʊrisu]
escândalo (m)	сойқан	[sojqan]
criar escândalo	сойқандау	[sojqandau]
conflito (m)	дау-жанжал	[dau ʒanʒal]
mal-entendido (m)	түсінбестік	[tʉsinbestik]

insulto (m)	жәбірлеу	[ʒæbirleu]
insultar (vt)	жәбірлеу	[ʒæbirleu]
insultado (adj)	жәбірленген	[ʒæbirlengen]
ofensa (f)	реніш	[reniʃ]
ofender (vt)	ренжіту	[renʒitu]
ofender-se (vr)	ренжу	[renʒu]

indignação (f)	қатты ашу	[qatti aʃu]
indignar-se (vr)	ашыну	[aʃinu]
queixa (f)	арыз	[ariz]
queixar-se (vr)	наразылық білдіру	[naraziłiq bildiru]

desculpa (f)	кешірім	[keʃirim]
desculpar-se (vr)	кешірім сұрау	[keʃirim surau]
pedir perdão	кешірім сұрау	[keʃirim surau]

crítica (f)	сын	[sin]
criticar (vt)	сынау	[sinau]
acusação (f)	айып	[ajip]
acusar (vt)	айыптау	[ajiptau]

vingança (f)	кек	[kek]
vingar (vt)	кек алу	[kek alu]
vingar-se de	өш алу	[øʃ alu]

desprezo (m)	сескенбеу	[seskenbeu]
desprezar (vt)	сескенбеу	[seskenbeu]
ódio (m)	өшпенділік	[øʃpendilik]
odiar (vt)	жек көру	[ʒek køru]

nervoso (adj)	күйгелек	[kʉjgelek]
estar nervoso	абыржу	[abirʒu]
zangado (adj)	ашулы	[aʃulɨ]
zangar (vt)	ашуландыру	[aʃulandiru]

humilhação (f)	қорлаушылық	[qorlauʃiłiq]
humilhar (vt)	қорлау	[qorlau]
humilhar-se (vr)	қорлану	[qorlanu]

choque (m)	сандырақ	[sandiraq]
chocar (vt)	сандырақтау	[sandiraqtau]

aborrecimento (m)	жағымсыздық	[ʒaɣimsizdiq]
desagradável (adj)	жағымсыз	[ʒaɣimsiz]

medo (m)	қорқыныш	[qorqiniʃ]
terrível (tempestade, etc.)	ғаламат	[ɣalamat]
assustador (ex. história ~ε)	қорқынышты	[qorqiniʃti]

horror (m)	қорқыныш	[qorqɨniʃ]
horrível (crime, etc.)	қорқынышты	[qorqɨniʃti]
começar a tremer	дірілдеп кету	[dirildep ketu]
chorar (vi)	жылау	[ʒɨlau]
começar a chorar	жылай бастау	[ʒɨlaj bastau]
lágrima (f)	жас	[ʒas]
falta (f)	күнә, қате	[kʉnæ], [qate]
culpa (f)	күнә	[kʉnæ]
desonra (f)	масқара	[masqara]
protesto (m)	қарсылық	[qarsɨlɨq]
estresse (m)	есеңгіреу	[eseŋgireu]
perturbar (vt)	мазалау	[mazalau]
zangar-se com ...	ызалану	[ɨzalanu]
zangado (irritado)	ашулы	[aʃulɨ]
terminar (vt)	доғару	[doɣaru]
praguejar	ұрысу	[urɨsu]
assustar-se	шошу	[ʃoʃu]
golpear (vt)	қағып жіберу	[qaɣɨp ʒiberu]
brigar (na rua, etc.)	төбелесу	[tøbelesu]
resolver (o conflito)	реттеу	[retteu]
descontente (adj)	наразы	[narazɨ]
furioso (adj)	қанарлы	[qanarlɨ]
Não está bem!	Бұл жақсы емес!	[bul ʒaqsɨ emes]
É ruim!	Бұл жаман!	[bul ʒaman]

Medicina

71. Doenças

doença (f)	науқас	[nauqas]
estar doente	науқастану	[nauqastanu]
saúde (f)	денсаулық	[densauliq]
nariz (m) escorrendo	тұмау	[tʊmau]
amigdalite (f)	ангина	[angɪna]
resfriado (m)	суық тию	[suɪq tɪju]
ficar resfriado	суық тигізіп алу	[suɪq tɪgizip alu]
bronquite (f)	бронхит	[bronhɪt]
pneumonia (f)	өкпенің талаурауы	[økpeniŋ talaurawi]
gripe (f)	тұмау	[tʊmau]
míope (adj)	алыстан көрмейтін	[alistan kørmejtin]
presbita (adj)	алыс көргіш	[alis kørgiʃ]
estrabismo (m)	шапыраш	[ʃapiraʃ]
estrábico, vesgo (adj)	шапыраш	[ʃapiraʃ]
catarata (f)	шел	[ʃæl]
glaucoma (m)	глаукома	[glaukoma]
AVC (m), apoplexia (f)	инсульт	[ɪnsulʲt]
ataque (m) cardíaco	инфаркт	[ɪnfarkt]
enfarte (m) do miocárdio	миокард инфаркгісі	[mɪokard ɪnfarktisi]
paralisia (f)	сал	[sal]
paralisar (vt)	сал болу	[sal bolu]
alergia (f)	аллергия	[allergɪja]
asma (f)	демікпе	[demikpe]
diabetes (f)	диабет	[dɪabet]
dor (f) de dente	тіс ауруы	[tis auruɪ]
cárie (f)	тістотық	[tistotiq]
diarreia (f)	іш ауру	[iʃ auru]
prisão (f) de ventre	іш қату	[iʃ qatu]
desarranjo (m) intestinal	асқазанның бұзылуы	[asqazaniŋ buziluɪ]
intoxicação (f) alimentar	улану	[ulanu]
intoxicar-se	улану	[ulanu]
artrite (f)	шорбуын	[ʃorbuin]
raquitismo (m)	итауру	[ɪtauru]
reumatismo (m)	ревматизм	[revmatɪzm]
arteriosclerose (f)	умытшақтық	[umɪtʃaqtiq]
gastrite (f)	гастрит	[gastrɪt]
apendicite (f)	аппендицит	[appendɪtsɪt]

colecistite (f)	өт қабының қабынуы	[øt qabiniŋ qabinui]
úlcera (f)	ойық жара	[ojïq ʒara]

sarampo (m)	қызылша	[qizilʃa]
rubéola (f)	қызамық	[qïzamïq]
icterícia (f)	сарылық	[sarïliq]
hepatite (f)	бауыр қабынуы	[bawïr qabinui]

esquizofrenia (f)	шизофрения	[ʃizofrenija]
raiva (f)	құтырғандық	[qutïryandïq]
neurose (f)	невроз	[nevroz]
contusão (f) cerebral	ми шақалауы	[mï ʃaqalawï]

câncer (m)	бейдауа	[bejdawa]
esclerose (f)	склероз	[skleroz]
esclerose (f) múltipla	ұмытшақ склероз	[umïtʃaq skleroz]

alcoolismo (m)	маскүнемдік	[maskunemdik]
alcoólico (m)	маскүнем	[maskunem]
sífilis (f)	сифилис	[sïfïlïs]
AIDS (f)	ЖИТС	[ʒïts]

tumor (m)	ісік	[isik]
febre (f)	безгек	[bezgek]
malária (f)	ұшық	[uʃïq]
gangrena (f)	гангрена	[gangrena]
enjoo (m)	теңіз ауруы	[teniz aurui]
epilepsia (f)	қояншық	[qojanʃïq]

epidemia (f)	жаппай ауру	[ʒappaj auru]
tifo (m)	кезік	[kezik]
tuberculose (f)	жегі	[ʒegi]
cólera (f)	тырысқақ	[tïrïsqaq]
peste (f) bubônica	мәлік	[mælik]

72. Sintomas. Tratamentos. Parte 1

sintoma (m)	белгі	[belgi]
temperatura (f)	дене қызымы	[dene qïzïmï]
febre (f)	ыстығы котерілу	[istïyï koterilu]
pulso (m)	тамыр соғуы	[tamïr soyuï]

vertigem (f)	бас айналу	[bas ajnalu]
quente (testa, etc.)	ыстық	[istïq]
calafrio (m)	қалтырау	[qaltirau]
pálido (adj)	әңсіз	[øŋsiz]

tosse (f)	жөтел	[ʒøtel]
tossir (vi)	жөтелу	[ʒøtelu]
espirrar (vi)	түшкіру	[tuʃkiru]
desmaio (m)	талу	[talu]
desmaiar (vi)	талып қалу	[talïp qalu]
mancha (f) preta	көгелген ет	[kogelgen et]
galo (m)	томпақ	[tompaq]

machucar-se (vr)	ұрыну	[ʊrinu]
contusão (f)	жарақат	[ʒaraqat]
machucar-se (vr)	зақымдану	[zaqimdanu]
mancar (vi)	ақсаңдау	[aqsaŋdau]
deslocamento (f)	буынын шығару	[buinin ʃiɣaru]
deslocar (vt)	шығып кету	[ʃiɣip ketu]
fratura (f)	сыну	[sinu]
fraturar (vt)	сындырып алу	[sindirip alu]
corte (m)	жара	[ʒara]
cortar-se (vr)	кесу	[kesu]
hemorragia (f)	қан кету	[qan ketu]
queimadura (f)	күйген жер	[kʉjgen ʒer]
queimar-se (vr)	күю	[kʉju]
picar (vt)	шаншу	[ʃanʃu]
picar-se (vr)	шаншылу	[ʃanʃilu]
lesionar (vt)	зақымдау	[zaqimdau]
lesão (m)	зақым	[zaqim]
ferida (f), ferimento (m)	жарақат	[ʒaraqat]
trauma (m)	жарақат	[ʒaraqat]
delirar (vi)	еліру	[eliru]
gaguejar (vi)	тұтығу	[tʊtiɣu]
insolação (f)	басынан күн өту	[basinan kʉn øtu]

73. Sintomas. Tratamentos. Parte 2

dor (f)	ауру	[auru]
farpa (no dedo, etc.)	тікен	[tiken]
suor (m)	тер	[ter]
suar (vi)	терлеу	[terleu]
vômito (m)	құсық	[qusiq]
convulsões (f pl)	түйілу	[tʉjilu]
grávida (adj)	жүкті	[ʒʉkti]
nascer (vi)	туу	[tuu]
parto (m)	босану	[bosanu]
dar à luz	босану	[bosanu]
aborto (m)	түсік	[tʉsik]
respiração (f)	дем	[dem]
inspiração (f)	дем тарту	[dem tartu]
expiração (f)	дем шығару	[dem ʃiɣaru]
expirar (vi)	дем шығару	[dem ʃiɣaru]
inspirar (vi)	дем тарту	[dem tartu]
inválido (m)	мүгедек	[mʉgedek]
aleijado (m)	мүгедек	[mʉgedek]
drogado (m)	нашақор	[naʃaqor]
surdo (adj)	саңырау	[saŋirau]

mudo (adj)	мылқау	[mɨlqau]
surdo-mudo (adj)	керең-мылқау	[kereŋ mɨlqau]

louco, insano (adj)	есуас	[esuas]
louco (m)	жынды	[ʒɨndɨ]
louca (f)	жынды	[ʒɨndɨ]
ficar louco	ақылдан айрылу	[aqɨldan ajrɨlu]

gene (m)	ген	[gen]
imunidade (f)	иммунитет	[ɪmmunɪtet]
hereditário (adj)	мұралық	[mʊraliq]
congênito (adj)	туа біткен ауру	[tua bitken auru]

vírus (m)	вирус	[vɪrus]
micróbio (m)	микроб	[mɨkrob]
bactéria (f)	бактерия	[bakterɪja]
infecção (f)	індет	[indet]

74. Sintomas. Tratamentos. Parte 3

hospital (m)	емхана	[emhana]
paciente (m)	емделуші	[emdeluʃi]

diagnóstico (m)	диагноз	[dɪagnoz]
cura (f)	емдеу	[emdeu]
tratamento (m) médico	емдеу	[emdeu]
curar-se (vr)	емделу	[emdelu]
tratar (vt)	емдеу	[emdeu]
cuidar (pessoa)	бағып-қағу	[baɣɨp qaɣu]
cuidado (m)	бағып-қағу	[baɣɨp qaɣu]

operação (f)	операция	[operatsɪja]
enfaixar (vt)	матау	[matau]
enfaixamento (m)	таңу	[taŋu]

vacinação (f)	екпе	[ekpe]
vacinar (vt)	егу	[egu]
injeção (f)	шаншу	[ʃanʃu]
dar uma injeção	шаншу	[ʃanʃu]

amputação (f)	ампутация	[amputatsɪja]
amputar (vt)	ампутациялау	[amputatsɪjalau]
coma (f)	кома	[koma]
estar em coma	комада болу	[komada bolu]
reanimação (f)	реанимация	[reanɪmatsɪja]

recuperar-se (vr)	жазыла бастау	[ʒazɨla bastau]
estado (~ de saúde)	хал	[hal]
consciência (perder a ~)	ақыл-ой	[aqɨl oj]
memória (f)	ес	[es]

tirar (vt)	жұлу	[ʒulu]
obturação (f)	пломба	[plomba]
obturar (vt)	пломба салу	[plomba salu]

hipnose (f)	гипноз	[gɪpnoz]
hipnotizar (vt)	гипноздау	[gɪpnozdau]

75. Médicos

médico (m)	дәрігер	[dæriger]
enfermeira (f)	медбике	[medbɪke]
médico (m) pessoal	жеке дәрігер	[ʒeke dæriger]
dentista (m)	тіс дәрігері	[tis dærigeri]
oculista (m)	көз дәрігері	[køz dærigeri]
terapeuta (m)	терапевт	[terapevt]
cirurgião (m)	хирург	[hɪrurg]
psiquiatra (m)	психиатр	[psɪhɪatr]
pediatra (m)	педиатр	[pedɪatr]
psicólogo (m)	психолог	[psɪholog]
ginecologista (m)	гинеколог	[gɪnekolog]
cardiologista (m)	кардиолог	[kardɪolog]

76. Medicina. Drogas. Acessórios

medicamento (m)	дәрі	[dæri]
remédio (m)	дауа	[dawa]
receitar (vt)	дәрі жазып беру	[dæri ʒazɨp beru]
receita (f)	рецепт	[retsept]
comprimido (m)	дәрі	[dæri]
unguento (m)	май	[maj]
ampola (f)	ампула	[ampula]
solução, preparado (m)	микстура	[mɪkstura]
xarope (m)	шәрбат	[ʃærbat]
cápsula (f)	домалақ дәрі	[domalaq dæri]
pó (m)	ұнтақ	[untaq]
atadura (f)	бинт	[bɪnt]
algodão (m)	мақта	[maqta]
iodo (m)	йод	[jod]
curativo (m) adesivo	лейкопластырь	[lejkoplastirʲ]
conta-gotas (m)	тамызғыш	[tamɨzɣɨʃ]
termômetro (m)	градусник	[gradusnɪk]
seringa (f)	шприц	[ʃprɪts]
cadeira (f) de rodas	мүгедек күймесі	[mugedek kujmesi]
muletas (f pl)	балдақтар	[baldaqtar]
analgésico (m)	ауыруды сездірмейтін дәрі	[awɨrudɨ sezdirmejtin dæri]
laxante (m)	іш өткізгіш дәрі	[iʃ øtkizgiʃ dæri]
álcool (m)	спирт	[spɪrt]
ervas (f pl) medicinais	шөп	[ʃøp]
de ervas (chá ~)	шөпті	[ʃøpti]

77. Fumar. Produtos tabágicos

tabaco (m)	темекі	[temeki]
cigarro (m)	шылым	[ʃilim]
charuto (m)	сигара	[sɪgara]
cachimbo (m)	трубка	[trubka]
maço (~ de cigarros)	десте	[deste]

fósforos (m pl)	сіріңке	[siriŋke]
caixa (f) de fósforos	сіріңке қорабы	[siriŋke qorabɨ]
isqueiro (m)	оттық	[ottiq]
cinzeiro (m)	күлдеуіш	[kʉldewiʃ]
cigarreira (f)	портсигар	[portsɪgar]

piteira (f)	мүштік	[mʉʃtik]
filtro (m)	сүзгіш	[sʉzgiʃ]

fumar (vi, vt)	шылым тарту	[ʃilim tartu]
acender um cigarro	шылым тарту	[ʃilim tartu]
tabagismo (m)	темекі тарту	[temeki tartu]
fumante (m)	шылымқұмар	[ʃilimqumar]

bituca (f)	тұқыл	[tuqɨl]
fumaça (f)	түтін	[tʉtin]
cinza (f)	күл	[kʉl]

HABITAT HUMANO

Cidade

78. Cidade. Vida na cidade

cidade (f)	қала	[qala]
capital (f)	астана	[astana]
aldeia (f)	ауыл	[awil]
mapa (m) da cidade	қаланың жоспары	[qalaniŋ ʒospari]
centro (m) da cidade	қаланың орталығы	[qalaniŋ ortaliɣi]
subúrbio (m)	қала маңы	[qala maŋi]
suburbano (adj)	қала маңайы	[qala maŋaji]
periferia (f)	түкпір	[tʉkpir]
arredores (m pl)	айнала-төңірек	[ajnalatøŋirek]
quarteirão (m)	квартал	[kvartal]
quarteirão (m) residencial	тұрғын квартал	[turɣin kvartal]
tráfego (m)	жүріс	[ʒʉris]
semáforo (m)	бағдаршам	[baɣdarʃam]
transporte (m) público	қала көлігі	[qala køligi]
cruzamento (m)	жол торабы	[ʒol torabi]
faixa (f)	өтпелі	[øtpeli]
túnel (m) subterrâneo	жерасты өтпе жолы	[ʒerasti øtpe ʒoli]
cruzar, atravessar (vt)	өту	[øtu]
pedestre (m)	жаяу	[ʒajau]
calçada (f)	жаяулар жүретін жол	[ʒajaular ʒʉretin ʒol]
ponte (f)	көпір	[køpir]
margem (f) do rio	жағалау	[ʒaɣalau]
alameda (f)	саяжол	[sajaʒol]
parque (m)	саябақ	[sajabaq]
bulevar (m)	бульвар	[bulʲvar]
praça (f)	алаң	[alaŋ]
avenida (f)	даңғыл	[daŋɣil]
rua (f)	көше	[køʃæ]
travessa (f)	тұйық көше	[tujiq køʃæ]
beco (m) sem saída	тұйық	[tujiq]
casa (f)	үй	[ʉj]
edifício, prédio (m)	ғимарат	[ɣimarat]
arranha-céu (m)	зеңгір үй	[zeŋgir ʉj]
fachada (f)	фасад	[fasad]
telhado (m)	шатыр	[ʃatir]

janela (f)	терезе	[tereze]
arco (m)	дарбаза	[darbaza]
coluna (f)	колонна	[kolona]
esquina (f)	бұрыш	[buriʃ]

vitrine (f)	көрме	[kørme]
letreiro (m)	маңдайша жазу	[maŋdajʃa ʒazu]
cartaz (do filme, etc.)	жарқағаз	[ʒarqaɣaz]
cartaz (m) publicitário	жарнамалық плакат	[ʒarnamaliq plakat]
painel (m) publicitário	жарнама қалқаны	[ʒarnama qalqani]

lixo (m)	қоқым-соқым	[qoqim soqim]
lata (f) de lixo	қоқыс салатын урна	[qoqis salatin urna]
jogar lixo na rua	қоқыту	[qoqitu]
aterro (m) sanitário	қоқыс тастайтын жер	[qoqis tastajtin ʒer]

orelhão (m)	телефон будкасі	[telefon budkasi]
poste (m) de luz	фонарь бағанасы	[fonarʲ baɣanasi]
banco (m)	орындық	[orindiq]

polícia (m)	полицей	[polıtsej]
polícia (instituição)	полиция	[polıtsıja]
mendigo, pedinte (m)	қайыршы	[qajirʃi]
desabrigado (m)	үйсіз	[ʉjsiz]

79. Instituições urbanas

loja (f)	дүкен	[dʉken]
drogaria (f)	дәріхана	[dærihana]
ótica (f)	оптика	[optıka]
centro (m) comercial	сауда орталығы	[sauda ortaliɣi]
supermercado (m)	супермаркет	[supermarket]

padaria (f)	тоқаш сататын дүкен	[toqaʃ satatin dʉken]
padeiro (m)	наубайшы	[naubajʃi]
pastelaria (f)	кондитер	[kondıter]
mercearia (f)	бакалея	[bakaleja]
açougue (m)	ет дүкені	[et dʉkeni]

fruteira (f)	көкөнісдүкені	[køkønisdʉkeni]
mercado (m)	нарық	[nariq]

cafeteria (f)	кафе	[kafe]
restaurante (m)	мейрамхана	[mejramhana]
bar (m)	сырахана	[sirahana]
pizzaria (f)	пиццерия	[pıtserıja]

salão (m) de cabeleireiro	шаштараз	[ʃaʃtaraz]
agência (f) dos correios	пошта	[poʃta]
lavanderia (f)	химиялық тазалау	[hımıjaliq tazalau]
estúdio (m) fotográfico	фотосурет шеберханасы	[fotosuret ʃæberhanasi]

sapataria (f)	аяқ киім дүкені	[ajaq kıim dʉkeni]
livraria (f)	кітап дүкені	[kitap dʉkeni]

loja (f) de artigos esportivos	спорт дүкені	[sport dʉkeni]
costureira (m)	киім жөндеу	[kɪim ʒøndeu]
aluguel (m) de roupa	киімді жалға беру	[kɪimdi ʒalɣa beru]
videolocadora (f)	фильмді жалға беру	[fɪlʲmdi ʒalɣa beru]

circo (m)	цирк	[ʦɪrk]
jardim (m) zoológico	айуанаттар паркі	[ajuanattar parki]
cinema (m)	кинотеатр	[kɪnoteatr]
museu (m)	музей	[muzej]
biblioteca (f)	кітапхана	[kitaphana]

teatro (m)	театр	[teatr]
ópera (f)	опера	[opera]
boate (casa noturna)	түнгі клуб	[tʉngi klub]
cassino (m)	казино	[kazıno]

mesquita (f)	мешіт	[meʃit]
sinagoga (f)	синагога	[sɪnagoga]
catedral (f)	кесене	[kesene]
templo (m)	ғибадатхана	[ɣɪbadathana]
igreja (f)	шіркеу	[ʃirkeu]

faculdade (f)	институт	[ɪnstɪtut]
universidade (f)	университет	[unɪversɪtet]
escola (f)	мектеп	[mektep]

prefeitura (f)	әкімшілік	[ækimʃilik]
câmara (f) municipal	әкімдік	[ækimdik]
hotel (m)	қонақ үй	[qonaq ʉj]
banco (m)	банк	[bank]

embaixada (f)	елшілік	[elʃilik]
agência (f) de viagens	туристік агенттік	[turɪstik agenttik]
agência (f) de informações	анықтама бюросы	[anɪqtama bjurosɪ]
casa (f) de câmbio	айырбас пункті	[ajɪrbas punkti]

| metrô (m) | метро | [metro] |
| hospital (m) | емхана | [emhana] |

| posto (m) de gasolina | жанармай | [ʒanarmaj] |
| parque (m) de estacionamento | тұрақ | [tʉraq] |

80. Sinais

letreiro (m)	маңдайша жазу	[maŋdajʃa ʒazu]
aviso (m)	жазба	[ʒazba]
cartaz, pôster (m)	плакат	[plakat]
placa (f) de direção	көрсеткіш	[kørsetkiʃ]
seta (f)	тіл	[til]

aviso (advertência)	алдын-ала ескерту	[aldɪn ala eskertu]
sinal (m) de aviso	ескерту	[eskertu]
avisar, advertir (vt)	ескерту	[eskertu]
dia (m) de folga	демалыс күні	[demalɪs kʉni]

| horário (~ dos trens, etc.) | кесте | [keste] |
| horário (m) | жұмыс сағаттары | [ʒumis saɣattari] |

BEM-VINDOS!	ҚОШ КЕЛДІҢІЗДЕР!	[qoʃ keldiŋizder]
ENTRADA	КІРУ	[kiru]
SAÍDA	ШЫҒУ	[ʃiɣu]

EMPURRE	ИТЕРУ	[iteru]
PUXE	ТАРТУ	[tartu]
ABERTO	АШЫҚ	[aʃiq]
FECHADO	ЖАБЫҚ	[ʒabiq]

| MULHER | ӘЙЕЛДЕР | [æjelder] |
| HOMEM | ЕРКЕКТЕР | [ɛrkekter] |

DESCONTOS	ЖЕҢІЛДІКТЕР	[ʒeŋildikter]
SALDOS, PROMOÇÃO	КӨТЕРЕ САТУ	[køtere satu]
NOVIDADE!	ЖАҢАЛЫҚ!	[ʒaŋaliq]
GRÁTIS	АҚЫСЫЗ	[aqisiz]

ATENÇÃO!	НАЗАР АУДАРЫҢЫЗ!	[nazar audariŋiz]
NÃO HÁ VAGAS	ОРЫН ЖОҚ	[orin ʒoq]
RESERVADO	БРОНЬДАЛҒАН	[broni̯dalɣan]

ADMINISTRAÇÃO	ӘКІМШІЛІК	[ækimʃilik]
SOMENTE PESSOAL	ТЕК ҚЫЗМЕТКЕРЛЕР	[tek qizmetkerler
AUTORIZADO	ҮШІН	ʉʃin]

CUIDADO CÃO FEROZ	ҚАБАҒАН ИТ	[qabaɣan it]
PROIBIDO FUMAR!	ТЕМЕКІ ШЕКПЕҢІЗ!	[temeki ʃækpeŋiz]
NÃO TOCAR	ҚОЛМЕН ҰСТАМАҢЫЗ!	[qolmen ʉstamaŋiz]

PERIGOSO	ҚАУІПТІ	[qawipti]
PERIGO	ҚАУІП-ҚАТЕР	[qawip qater]
ALTA TENSÃO	ЖОҒАРЫ КЕРНЕУ	[ʒoɣari kerneu]
PROIBIDO NADAR	ШОМЫЛУҒА ТЫЙЫМ САЛЫНАДЫ	[ʃomiluɣa tijim salinadi]
COM DEFEITO	ІСТЕМЕЙДІ	[istemejdi]

INFLAMÁVEL	ӨРТЕНГІШ	[ørtengiʃ]
PROIBIDO	ТЫЙЫМ САЛЫНАДЫ	[tijim salinadi]
ENTRADA PROIBIDA	ӨТУГЕ ТЫЙЫМ САЛЫНАДЫ	[øtuge tijim salinadi]
CUIDADO TINTA FRESCA	БОЯУЛЫ	[bojauli]

81. Transportes urbanos

ônibus (m)	автобус	[avtobus]
bonde (m) elétrico	трамвай	[tramvaj]
trólebus (m)	троллейбус	[trollejbus]
rota (f), itinerário (m)	бағдар	[baɣdar]
número (m)	нөмір	[nømir]
ir de ... (carro, etc.)	... бару	[baru]
entrar no ...	отыру	[otiru]

descer do ...	шығу	[ʃɨɣu]
parada (f)	аялдама	[ajaldama]
próxima parada (f)	келесі аялдама	[kelesi ajaldama]
terminal (m)	соңғы аялдама	[soŋɣɨ ajaldama]
horário (m)	кесте	[keste]
esperar (vt)	тосу	[tosu]

| passagem (f) | билет | [bɪlet] |
| tarifa (f) | билеттің құны | [bɪlettɪŋ qʊnɨ] |

bilheteiro (m)	кассир	[kassɨr]
controle (m) de passagens	бақылау	[baqɨlau]
revisor (m)	бақылаушы	[baqɨlauʃɨ]

atrasar-se (vr)	кешігу	[keʃigu]
perder (o autocarrc, etc.)	кешігу	[keʃigu]
estar com pressa	асығу	[asɨɣu]

táxi (m)	такси	[taksɨ]
taxista (m)	таксист	[taksɨst]
de táxi (ir ~)	таксимен	[taksɨmen]
ponto (m) de táxis	такси тұрағы	[taksɨ tʊraɣɨ]
chamar um táxi	такси жалдау	[taksɨ ʒaldau]
pegar um táxi	такси жалдау	[taksɨ ʒaldau]

tráfego (m)	көше қозғалысы	[køʃæ qozɣalɨsɨ]
engarrafamento (m)	тығын	[tɨɣɨn]
horas (f pl) de pico	қарбалас сағаттары	[qarbalas saɣattarɨ]
estacionar (vi)	көлікті қою	[kølikti qoju]
estacionar (vt)	көлікті қою	[kølikti qoju]
parque (m) de estacionamento	тұрақ	[tʊraq]

metrô (m)	метро	[metro]
estação (f)	бекет	[beket]
ir de metrô	метромен жүру	[metromen ʒʊru]
trem (m)	пойыз	[pojɨz]
estação (f) de trem	вокзал	[vokzal]

82. Turismo

monumento (m)	ескерткіш	[eskertkiʃ]
fortaleza (f)	қамал	[qamal]
palácio (m)	сарай	[saraj]
castelo (m)	сарай	[saraj]
torre (f)	мұнара	[mʊnara]
mausoléu (m)	мазар	[mazar]

arquitetura (f)	сәулет	[sæulet]
medieval (adj)	орта ғасырлы	[orta ɣasɨrlɨ]
antigo (adj)	ескі	[eski]
nacional (adj)	ұлттық	[ʊlttɨq]
famoso, conhecido (adj)	атаулы	[ataulɨ]
turista (m)	турист	[turɨst]
guia (pessoa)	гид	[gɪd]

excursão (f)	экскурсия	[ɛkskursija]
mostrar (vt)	көрсету	[kørsetu]
contar (vt)	әңгімелеу	[æŋgimeleu]

encontrar (vt)	табу	[tabu]
perder-se (vr)	жоғалу	[ʒoɣalu]
mapa (~ do metrô)	схема	[shema]
mapa (~ da cidade)	жоспар	[ʒospar]

lembrança (f), presente (m)	базарлық	[bazarlïq]
loja (f) de presentes	базарлық дукені	[bazarlïq dukenï]
tirar fotos, fotografar	суретке түсіру	[suretke tʉsiru]
fotografar-se (vr)	суретке түсу	[suretke tʉsu]

83. Compras

comprar (vt)	сатып алу	[satïp alu]
compra (f)	сатып алынған зат	[satïp alïnɣan zat]
fazer compras	сауда жасау	[sauda ʒasau]
compras (f pl)	шоппинг	[ʃoppïng]

| estar aberta (loja) | жұмыс істеу | [ʒumïs isteu] |
| estar fechada | жабылу | [ʒabïlu] |

calçado (m)	аяқ киім	[ajaq kïim]
roupa (f)	киім	[kïim]
cosméticos (m pl)	косметика	[kosmetika]
alimentos (m pl)	азық-түлік	[azïq tʉlik]
presente (m)	сыйлық	[sïjlïq]

| vendedor (m) | сатушы | [satuʃï] |
| vendedora (f) | сатушы | [satuʃï] |

caixa (f)	касса	[kassa]
espelho (m)	айна	[ajna]
balcão (m)	сатушы сөресі	[satuʃï søresi]
provador (m)	киіну бөлмесі	[kïinu bølmesi]

provar (vt)	шақтап көру	[ʃaqtap køru]
servir (roupa, caber)	жарасу	[ʒarasu]
gostar (apreciar)	ұнау	[unau]

preço (m)	баға	[baɣa]
etiqueta (f) de preço	бағалық	[baɣalïq]
custar (vt)	тұру	[turu]
Quanto?	Қанша?	[qanʃa]
desconto (m)	шегерім	[ʃægerim]

não caro (adj)	қымбат емес	[qïmbat emes]
barato (adj)	арзан	[arzan]
caro (adj)	қымбат	[qïmbat]
É caro	бұл қымбат	[bul qïmbat]
aluguel (m)	жалға беру	[ʒalɣa beru]
alugar (roupas, etc.)	жалға алу	[ʒalɣa alu]

| crédito (m) | несие | [nesɪe] |
| a crédito | несиеге | [nesɪege] |

84. Dinheiro

dinheiro (m)	ақша	[aqʃa]
câmbio (m)	айырбастау	[ajirbastau]
taxa (f) de câmbio	курс	[kurs]
caixa (m) eletrônico	банкомат	[bankomat]
moeda (f)	тиын	[tɯn]

| dólar (m) | доллар | [dollar] |
| euro (m) | еуро | [euro] |

lira (f)	лира	[lɪra]
marco (m)	марка	[marka]
franco (m)	франк	[frank]
libra (f) esterlina	фунт-стерлинг	[funt sterlɪng]
iene (m)	йена	[jena]

dívida (f)	қарыз	[qariz]
devedor (m)	қарыздар	[qarizdar]
emprestar (vt)	қарызға беру	[qarizɣa beru]
pedir emprestado	қарызға алу	[qarizɣa alu]

banco (m)	банкі	[banki]
conta (f)	шот	[ʃot]
depositar na conta	шотқа салу	[ʃotqa salu]
sacar (vt)	шоттан шығару	[ʃottan ʃɯɣaru]

cartão (m) de crédito	кредиттік карта	[kredɪttik karta]
dinheiro (m) vivo	қолма-қол ақша	[qolma qol aqʃa]
cheque (m)	чек	[tʃek]
passar um cheque	чек жазу	[tʃek ʒazu]
talão (m) de cheques	чек кітапшасы	[tʃek kitapʃasi]

carteira (f)	әмиян	[æmɪjan]
niqueleira (f)	әмиян	[æmɪjan]
cofre (m)	жағдан	[ʒaɣdan]

herdeiro (m)	мұрагер	[mʊrager]
herança (f)	мұра	[mʊra]
fortuna (riqueza)	дәулет	[dæulet]

arrendamento (m)	жалгерлік	[ʒalgerlik]
aluguel (pagar o ~)	пәтер ақы	[pæter aqi]
alugar (vt)	жалға алу	[ʒalɣa alu]

preço (m)	баға	[baɣa]
custo (m)	баға	[baɣa]
soma (f)	сома	[soma]

| gastar (vt) | шығын қылу | [ʃɯɣin qilu] |
| gastos (m pl) | шығындар | [ʃɯɣindar] |

economizar (vi)	үнемдеу	[ʉnemdeu]
econômico (adj)	үнемді	[ʉnemdi]

pagar (vt)	төлеу	[tøleu]
pagamento (m)	төлем-ақы	[tølem aqɨ]
troco (m)	қайыру	[qajɨru]

imposto (m)	салық	[salɨq]
multa (f)	айыппұл	[ajɨppʊl]
multar (vt)	айып салу	[ajɨp salu]

85. Correios. Serviço postal

agência (f) dos correios	пошта	[poʃta]
correio (m)	пошта, хат және	[poʃta], [hat ʒæne]
carteiro (m)	пошташы	[poʃtaʃɨ]
horário (m)	жұмыс сағаттары	[ʒʊmis saɣattari]

carta (f)	хат	[hat]
carta (f) registada	тапсырыс хат	[tapsiris hat]
cartão (m) postal	ашық хат	[aʃiq hat]
telegrama (m)	жеделхат	[ʒedelhat]
encomenda (f)	сәлемдеме	[sælemdeme]
transferência (f) de dinheiro	ақша аударылымы	[aqʃa audarilimi]

receber (vt)	алу	[alu]
enviar (vt)	жіберу	[ʒiberu]
envio (m)	жөнелту	[ʒøneltu]

endereço (m)	мекен жай	[meken ʒaj]
código (m) postal	индекс	[ɪndeks]
remetente (m)	жөнелтуші	[ʒøneltuʃi]
destinatário (m)	алушы	[aluʃi]

nome (m)	ат	[at]
sobrenome (m)	фамилия	[famɨlɨja]

tarifa (f)	тариф	[tarɨf]
ordinário (adj)	кәдімгі	[kædimgi]
econômico (adj)	үнемді	[ʉnemdi]

peso (m)	салмақ	[salmaq]
pesar (estabelecer o peso)	өлшеу	[ølʃæu]
envelope (m)	конверт	[konvert]
selo (m) postal	марка	[marka]

Moradia. Casa. Lar

86. Casa. Habitação

casa (f)	үй	[ʉj]
em casa	үйде	[ʉjde]
pátio (m), quintal (f)	аула	[aula]
cerca, grade (f)	дуал	[dual]
tijolo (m)	кірпіш	[kirpiʃ]
de tijolos	кірпіш	[kirpiʃ]
pedra (f)	тас	[tas]
de pedra	тас	[tas]
concreto (m)	бетон	[beton]
concreto (adj)	бетон	[beton]
novo (adj)	жаңа	[ʒaŋa]
velho (adj)	ескі	[eski]
decrépito (adj)	тозған	[tozɣan]
moderno (adj)	қазіргі	[qazirgi]
de vários andares	көп қабатты	[køp qabatti]
alto (adj)	биік	[bɪik]
andar (m)	қабат	[qabat]
de um andar	бір қабатты	[bir qabatti]
térreo (m)	төменгі қабат	[tømengi qabat]
andar (m) de cima	жоғарғы қабат	[ʒoɣarɣɨ qabat]
telhado (m)	шатыр	[ʃatir]
chaminé (f)	мұржа	[mʊrʒa]
telha (f)	жабынқыш	[ʒabinqiʃ]
de telha	жабынқышты	[ʒabinqiʃti]
sótão (m)	шатырдың асты	[ʃatirdiŋ asti]
janela (f)	терезе	[tereze]
vidro (m)	әйнек	[æjnek]
parapeito (m)	терезенің алды	[terezeniŋ aldi]
persianas (f pl)	терезе жапқыш	[tereze ʒapqiʃ]
parede (f)	қабырға	[qabirɣa]
varanda (f)	балкон	[balkon]
calha (f)	су ағатын құбыр	[su aɣatin qʊbir]
em cima	жоғарыда	[ʒoɣarida]
subir (vi)	көтерілу	[køterilu]
descer (vi)	төмендеу	[tømendeu]
mudar-se (vr)	көшу	[køʃu]

87. Casa. Entrada. Elevador

entrada (f)	подъезд	[pod'ezd]
escada (f)	саты	[satɨ]
degraus (m pl)	баспалдақ	[baspaldaq]
corrimão (m)	сүйеніш	[sɥjeniʃ]
hall (m) de entrada	холл	[holl]
caixa (f) de correio	почта жәшігі	[potʃta ʒæʃigi]
lata (f) do lixo	қоқыс бағы	[qoqɨs bagɨ]
calha (f) de lixo	қоқыс салғыш	[qoqɨs salɣɨʃ]
elevador (m)	жеделсаты	[ʒedelsatɨ]
elevador (m) de carga	жүк лифті	[ʒɥk lɨfti]
cabine (f)	кабина	[kabɨna]
pegar o elevador	лифтпен жүру	[lɨftpen ʒɥru]
apartamento (m)	пәтер	[pæter]
residentes (pl)	тұрғындар	[turɣɨndar]
vizinhos (pl)	көршілер	[kørʃi ler]

88. Casa. Eletricidade

eletricidade (f)	электр	[ɛlektr]
lâmpada (f)	шам	[ʃam]
interruptor (m)	сөндіргіш	[søndirgiʃ]
fusível, disjuntor (m)	тығын	[tɨɣɨn]
fio, cabo (m)	сым	[sɨm]
instalação (f) elétrica	электр сымы	[ɛlektr sɨmɨ]
medidor (m) de eletricidade	есептегіш	[eseptegiʃ]
indicação (f), registro (m)	есептегіштің көрсетуі	[eseptegiʃtiŋ kørsetui]

89. Casa. Portas. Fechaduras

porta (f)	есік	[esik]
portão (m)	қақпа	[qaqpa]
maçaneta (f)	тұтқа	[tutqa]
destrancar (vt)	ашу	[aʃu]
abrir (vt)	ашу	[aʃu]
fechar (vt)	жабу	[ʒabu]
chave (f)	кілт	[kilt]
molho (m)	бір бау кілт	[bir bau kilt]
ranger (vi)	сықырлау	[sɨqɨrlau]
rangido (m)	сытыр	[sitir]
dobradiça (f)	топса	[topsa]
capacho (m)	алаша	[alaʃa]
fechadura (f)	құлып	[qulɨp]
buraco (m) da fechadura	құлыптың саңылауы	[qulɨptɨŋ saŋilawɨ]

barra (f)	ысырма	[isirma]
fecho (ferrolho pequeno)	ысырма	[isirma]
cadeado (m)	құлып	[qulip]

tocar (vt)	дыңылдату	[diŋildatu]
toque (m)	қоңырау	[qoŋirau]
campainha (f)	қоңырау	[qoŋirau]
botão (m)	түйме	[tüjme]
batida (f)	тарсыл	[tarsil]
bater (vi)	дүңкілдету	[düŋkildetu]

código (m)	код	[kod]
fechadura (f) de código	кодты құлып	[kodti qulip]
interfone (m)	домофон	[domofon]
número (m)	нөмір	[nømir]
placa (f) de porta	тақтайша	[taqtajʃa]
olho (m) mágico	көзек	[køzek]

90. Casa de campo

aldeia (f)	ауыл	[awil]
horta (f)	бақша	[baqʃa]
cerca (f)	дуал	[dual]
cerca (f) de piquete	ағаш шарбақ	[aɣaʃ ʃarbaq]
portão (f) do jardim	қақпа	[qaqpa]

celeiro (m)	қамба	[qamba]
adega (f)	жерқойма	[ʒerqojma]
galpão, barracão (m)	қора	[qora]
poço (m)	құдық	[qudiq]

fogão (m)	пеш	[peʃ]
atiçar o fogo	от жағу	[ot ʒaɣu]
lenha (carvão ou ~)	отын	[otin]
acha, lenha (f)	шөрке	[ʃørke]

varanda (f)	дәліз	[dæliz]
alpendre (m)	терраса	[terrasa]
degraus (m pl) de entrada	есік алды	[esik aldi]
balanço (m)	әткеншек	[ætkenʃek]

91. Moradia. Mansão

casa (f) de campo	қала сыртындағы үй	[qala sirtindaɣi üj]
vila (f)	вилла	[vɪlla]
ala (~ do edifício)	қанат	[qanat]

jardim (m)	бақша	[baqʃa]
parque (m)	саябақ	[sajabaq]
estufa (f)	жылыжай	[ʒiliʒaj]
cuidar de ...	бағып-қағу	[baɣip qaɣu]
piscina (f)	бассейн	[bassejn]

academia (f) de ginástica	спорт залы	[sport zali]
quadra (f) de tênis	теннис корты	[tenis korti]
cinema (m)	кинотеатр	[kinoteatr]
garagem (f)	гараж	[garaʒ]

| propriedade (f) privada | жеке меншік | [ʒeke menʃik] |
| terreno (m) privado | жекеменшік иелігіндегі жерлер | [ʒekemenʃik ıeligindegi ʒerler] |

| advertência (f) | ескерту | [eskertu] |
| sinal (m) de aviso | ескерту жазбасы | [eskertu ʒazbasi] |

guarda (f)	күзет	[kuzet]
guarda (m)	күзетші	[kuzetʃi]
alarme (m)	дабылдама	[dabildama]

92. Castelo. Palácio

castelo (m)	сарай	[saraj]
palácio (m)	сарай	[saraj]
fortaleza (f)	қамал	[qamal]
muralha (f)	қабырға	[qabirɣa]
torre (f)	мұнара	[munara]
calabouço (m)	бас мунара	[bas munara]

grade (f) levadiça	көтермелі қақпа	[køtermeli qaqpa]
passagem (f) subterrânea	жер асты өтпесі	[ʒer asti øtpesi]
fosso (m)	ор	[or]
corrente, cadeia (f)	шынжыр	[ʃinʒir]
seteira (f)	атыс ойығы	[atis ojiɣi]

magnífico (adj)	керемет	[keremet]
majestoso (adj)	айбынды	[ajbindi]
inexpugnável (adj)	асқар	[asqar]
medieval (adj)	орта ғасырлық	[orta ɣasirliq]

93. Apartamento

apartamento (m)	пәтер	[pæter]
quarto, cômodo (m)	бөлме	[bølme]
quarto (m) de dormir	жатаржай	[ʒatarʒaj]
sala (f) de jantar	асхана	[ashana]
sala (f) de estar	қонақхана	[qonaqhana]
escritório (m)	кабинет	[kabinet]

sala (f) de entrada	ауыз үй	[awiz uj]
banheiro (m)	жуынатын бөлме	[ʒuinatin bølme]
lavabo (m)	әжетхана	[æʒethana]

teto (m)	төбе	[tøbe]
chão, piso (m)	еден	[eden]
canto (m)	бөлменің бұрышы	[bølmeniŋ burişi]

94. Apartamento. Limpeza

arrumar, limpar (vt)	үй ішін жинастыру	[ʉj iʃin ʒɪnastiru]
guardar (no armário, etc.)	жинау	[ʒɪnau]
pó (m)	шаң	[ʃaŋ]
empoeirado (adj)	шаңданған	[ʃaŋdanɣan]
tirar o pó	шаңды сүрту	[ʃandɨ sʉrtu]
aspirador (m)	шаңсорғыш	[ʃaŋsorɣɨʃ]
aspirar (vt)	шаңсорғыштау	[ʃaŋsorɣɨʃtau]
varrer (vt)	сыпыру	[sipɨru]
sujeira (f)	қоқым-соқым	[qoqim soqim]
arrumação, ordem (f)	рет	[ret]
desordem (f)	ретсіздік	[retsizdik]
esfregão (m)	швабра	[ʃvabra]
pano (m), trapo (m)	шүберек	[ʃʉberek]
vassoura (f)	сыпырғыш	[sipirɣɨʃ]
pá (f) de lixo	әкендоз	[ækendoz]

95. Mobiliário. Interior

mobiliário (m)	жиһаз	[ʒɪhaz]
mesa (f)	үстел	[ʉstel]
cadeira (f)	орындық	[orindiq]
cama (f)	төсек	[tøsek]
sofá, divã (m)	диван	[dɪvan]
poltrona (f)	кресло	[kreslo]
estante (f)	шкаф	[ʃkaf]
prateleira (f)	өре	[øre]
guarda-roupas (m)	шкаф	[ʃkaf]
cabide (m) de parede	ілгіш	[ilgiʃ]
cabideiro (m) de pé	ілгіш	[ilgiʃ]
cômoda (f)	комод	[komod]
mesinha (f) de centro	шағын үстелше	[ʃaɣin ʉstelʃæ]
espelho (m)	айна	[ajna]
tapete (m)	кілем	[kilem]
tapete (m) pequeno	кілемше	[kilemʃæ]
lareira (f)	камин	[kamɪn]
vela (f)	шырақ	[ʃiraq]
castiçal (m)	шамдал	[ʃamdal]
cortinas (f pl)	перде	[perde]
papel (m) de parede	түскағаз	[tʉsqaɣaz]
persianas (f pl)	жалюзи	[ʒaljuzi]
luminária (f) de mesa	үстел шамы	[ʉstel ʃamɨ]
luminária (f) de parede	шырақ	[ʃiraq]

| abajur (m) de pé | сәнсәуле | [sænsæule] |
| lustre (m) | люстра | [ljustra] |

pé (de mesa, etc.)	аяқ	[ajaq]
braço, descanso (m)	шынтақша	[ʃintaqʃa]
costas (f pl)	арқалық	[arqaliq]
gaveta (f)	жәшік	[ʒæʃik]

96. Quarto de dormir

roupa (f) de cama	төсек-орын жабдығы	[tøsek orin ʒabdiɣi]
travesseiro (m)	жастық	[ʒastiq]
fronha (f)	жастық тысы	[ʒastiq tisi]
cobertor (m)	көрпе	[kørpe]
lençol (m)	ақжайма	[aqʒajma]
colcha (f)	жамылғы	[ʒamilɣi]

97. Cozinha

cozinha (f)	асүй	[asʉj]
gás (m)	газ	[gaz]
fogão (m) a gás	газ плитасы	[gaz plitasi]
fogão (m) elétrico	электр плитасы	[ɛlektr plitasi]
forno (m)	духовка	[duhovka]
forno (m) de micro-ondas	шағын толқынды пеш	[ʃaɣin tolqindi peʃ]

geladeira (f)	тоңазытқыш	[toŋazitqiʃ]
congelador (m)	мұздатқыш	[muzdatqiʃ]
máquina (f) de lavar louça	ыдыс-аяқ жуу машинасы	[idis ajaq ʒuu maʃinasi]

moedor (m) de carne	еттартқыш	[ettartqiʃ]
espremedor (m)	шырынсыққыш	[ʃirinsiqqiʃ]
torradeira (f)	тостер	[toster]
batedeira (f)	миксер	[mikser]

máquina (f) de café	кофеқайнатқы	[kofeqajnatqi]
cafeteira (f)	кофе шәйнек	[kofe ʃæjnek]
moedor (m) de café	кофе ұнтақтағыш	[kofe untaqtaɣiʃ]

chaleira (f)	шәйнек	[ʃæjnek]
bule (m)	шәйнек	[ʃæjnek]
tampa (f)	жапқыш	[ʒapqiʃ]
coador (m) de chá	сүзгі	[sʉzgi]

colher (f)	қасық	[qasiq]
colher (f) de chá	шай қасық	[ʃaj qasiq]
colher (f) de sopa	ас қасық	[as qasiq]
garfo (m)	шанышқы	[ʃaniʃqi]
faca (f)	пышақ	[piʃaq]

| louça (f) | ыдыс | [idis] |
| prato (m) | тәрелке | [tærelke] |

pires (m)	табақша	[tabaqʃa]
cálice (m)	рөмке	[rømke]
copo (m)	стақан	[staqan]
xícara (f)	шыныаяқ	[ʃiniajaq]

açucareiro (m)	қантсалғыш	[qantsalɣiʃ]
saleiro (m)	тұз сауыт	[tʊz sawit]
pimenteiro (m)	бұрыш салғыш	[bʊriʃ salɣiʃ]
manteigueira (f)	майсауыт	[majsawit]

panela (f)	кастрөл	[kastrøl]
frigideira (f)	таба	[taba]
concha (f)	ожау	[oʒau]
coador (m)	сүзекі	[sʉzeki]
bandeja (f)	табақ	[tabaq]

garrafa (f)	бөтелке	[bøtelke]
pote (m) de vidro	банкі	[banki]
lata (~ de cerveja)	банкі	[banki]

abridor (m) de garrafa	ашқыш	[aʃqiʃ]
abridor (m) de latas	ашқыш	[aʃqiʃ]
saca-rolhas (m)	бұранда	[bʊranda]
filtro (m)	сүзгіш	[sʉzgiʃ]
filtrar (vt)	сүзу	[sʉzu]

| lixo (m) | қоқым-соқым | [qoqim soqim] |
| lixeira (f) | қоқыс шелегі | [qoqis ʃælegi] |

98. Casa de banho

banheiro (m)	жуынатын бөлме	[ʒuinatin bølme]
água (f)	су	[su]
torneira (f)	шүмек	[ʃʉmek]
água (f) quente	ыстық су	[istiq su]
água (f) fria	суық су	[suiq su]

| pasta (f) de dente | тіс пастасы | [tis pastasi] |
| escovar os dentes | тіс тазалау | [tis tazalau] |

barbear-se (vr)	қырыну	[qirinu]
espuma (f) de barbear	қырынуға арналған көбік	[qirinuɣa arnalɣan købik]
gilete (f)	ұстара	[ʊstara]

lavar (vt)	жуу	[ʒuu]
tomar banho	жуыну	[ʒuinu]
chuveiro (m), ducha (f)	душ	[duʃ]
tomar uma ducha	душқа түсу	[duʃqa tʉsu]

banheira (f)	ванна	[vana]
vaso (m) sanitário	унитаз	[unitaz]
pia (f)	раковина	[rakovina]
sabonete (m)	сабын	[sabin]
saboneteira (f)	сабын салғыш	[sabin salɣiʃ]

esponja (f)	губка	[gubka]
xampu (m)	сусабын	[susabin]
toalha (f)	орамал	[oramal]
roupão (m) de banho	шапан	[ʃapan]

lavagem (f)	кір жуу	[kir ʒuu]
lavadora (f) de roupas	кіржуғыш машина	[kirʒuɣiʃ maʃina]
lavar a roupa	кір жуу	[kir ʒuu]
detergente (m)	кір жуу ұнтағы	[kir ʒuu untaɣi]

99. Eletrodomésticos

televisor (m)	теледидар	[teledɪdar]
gravador (m)	магнитофон	[magnɪtofon]
videogravador (m)	бейнемагнитофон	[bejnemagnɪtofon]
rádio (m)	қабылдағыш	[qabɪldaɣiʃ]
leitor (m)	плеер	[pleer]

projetor (m)	бейне проекторы	[bejne proektori]
cinema (m) em casa	үй кинотеатры	[ʉj kɪnoteatri]
DVD Player (m)	DVD ойнатқыш	[dividi ojnatqiʃ]
amplificador (m)	күшейткіш	[kʉʃæjtkiʃ]
console (f) de jogos	ойын қосымшасы	[ojin qosimʃasi]

câmera (f) de vídeo	бейнекамера	[bejnekamera]
máquina (f) fotográfica	фотоаппарат	[fotoapparat]
câmera (f) digital	цифрлы фотоаппарат	[tsɪfrlɪ fotoapparat]

aspirador (m)	шаңсорғыш	[ʃaŋsorɣiʃ]
ferro (m) de passar	үтік	[ʉtik]
tábua (f) de passar	үтіктеу тақтасы	[ʉtikteu taqtasi]

telefone (m)	телефон	[telefon]
celular (m)	ұялы телефон	[ujali telefon]
máquina (f) de escrever	жазу машинкасы	[ʒazu maʃinkasi]
máquina (f) de costura	тігін машинкасы	[tigin maʃinkasi]

microfone (m)	микрофон	[mɪkrofon]
fone (m) de ouvido	құлаққап	[qulaqqap]
controle remoto (m)	пульт	[pulʲt]

CD (m)	CD, компакт-дискі	[si di], [kompakt dɪski]
fita (f) cassete	кассета	[kasseta]
disco (m) de vinil	пластинка	[plastɪnka]

100. Reparações. Renovação

renovação (f)	жөндеу	[ʒøndeu]
renovar (vt), fazer obras	жөндеу	[ʒøndeu]
reparar (vt)	жөндеу	[ʒøndeu]
consertar (vt)	тәртіпке келтіру	[tærtipke keltiru]
refazer (vt)	қайта істеу	[qajta isteu]

tinta (f)	бояу	[bojau]
pintar (vt)	бояу	[bojau]
pintor (m)	майлаушы	[majlauʃɪ]
pincel (m)	бояу жаққыш	[bojau ӡaqqɪʃ]

| cal (f) | ағарту | [aɣartu] |
| caiar (vt) | ағарту | [aɣartu] |

papel (m) de parede	түсқағаз	[tʊsqaɣaz]
colocar papel de parede	түсқағазбен желімдеу	[tʊsqaɣazben ӡelimdeu]
verniz (m)	лак	[lak]
envernizar (vt)	лакпен қаптау	[lakpen qaptau]

101. Canalizações

água (f)	су	[su]
água (f) quente	ыстық су	[ɪstiq su]
água (f) fria	суық су	[suɪq su]
torneira (f)	шүмек	[ʃʉmek]

gota (f)	тамшы	[tamʃɪ]
gotejar (vi)	тамшылау	[tamʃɪlau]
vazar (vt)	ағу	[aɣu]
vazamento (m)	ағу	[aɣu]
poça (f)	шалшық	[ʃalʃɪq]

tubo (m)	құбыр	[qʊbɪr]
válvula (f)	вентиль	[ventɪlʲ]
entupir-se (vr)	бітеліп қалу	[bitelip qalu]

ferramentas (f pl)	құралдар	[qʊraldar]
chave (f) inglesa	ажырамалы кілт	[aӡiramalɪ kilt]
desenroscar (vt)	бұрап ашу	[burap aʃu]
enroscar (vt)	бұрап бекіту	[burap bekitu]

desentupir (vt)	тазарту	[tazartu]
encanador (m)	сантехник	[santehnɪk]
porão (m)	төле	[tøle]
rede (f) de esgotos	кәріз	[kæriz]

102. Fogo. Deflagração

incêndio (m)	алау	[alau]
chama (f)	жалын	[ӡalin]
faísca (f)	ұшқын	[ʊʃqin]
fumaça (f)	түтін	[tʊtin]
tocha (f)	шырағдан	[ʃiraɣdan]
fogueira (f)	от	[ot]

gasolina (f)	бензин	[benzɪn]
querosene (m)	керосин	[kerosɪn]
inflamável (adj)	жанғыш	[ӡanɣɪʃ]

explosivo (adj)	жарылғыш	[ʒarilɣiʃ]
PROIBIDO FUMAR!	ТЕМЕКІ ШЕКПЕУ!	[temeki ʃækpeu]
segurança (f)	қауіпсіздік	[qawipsizdik]
perigo (m)	қауіп-қатер	[qawip qater]
perigoso (adj)	қауіпті	[qawipti]
incendiar-se (vr)	жана бастау	[ʒana bastau]
explosão (f)	жарылыс	[ʒarilis]
incendiar (vt)	өртеп жіберу	[ørtep ʒiberu]
incendiário (m)	өртегіш	[ørtegiʃ]
incêndio (m) criminoso	өртеу	[ørteu]
flamejar (vi)	алаулау	[alaulau]
queimar (vi)	жану	[ʒanu]
queimar tudo (vi)	өртеніп кету	[ørtenip ketu]
chamar os bombeiros	өрт сөндірушілерді шақыру	[ørt søndiruʃilerdi ʃaqiru]
bombeiro (m)	өрт сөндіруші	[ørt søndiruʃi]
caminhão (m) de bombeiros	өрт сөндіргіш машина	[ørt søndirgiʃ maʃina]
corpo (m) de bombeiros	өрт жасағы	[ørt ʒasaɣi]
escada (f) extensível	өрт сөндірушілер сатысы	[ørt søndiruʃiler satisi]
mangueira (f)	шланг	[ʃlang]
extintor (m)	өрт сөндіргіш	[ørt søndirgiʃ]
capacete (m)	дулыға	[duliɣa]
sirene (f)	сирена	[sɪrena]
gritar (vi)	айғайлау	[ajɣajlau]
chamar por socorro	жәрдемге шақыру	[ʒærdemge ʃaqiru]
socorrista (m)	құтқарушы	[qutqaruʃi]
salvar, resgatar (vt)	құтқару	[qutqaru]
chegar (vi)	келу	[kelu]
apagar (vt)	сөндіру	[søndiru]
água (f)	су	[su]
areia (f)	құм	[qʊm]
ruínas (f pl)	қираған үйінді	[qiraɣan ʉjindi]
ruir (vi)	опырылып құлау	[opirilip qʊlau]
desmoronar (vi)	опырылып құлау	[opirilip qʊlau]
desabar (vi)	опырылу	[opirilu]
fragmento (m)	сынық	[siniq]
cinza (f)	күл	[kʉl]
sufocar (vi)	тұншығып өлу	[tʊnʃiɣip ølu]
perecer (vi)	мерт болу	[mert bolu]

ATIVIDADES HUMANAS

Emprego. Negócios. Parte 1

103. Escritório. O trabalho no escritório

escritório (~ de advogados)	кеңсе	[qense]
escritório (do diretor, etc.)	кабинет	[kabınet]
recepção (f)	ресепшн	[resepʃn]
secretário (m)	хатшы	[hatʃɪ]
diretor (m)	директор	[dırektor]
gerente (m)	менеджер	[menedʒer]
contador (m)	есепші	[esepʃi]
empregado (m)	қызметкер	[qizmetker]
mobiliário (m)	жиһаз	[ʒɪhaz]
mesa (f)	үстел	[ʉstel]
cadeira (f)	кресло	[kreslo]
gaveteiro (m)	тумбочка	[tumbotʃka]
cabideiro (m) de pé	киім ілгіш	[kıim ilgiʃ]
computador (m)	компьютер	[kompʲuter]
impressora (f)	принтер	[prınter]
fax (m)	факс	[faks]
fotocopiadora (f)	көшіргі аппарат	[køʃirgi apparat]
papel (m)	қағаз	[qaɣaz]
artigos (m pl) de escritório	кеңсе жабдықтары	[keŋse ʒabdıqtari]
tapete (m) para mouse	кілемше	[kilemʃæ]
folha (f)	парақ	[paraq]
pasta (f)	папка	[papka]
catálogo (m)	каталог	[katalog]
lista (f) telefônica	анықтағыш	[anıqtaɣɪʃ]
documentação (f)	құжаттама	[quʒattama]
brochura (f)	брошюра	[broʃjura]
panfleto (m)	үндеу	[ʉndeu]
amostra (f)	үлгі	[ʉlgi]
formação (f)	тренинг	[trenıng]
reunião (f)	кеңесу	[keŋesu]
hora (f) de almoço	түскі үзіліс	[tuski ʉzilis]
fazer uma cópia	көшірме жасау	[køʃirme ʒasau]
tirar cópias	көбейту	[købejtu]
receber um fax	факс қабылдау	[faks qabıldau]
enviar um fax	факс жіберу	[faks ʒiberu]
fazer uma chamada	қоңырау шалу	[qoŋırau ʃalu]

| responder (vt) | жауап беру | [ʒawap beru] |
| passar (vt) | біріктіру | [biriktiru] |

marcar (vt)	белгілеу	[belgileu]
demonstrar (vt)	көрсету	[kørsetu]
estar ausente	болмау	[bolmau]
ausência (f)	келмей қалу	[kelmej qalu]

104. Processos negociais. Parte 1

ocupação (f)	іс	[is]
firma, empresa (f)	фирма	[fɪrma]
companhia (f)	компания	[kompanɪja]
corporação (f)	корпорация	[korporatsɪja]
empresa (f)	кәсіпорын	[kæsiporin]
agência (f)	агенттік	[agenttik]

acordo (documento)	келісім-шарт	[kelisim ʃart]
contrato (m)	шарт	[ʃart]
acordo (transação)	мәміле	[mæmile]
pedido (m)	тапсырыс	[tapsiris]
termos (m pl)	шарт талабы	[ʃart talabɨ]

por atacado	көтерме сауда	[køterme sauda]
por atacado (adj)	көтерме	[køterme]
venda (f) por atacado	көтермете сату	[køtermete satu]
a varejo	бөлшек	[bølʃæk]
venda (f) a varejo	бөлшектеп сату	[bølʃæktep satu]

concorrente (m)	бәсекеші	[bæsekeʃi]
concorrência (f)	бәсеке	[bæseke]
competir (vi)	бақастасу	[baqastasu]

| sócio (m) | серіктес | [seriktes] |
| parceria (f) | серіктестік | [seriktestik] |

crise (f)	кризис	[krɪzɪs]
falência (f)	банкроттық	[bankrottiq]
entrar em falência	банкрот болу	[bankrot bolu]
dificuldade (f)	қиындық	[qɪɨndɨq]
problema (m)	мәселе	[mæsele]
catástrofe (f)	зілзала	[zilzala]

economia (f)	экономика	[ɛkonomɪka]
econômico (adj)	экономикалық	[ɛkonomɪkaliq]
recessão (f) econômica	экономикалық құлдырау	[ɛkonomɪkaliq qɵldirau]

| objetivo (m) | мақсат | [maqsat] |
| tarefa (f) | мәселе | [mæsele] |

comerciar (vi, vt)	сауда жасау	[sauda ʒasau]
rede (de distribuição)	дистрибьюторлар жүйесі	[dɪstrɪbʲutorlar ʒujesi]
estoque (m)	қойма	[qojma]
sortimento (m)	ассортимент	[assortɪment]

líder (m)	басшы	[basʃi]
grande (~ empresa)	ірі	[iri]
monopólio (m)	монополия	[monopolija]

teoria (f)	теория	[teorija]
prática (f)	тәжірибе	[tæʒiribe]
experiência (f)	тәжірибе	[tæʒiribe]
tendência (f)	тенденция	[tendentsija]
desenvolvimento (m)	даму	[damu]

105. Processos negcciais. Parte 2

| rentabilidade (f) | пайда | [pajda] |
| rentável (adj) | пайдалы | [pajdali] |

delegação (f)	делегация	[delegatsija]
salário, ordenado (m)	жалақы	[ʒalaqi]
corrigir (~ um erro)	дұрыстау	[duristau]
viagem (f) de negócios	іссапар	[issapar]
comissão (f)	комиссия	[komissija]

controlar (vt)	бақылау	[baqilau]
conferência (f)	конференция	[konferentsija]
licença (f)	лицензия	[litsenzija]
confiável (adj)	берік	[berik]

empreendimento (m)	бастама	[bastama]
norma (f)	норма	[norma]
circunstância (f)	жағдай	[ʒaɣdaj]
dever (do empregado)	міндет	[mindet]

empresa (f)	ұйым	[ujim]
organização (f)	ұйымдастыру	[ujimdastiru]
organizado (adj)	ұйымдасқан	[ujimdasqan]
anulação (f)	күшін жою	[kuʃin ʒoju]
anular, cancelar (vt)	болдырмау	[boldirmau]
relatório (m)	есеп	[esep]

patente (f)	патент	[patent]
patentear (vt)	патенттеу	[patenteu]
planejar (vt)	жоспарлау	[ʒosparlau]

bônus (m)	сыйақы	[sijaqi]
profissional (adj)	кәсіпқор	[kæsipqor]
procedimento (m)	процедура	[protsedura]

examinar (~ a questão)	қарау	[qarau]
cálculo (m)	есеп	[esep]
reputação (f)	бедел	[bedel]
risco (m)	тәуекел	[tæwekel]

dirigir (~ uma empresa)	басқару	[basqaru]
informação (f)	мәліметтер	[mælimetter]
propriedade (f)	меншік	[menʃik]

união (f)	одақ	[odaq]
seguro (m) de vida	өмірді сақтандыру	[ømirdi saqtandiru]
fazer um seguro	сақтандыру	[saqtandiru]
seguro (m)	сақтандыру	[saqtandiru]

leilão (m)	сауда-саттық	[sauda sattiq]
notificar (vt)	хабарлау	[habarlau]
gestão (f)	басқару	[basqaru]
serviço (indústria de ~s)	қызмет	[qizmet]

fórum (m)	форум	[forum]
funcionar (vi)	жұмыс істеу	[ʒumis isteu]
estágio (m)	кезең	[kezeŋ]
jurídico, legal (adj)	заңды	[zaŋdi]
advogado (m)	заңгер	[zaŋger]

106. Produção. Trabalhos

usina (f)	зауыт	[zawit]
fábrica (f)	фабрика	[fabrika]
oficina (f)	цех	[tseh]
local (m) de produção	өндіріс	[øndiris]

indústria (f)	өнеркәсіп	[ønerkæsip]
industrial (adj)	өнеркәсіп	[ønerkæsip]
indústria (f) pesada	ауыр өнеркәсіп	[awir ønerkæsip]
indústria (f) ligeira	жеңіл өнеркәсіп	[ʒeŋil ønerkæsip]

produção (f)	өнім	[ønim]
produzir (vt)	өндіру	[øndiru]
matérias-primas (f pl)	шикізат	[ʃikizat]

chefe (m) de obras	бригадир	[brigadir]
equipe (f)	бригада	[brigada]
operário (m)	жұмысшы	[ʒumisʃi]

dia (m) de trabalho	жұмыс күні	[ʒumis kuni]
intervalo (m)	кідіріс	[kidiris]
reunião (f)	жиналыс	[ʒinalis]
discutir (vt)	талқылау	[talqilau]

plano (m)	жоспар	[ʒospar]
cumprir o plano	жоспарды орындау	[ʒospardi orindau]
taxa (f) de produção	мөлшер	[mølʃær]
qualidade (f)	сапа	[sapa]
controle (m)	бақылау	[baqilau]
controle (m) da qualidade	сапасын бақылау	[sapasin baqilau]

segurança (f) no trabalho	еңбек қауіпсіздігі	[eŋbeq qawipsizdigi]
disciplina (f)	тәртіп	[tærtip]
infração (f)	бұзылым	[buzilim]
violar (as regras)	бұзу	[buzu]
greve (f)	ереуіл	[erewil]
grevista (m)	ереуілші	[erewilʃi]

96

| estar em greve | ереуілдеу | [erewildeu] |
| sindicato (m) | кәсіподақ | [kæsipodaq] |

inventar (vt)	ойлап шығару	[ojlap ʃɣaru]
invenção (f)	өнертабыс	[ønertabis]
pesquisa (f)	зерттеу	[zertteu]
melhorar (vt)	жақсарту	[ʒaqsartu]
tecnologia (f)	технология	[tehnologija]
desenho (m) técnico	сызба	[sizba]

carga (f)	жүк	[ʒʉk]
carregador (m)	жүкші	[ʒʉkʃi]
carregar (o caminhão, etc.)	жүктеу	[ʒʉkteu]
carregamento (m)	тиеу	[tieu]
descarregar (vt)	жүкті түсіру	[ʒʉkti tʉsiru]
descarga (f)	жүк түсіру	[ʒʉk tʉsiru]

transporte (m)	көлік	[kølik]
companhia (f) de transporte	көлік компаниясы	[kølik kompanijasi]
transportar (vt)	тасымалдау	[tasimaldau]

vagão (m) de carga	вагон	[vagon]
tanque (m)	цистерна	[tsisterna]
caminhão (m)	жүк автомобилі	[ʒʉk avtomobili]

| máquina (f) operatriz | станок | [stanok] |
| mecanismo (m) | құрылым | [qurilim] |

resíduos (m pl) industriais	өндіріс қалдықтары	[øndiris qaldiqtari]
embalagem (f)	орау	[orau]
embalar (vt)	орау	[orau]

107. Contrato. Acordo

contrato (m)	шарт	[ʃart]
acordo (m)	келісім	[kelisim]
adendo, anexo (m)	қосымша	[qosimʃa]

assinar o contrato	келісім жасау	[kelisim ʒasau]
assinatura (f)	қол таңба	[qol taŋba]
assinar (vt)	қол қою	[qol qoju]
carimbo (m)	мөр	[mør]
objeto (m) do contrato	келісім-шарттың тақырыбы	[kelisim ʃarttiŋ taqiribi]

cláusula (f)	пункт	[punkt]
partes (f pl)	жақтар	[ʒaqtar]
domicílio (m) legal	заңды мекенжай	[zaŋdi mekenʒaj]

violar o contrato	шартты бұзу	[ʃartti buzu]
obrigação (f)	міндеттеме	[mindetteme]
responsabilidade (f)	жауапкершілік	[ʒawapkerʃilik]
força (f) maior	форс-мажор	[fors maʒor]
litígio (m), disputa (f)	талас	[talas]
multas (f pl)	айыппұлдық ықпалшара	[ajippuldiq iqpalʃara]

108. Importação & Exportação

importação (f)	импорт	[ɪmport]
importador (m)	импортшы	[ɪmportʃɪ]
importar (vt)	импорттау	[ɪmporttau]
de importação	импорттық	[ɪmporttiq]
exportador (m)	экспортшы	[ɛksportʃɪ]
exportar (vt)	экспорттау	[ɛksporttau]
mercadoria (f)	тауар	[tawar]
lote (de mercadorias)	партия	[partɪja]
peso (m)	салмақ	[salmaq]
volume (m)	көлем	[kølem]
metro (m) cúbico	текше метр	[tekʃæ metr]
produtor (m)	өндіруші	[øndiruʃi]
companhia (f) de transporte	көлік компаниясы	[kølik kompanɪjasɪ]
contêiner (m)	контейнер	[kontejner]
fronteira (f)	шекара	[ʃækara]
alfândega (f)	кеден	[keden]
taxa (f) alfandegária	кеден бажы	[keden baʒɪ]
funcionário (m) da alfândega	кеденші	[kedenʃi]
contrabando (atividade)	контрабанда	[kontrabanda]
contrabando (produtos)	жасырын тауар	[ʒasirin tawar]

109. Finanças

ação (f)	акция	[aktsɪja]
obrigação (f)	облигация	[oblɪgatsɪja]
nota (f) promissória	вексель	[veksel']
bolsa (f) de valores	биржа	[bɪrʒa]
cotação (m) das ações	акция курсы	[aktsɪja kursɪ]
tornar-se mais barato	арзандау	[arzandau]
tornar-se mais caro	қымбаттау	[qimbattau]
parte (f)	үлес	[ʉles]
participação (f) majoritária	бақылау пакеті	[baqilau paketi]
investimento (m)	инвестициялар	[ɪnvestɪtsɪjalar]
investir (vt)	инвестициялау	[ɪnvestɪtsɪjalau]
porcentagem (f)	пайыз	[pajiz]
juros (m pl)	пайыздар	[pajizdar]
lucro (m)	пайда	[pajda]
lucrativo (adj)	пайдалы	[pajdali]
imposto (m)	салық	[saliq]
divisa (f)	валюта	[valjuta]
nacional (adj)	ұлттық	[ʉlttiq]

câmbio (m)	айырбас	[ajïrbas]
contador (m)	есепші	[esepʃi]
contabilidade (f)	есепшілік	[esepʃilik]

falência (f)	банкроттық	[bankrottïq]
falência, quebra (f)	құлау	[qulau]
ruína (f)	ойсырау	[ojsïrau]
estar quebrado	жұтау	[ʒutau]
inflação (f)	инфляция	[ɪnfljatsïja]
desvalorização (f)	девальвация	[devalʲvatsïja]

capital (m)	капитал	[kapïtal]
rendimento (m)	табыс	[tabis]
volume (m) de negócios	айналым	[ajnalïm]
recursos (m pl)	ресурстар	[resurstar]
recursos (m pl) financeiros	ақшалай қаражат	[aqʃalaj qaraʒat]

| despesas (f pl) gerais | үстеме шығындар | [usteme ʃïɣïndar] |
| reduzir (vt) | шығындарды азайту | [ʃïɣïndardï azajtu] |

110. Marketing

marketing (m)	маркетинг	[marketɪng]
mercado (m)	нарық	[narïq]
segmento (m) do mercado	нарық сараланымы	[narïq saralanïmi]
produto (m)	өнім	[ønim]
mercadoria (f)	тауар	[tawar]

marca (f) registrada	сауда маркасы	[sauda markasi]
logotipo (m)	фирмалық белгі	[fïrmalïq belgi]
logo (m)	логотип	[logotïp]

demanda (f)	сұраныс	[suranis]
oferta (f)	ұсыным	[usinim]
necessidade (f)	керектік	[kerektik]
consumidor (m)	тұтынушы	[tutinuʃi]

análise (f)	талдау	[taldau]
analisar (vt)	талдау жасау	[taldau ʒasau]
posicionamento (m)	ерекше ұсынылуы	[erekʃæ usiniluï]
posicionar (vt)	ерекше ұсыну	[erekʃæ usinu]

preço (m)	баға	[baɣa]
política (f) de preços	баға саясаты	[baɣa sajasati]
formação (f) de preços	бағаның құрылуы	[baɣanïŋ qurïluï]

111. Publicidade

publicidade (f)	жарнама	[ʒarnama]
fazer publicidade	жарнамалау	[ʒarnamalau]
orçamento (m)	бюджет	[bjudʒet]
anúncio (m)	жарнама	[ʒarnama]

publicidade (f) na TV	тележарнама	[teleʒarnama]
publicidade (f) na rádio	радиодағы жарнама	[radıodaɣɨ ʒarnama]
publicidade (f) exterior	сыртқы жарнама	[sɨrtqɨ ʒarnama]

comunicação (f) de massa	бұқаралық ақпарат құралдары	[bʊqaralɪq aqparat qʊraldarɨ]
periódico (m)	мерзімді басылым	[merzimdi basɨlɨm]
imagem (f)	имидж	[ɪmɪdʒ]

| slogan (m) | ұран | [ʊran] |
| mote (m), lema (f) | ұран | [ʊran] |

campanha (f)	компания	[kompanıja]
campanha (f) publicitária	жарнама компаниясы	[ʒarnama kompanıjasɨ]
grupo (m) alvo	мақсатты аудитория	[maqsattɨ audɪtorɪja]

cartão (m) de visita	визит карточкасы	[vɪzɪt kartotʃkasɨ]
panfleto (m)	үнпарақ	[ʉnparaq]
brochura (f)	брошюра	[broʃura]
folheto (m)	буклет	[buklet]
boletim (~ informativo)	бюллетень	[bjulletenʲ]

letreiro (m)	маңдайша жазу	[maŋdajʃa ʒazu]
cartaz, pôster (m)	плакат	[plakat]
painel (m) publicitário	жарнама қалқаны	[ʒarnama qalqanɨ]

112. Banca

| banco (m) | банк | [bank] |
| balcão (f) | бөлімше | [bølimʃæ] |

| consultor (m) bancário | кеңесші | [keŋesʃi] |
| gerente (m) | басқарушы | [basqaruʃi] |

conta (f)	шот	[ʃot]
número (m) da conta	шот нөмірі	[ʃot nømiri]
conta (f) corrente	ағымдағы есепшот	[aɣɨmdaɣɨ esepʃot]
conta (f) poupança	жинақтаушы шот	[ʒɨnaqtauʃɨ ʃot]

abrir uma conta	шот ашу	[ʃot aʃu]
fechar uma conta	шот жабу	[ʃot ʒabu]
depositar na conta	шотқа салу	[ʃotqa salu]
sacar (vt)	шоттан алу	[ʃottan alu]

depósito (m)	салым	[salɨm]
fazer um depósito	салым жасау	[salɨm ʒasau]
transferência (f) bancária	аударылым	[audarɨlɨm]
transferir (vt)	аударылым жасау	[audarɨlɨm ʒasau]

| soma (f) | сома | [soma] |
| Quanto? | Қанша? | [qanʃa] |

| assinatura (f) | қол таңба | [qol taŋba] |
| assinar (vt) | қол қою | [qol qoju] |

cartão (m) de crédito	кредиттік карта	[kredıttik karta]
senha (f)	код	[kod]
número (m) do cartão de crédito	кредиттік картаның нөмірі	[kredıttik kartaniŋ nømiri]
caixa (m) eletrônico	банкомат	[bankomat]
cheque (m)	чек	[tʃek]
passar um cheque	чек жазу	[tʃek ʒazu]
talão (m) de cheques	чек кітапшасы	[tʃek kitapʃasi]
empréstimo (m)	несие	[nesıe]
pedir um empréstimo	несие жайында өтінішпен бару	[nesıe ʒajinda øtiniʃpen baru]
obter empréstimo	несие алу	[nesıe alu]
dar um empréstimo	несие беру	[nesıe beru]
garantia (f)	кепілдеме	[kepildeme]

113. Telefone. Conversação telefônica

telefone (m)	телефон	[telefon]
celular (m)	ұялы телефон	[ujali telefon]
secretária (f) eletrônica	автожауапшы	[avtoʒawapʃi]
fazer uma chamada	қоңырау шалу	[qoŋirau ʃalu]
chamada (f)	қоңырау	[qoŋirau]
discar um número	нөмірді теру	[nømirdi teru]
Alô!	Алло!	[allo]
perguntar (vt)	сұрау	[surau]
responder (vt)	жауап беру	[ʒawap beru]
ouvir (vt)	есту	[estu]
bem	жақсы	[ʒaqsi]
mal	жаман	[ʒaman]
ruído (m)	бөгеттер	[bøgetter]
fone (m)	трубка	[trubka]
pegar o telefone	трубканы алу	[trubkani alu]
desligar (vi)	трубканы салу	[trubkani salu]
ocupado (adj)	бос емес	[bos emes]
tocar (vi)	шылдырлау	[ʃildirlau]
lista (f) telefônica	телефон кітабы	[telefon kitabi]
local (adj)	жергілікті	[ʒergilikti]
de longa distância	қалааралық	[qalaaraliq]
internacional (adj)	халықаралық	[haliqaraliq]

114. Telefone móvel

celular (m)	ұялы телефон	[ujali telefon]
tela (f)	дисплей	[dısplej]

| botão (m) | түйме | [tʉjme] |
| cartão SIM (m) | SIM-карта | [sim karta] |

bateria (f)	батарея	[batareja]
descarregar-se (vr)	тогынан айырылу	[toginan ajɨrɨlu]
carregador (m)	зарядттау құрылғысы	[zarjadttau qurɨlɣɨsɨ]

menu (m)	меню	[menju]
configurações (f pl)	қалпына келтіру	[qalpɨna keltiru]
melodia (f)	әуен	[æwen]
escolher (vt)	таңдау	[taŋdau]

calculadora (f)	калькулятор	[kalʲkuljator]
correio (m) de voz	автожауапшы	[avtoʒawapʃɨ]
despertador (m)	оятар	[ojatar]
contatos (m pl)	телефон кітабы	[telefon kitabɨ]

| mensagem (f) de texto | SMS-хабарлама | [ɛsɛmɛs habarlama] |
| assinante (m) | абонент | [abonent] |

115. Estacionário

| caneta (f) | автоқалам | [avtoqalam] |
| caneta (f) tinteiro | қаламұш | [qalamʊʃ] |

lápis (m)	қарындаш	[qarɨndaʃ]
marcador (m) de texto	маркер	[marker]
caneta (f) hidrográfica	фломастер	[flomaster]

| bloco (m) de notas | блокнот | [bloknot] |
| agenda (f) | күнделік | [kʉndelik] |

régua (f)	сызғыш	[sɨzɣɨʃ]
calculadora (f)	калькулятор	[kalʲkuljator]
borracha (f)	өшіргіш	[øʃirgiʃ]
alfinete (m)	жапсырма шеге	[ʒapsɨrma ʃæge]
clipe (m)	қыстырғыш	[qɨstɨrɣɨʃ]

cola (f)	желім	[ʒɛlim]
grampeador (m)	степлер	[stepler]
furador (m) de papel	тескіш	[teskiʃ]
apontador (m)	қайрағыш	[qajraɣɨʃ]

116. Vários tipos de documentos

relatório (m)	есептеме	[esepteme]
acordo (m)	келесім	[kelesim]
ficha (f) de inscrição	сұраным	[sʊranɨm]
autêntico (adj)	шынайы	[ʃɨnajɨ]
crachá (m)	бэдж	[bɛdʒ]
cartão (m) de visita	визит картасы	[vɪzɪt kartasɨ]
certificado (m)	сертификат	[sertɨfɨkat]

cheque (m)	чек	[tʃek]
conta (f)	шот	[ʃot]
constituição (f)	конституция	[konstıtutsıja]
contrato (m)	келісім-шарт	[kelisim ʃart]
cópia (f)	көшірме	[køʃirme]
exemplar (~ assinado)	дана	[dana]
declaração (f) alfandegária	декларация	[deklaratsıja]
documento (m)	құжат	[quʒat]
carteira (f) de motorista	жүргізушінің куәлігі	[ʒʉrgizuʃiniŋ kuæligi]
adendo, anexo (m)	қосымша	[qosimʃa]
questionário (m)	анкета	[anketa]
carteira (f) de identidade	куәлік	[kuælik]
inquérito (m)	сауал	[sawal]
convite (m)	шақыру билеті	[ʃaqiru bıleti]
fatura (f)	есеп	[esep]
lei (f)	заң	[zaŋ]
carta (correio)	хат	[hat]
papel (m) timbrado	бланк	[blank]
lista (f)	тізім	[tizim]
manuscrito (m)	қолжазба	[qolʒazba]
boletim (~ informativo)	бюллетень	[bjulletenʲ]
bilhete (mensagem breve)	жазбахат	[ʒazbahat]
passe (m)	өткізу құжаты	[øtkizu quʒati]
passaporte (m)	паспорт	[pasport]
permissão (f)	рұқсат	[rʊqsat]
currículo (m)	резюме	[rezjume]
nota (f) promissória	қолхат	[qolhat]
recibo (m)	түбіртек	[tʉbirtek]
talão (f)	чек	[tʃek]
relatório (m)	рапорт	[raport]
mostrar (vt)	көрсету	[kørsetu]
assinar (vt)	қол қою	[qol qoju]
assinatura (f)	қол таңба	[qol taŋba]
carimbo (m)	мөр	[mør]
texto (m)	мәтін	[mætin]
ingresso (m)	билет	[bılet]
riscar (vt)	сызып тастау	[sizip tastau]
preencher (vt)	толтыру	[toltiru]
carta (f) de porte	жүкқұжат	[ʒʉkquʒat]
testamento (m)	өсиет	[øsıet]

117. Tipos de negócios

serviços (m pl) de contabilidade	есепшілік қызметтер	[esepʃilik qizmetter]
publicidade (f)	жарнама	[ʒarnama]

agência (f) de publicidade	жарнама агенттігі	[ʒarnama agenttigi]
ar (m) condicionado	кондиционерлер	[kondɪtsɪonerler]
companhia (f) aérea	авиакомпания	[avɪakompanɪja]
bebidas (f pl) alcoólicas	спиртті ішімдіктер	[spɪrtti iʃimdikter]
comércio (m) de antiguidades	антиквариат	[antɪkvarɪat]
galeria (f) de arte	галерея	[galereja]
serviços (m pl) de auditoria	аудиторлық қызметтер	[audɪtorlïq qizmetter]
negócios (m pl) bancários	банк бизнесі	[bank bɪznesi]
bar (m)	бар	[bar]
salão (m) de beleza	сән салоны	[sæn salonï]
livraria (f)	кітап дүкені	[kitap dʉkeni]
cervejaria (f)	сыра қайнататын орын	[sïra qajnatatïn orïn]
centro (m) de escritórios	бизнес орталық	[bɪznes ortalïq]
escola (f) de negócios	бизнес-мектеп	[bɪznes mektep]
cassino (m)	казино	[kazïno]
construção (f)	құрылыс	[qʉrïlïs]
consultoria (f)	консалтинг	[konsaltïng]
clínica (f) dentária	стоматология	[stomatologɪja]
design (m)	дизайн	[dɪzajn]
drogaria (f)	дәріхана	[dærihana]
lavanderia (f)	химиялық тазалау	[hɪmɪjalïq tazalau]
agência (f) de emprego	кадрлық агенттігі	[kadrlïq agenttigi]
serviços (m pl) financeiros	қаржалық қызметтер	[qarʒalïq qizmetter]
alimentos (m pl)	азық-түлік	[azïq tʉlik]
funerária (f)	жерлеу бюросы	[ʒerleu bjurosï]
mobiliário (m)	жиһаз	[ʒïhaz]
roupa (f)	киім	[kɪim]
hotel (m)	қонақ үй	[qonaq ʉj]
sorvete (m)	балмұздақ	[balmʉzdaq]
indústria (f)	өнеркәсіп	[ønerkæsip]
seguro (~ de vida, etc.)	сақтандыру	[saqtandïru]
internet (f)	интернет	[ɪnternet]
investimento (m)	инвестициялар	[ɪnvestɪtsɪjalar]
joalheiro (m)	зергер	[zerger]
joias (f pl)	зергерлік бұйымдар	[zergerlik bʉjimdar]
lavanderia (f)	кір жуатын орын	[kir ʒuatïn orïn]
assessorias (f pl) jurídicas	заңгерлік қызметтер	[zaŋgerlik qizmetter]
indústria (f) ligeira	жеңіл өнеркәсіп	[ʒeŋil ønerkæsip]
revista (f)	журнал	[ʒurnal]
vendas (f pl) por catálogo	каталог бойынша сауда	[katalog bojïnʃa sauda]
medicina (f)	медицина	[medɪtsïna]
cinema (m)	кинотеатр	[kɪnoteatr]
museu (m)	мұражай	[mʊraʒaj]
agência (f) de notícias	ақпарат агенттігі	[aqparat agenttigi]
jornal (m)	газет	[gazet]
boate (casa noturna)	түнгі клуб	[tʉngi klub]
petróleo (m)	мұнай	[mʊnaj]

serviços (m pl) de remessa	курьерлік қызмет	[kur'erlik qizmet]
indústria (f) farmacêutica	фармацевтика	[farmatsevtıka]
tipografia (f)	полиграфия	[polıgrafıja]
editora (f)	баспа	[baspa]
rádio (m)	радио	[radıo]
imobiliário (m)	жылжымайтын мүлік	[ʒilʒimajtin mʉlik]
restaurante (m)	мейрамхана	[mejramhana]
empresa (f) de segurança	қорғау агенттігі	[qorɣau agenttigi]
esporte (m)	спорт	[sport]
bolsa (f) de valores	биржа	[bırʒa]
loja (f)	дүкен	[dʉken]
supermercado (m)	супермаркет	[supermarket]
piscina (f)	бассейн	[bassejn]
alfaiataria (f)	ателье	[atel'e]
televisão (f)	теледидар	[teledıdar]
teatro (m)	театр	[teatr]
comércio (m)	сауда	[sauda]
serviços (m pl) de transporte	тасымалдау	[tasimaldau]
viagens (f pl)	туризм	[turızm]
veterinário (m)	ветеринар	[veterınar]
armazém (m)	қойма	[qojma]
recolha (f) do lixo	қоқыстың тасып шығарылымы	[qoqistiŋ tasip ʃiɣarilimi]

Emprego. Negócios. Parte 2

118. Espetáculo. Feira

feira, exposição (f)	көрме	[kørme]
feira (f) comercial	сауда көрмесі	[sauda kørmesi]
participação (f)	қатысу	[qatisu]
participar (vi)	қатысу	[qatisu]
participante (m)	қатысушы	[qatisuʃi]
diretor (m)	директор	[dırektor]
direção (f)	дирекция	[dırektsija]
organizador (m)	ұйымдастырушы	[ujimdastiruʃi]
organizar (vt)	ұйымдастыру	[ujimdastiru]
ficha (f) de inscrição	қатысуға сұраным	[qatisuɣa suranim]
preencher (vt)	толтыру	[toltiru]
detalhes (m pl)	детальдары	[detalʲdari]
informação (f)	ақпарат	[aqparat]
preço (m)	бағa	[baɣa]
incluindo	соның ішінде	[soniŋ iʃinde]
incluir (vt)	соның ішінде	[soniŋ iʃinde]
pagar (vt)	төлеу	[tøleu]
taxa (f) de inscrição	тіркеу жарнасы	[tirkeu ʒarnasi]
entrada (f)	кіру	[kiru]
pavilhão (m), salão (f)	павильон	[pavılʲon]
inscrever (vt)	тіркеу	[tirkeu]
crachá (m)	бэдж	[bɛdʒ]
stand (m)	стенд	[stend]
reservar (vt)	кейінге сақтау	[kejinge saqtau]
vitrine (f)	көрме	[kørme]
lâmpada (f)	шырақ	[ʃiraq]
design (m)	дизайн	[dızajn]
pôr (posicionar)	орналастыру	[ornalastiru]
ser colocado, -a	орналастырылған	[ornalastirilʲan]
distribuidor (m)	дистрибьютор	[dıstrıbʲutor]
fornecedor (m)	өтемші	[øtemʃi]
fornecer (vt)	жеткізіп тұру	[ʒetkizip turu]
país (m)	ел	[el]
estrangeiro (adj)	шетелдік	[ʃæteldik]
produto (m)	өнім	[ønim]
associação (f)	ассоциация	[assotsıatsıja]
sala (f) de conferência	конференция залы	[konferentsıja zali]

congresso (m)	конгресс	[kongress]
concurso (m)	конкурс	[konkurs]
visitante (m)	келуші	[keluʃi]
visitar (vt)	келу	[kelu]
cliente (m)	тапсырушы	[tapsiruʃi]

119. Media

jornal (m)	газет	[gazet]
revista (f)	жорнал	[ʒornal]
imprensa (f)	баспасөз	[baspasøz]
rádio (m)	радио	[radıo]
estação (f) de rádio	радиостанция	[radıostantsıja]
televisão (f)	теледидар	[teledıdar]
apresentador (m)	жетекші	[ʒetekʃi]
locutor (m)	диктор	[dıktor]
comentarista (m)	комментатор	[kommentator]
jornalista (m)	журналшы	[ʒurnalʃi]
correspondente (m)	тілші	[tilʃi]
repórter (m) fotográfico	фототілші	[fototilʃi]
repórter (m)	репортер	[reportør]
redator (m)	редактор	[redaktor]
redator-chefe (m)	бас редактор	[bas redaktor]
assinar a …	жазылу	[ʒazilu]
assinatura (f)	жазылыс	[ʒazilis]
assinante (m)	жазылушы	[ʒaziluʃi]
ler (vt)	оқу	[oqu]
leitor (m)	оқырман	[oqirman]
tiragem (f)	таралым	[taralim]
mensal (adj)	айлық	[ajliq]
semanal (adj)	апталық	[aptaliq]
número (jornal, revista)	нөмір	[nømir]
recente, novo (adj)	жаңа	[ʒaŋa]
manchete (f)	тақырып	[taqirip]
pequeno artigo (m)	мақала	[maqala]
coluna (~ semanal)	тарау	[tarau]
artigo (m)	мақала	[maqala]
página (f)	бет	[bet]
reportagem (f)	репортаж	[reportaʒ]
evento (festa, etc.)	оқиға	[oqiɣa]
sensação (f)	сенсация	[sensatsıja]
escândalo (m)	жанжал	[ʒanʒal]
escandaloso (adj)	жанжалды	[ʒanʒaldi]
grande (adj)	әйгілі	[æjgili]
programa (m)	хабар	[habar]
entrevista (f)	сұхбат	[suhbat]

| transmissão (f) ao vivo | тікелей эфир | [tikelej ɛfır] |
| canal (m) | канал | [kanal] |

120. Agricultura

agricultura (f)	ауыл шаруашылығы	[awïl ʃaruaʃïliɣï]
camponês (m)	қара шаруа	[qara ʃarua]
camponesa (f)	қара шаруа	[qara ʃarua]
agricultor, fazendeiro (m)	ферма иесі	[ferma ıesi]

| trator (m) | трактор | [traktor] |
| colheitadeira (f) | комбайн | [kombajn] |

arado (m)	соқа	[soqa]
arar (vt)	жер жырту	[ʒer ʒïrtu]
campo (m) lavrado	жыртылған жер	[ʒïrtïlɣan ʒer]
sulco (m)	атыз	[atïz]

semear (vt)	егу	[egu]
plantadeira (f)	дәнсепкіш	[dænsepkiʃ]
semeadura (f)	егіс	[egis]

| foice (m) | шалғы | [ʃalɣï] |
| cortar com foice | шабу | [ʃabu] |

| pá (f) | күрек | [kʉrek] |
| cavar (vt) | қазу | [qazu] |

enxada (f)	шапқы	[ʃapqï]
capinar (vt)	отау	[otau]
erva (f) daninha	арам шөп	[aram ʃøp]

regador (m)	сусепкіш	[susepkiʃ]
regar (plantas)	суару	[suaru]
rega (f)	суару	[suaru]

| forquilha (f) | сәнек | [sænek] |
| ancinho (m) | тырнауыш | [tïrnawïʃ] |

fertilizante (m)	тыңайтқыш	[tïŋajtqïʃ]
fertilizar (vt)	тыңайту	[tïŋajtu]
estrume, esterco (m)	көң	[køŋ]

campo (m)	егіс даласы	[egis dalasï]
prado (m)	шалғын	[ʃalɣïn]
horta (f)	бақша	[baqʃa]
pomar (m)	бақ	[baq]

pastar (vt)	бағу	[baɣu]
pastor (m)	бақташы	[baqtaʃï]
pastagem (f)	жайылым	[ʒajïlïm]

| pecuária (f) | мал шаруашылығы | [mal ʃaruaʃïliɣï] |
| criação (f) de ovelhas | қой өсірушілік | [qoj øsiruʃilik] |

plantação (f)	плантация	[plantatsija]
canteiro (m)	жүйек	[ʒüjek]
estufa (f)	көшетхана	[køʃæthana]

| seca (f) | құрғақшылық | [quryaqʃiłiq] |
| seco (verão ~) | қуаң | [quaŋ] |

| cereais (m pl) | дәнді | [dændi] |
| colher (vt) | жинау | [ʒɪnau] |

moleiro (m)	диірменші	[dɪirmenʃi]
moinho (m)	диірмен	[dɪirmen]
moer (vt)	жармалау	[ʒarmalau]
farinha (f)	ұн	[ʊn]
palha (f)	сабан	[saban]

121. Construção. Processo de construção

canteiro (m) de obras	құрылыс	[qurilis]
construir (vt)	құрылыс салу	[qurilis salu]
construtor (m)	құрылысшы	[qurilisʃi]

projeto (m)	жоба	[ʒoba]
arquiteto (m)	сәулетші	[sæuletʃi]
operário (m)	жұмысшы	[ʒʊmisʃi]

fundação (f)	іргетас	[irgetas]
telhado (m)	шатыр	[ʃatir]
estaca (f)	бағана	[baɣana]
parede (f)	қабырға	[qabirɣa]

| colunas (f pl) de sustentação | арматура | [armatura] |
| andaime (m) | құрылыс материалдары | [qurilis materıaldari] |

concreto (m)	бетон	[beton]
granito (m)	гранит	[granɪt]
pedra (f)	тас	[tas]
tijolo (m)	кірпіш	[kirpiʃ]

areia (f)	құм	[qʊm]
cimento (m)	цемент	[tsement]
emboço, reboco (m)	сылақ	[siłaq]
emboçar, rebocar (vt)	сылақтау	[siłaqtau]

tinta (f)	бояу	[bojau]
pintar (vt)	бояу	[bojau]
barril (m)	күбі	[kübi]

grua (f), guindaste (m)	кран	[kran]
erguer (vt)	көтеру	[køteru]
baixar (vt)	түсіру	[tüsiru]

| buldózer (m) | сүргіш | [sürgiʃ] |
| escavadora (f) | экскаватор | [ɛkskavator] |

caçamba (f)	ожау	[oʒau]
escavar (vt)	қазу	[qazu]
capacete (m) de proteção	дулыға	[duliɣa]

122. Ciência. Investigação. Cientistas

ciência (f)	ғылым	[ɣilim]
científico (adj)	ғылыми	[ɣilimɪ]
cientista (m)	ғалым	[ɣalim]
teoria (f)	теория	[teorɪja]

axioma (m)	аксиома	[aksɪoma]
análise (f)	талдау	[taldau]
analisar (vt)	талдау жасау	[taldau ʒasau]
argumento (m)	дәлел	[dælel]
substância (f)	зат	[zat]

hipótese (f)	жорамал	[ʒoramal]
dilema (m)	дилемма	[dɪlemma]
tese (f)	дессертация	[dessertatsɪja]
dogma (m)	догма	[dogma]

doutrina (f)	доктрина	[doktrɪna]
pesquisa (f)	зерттеу	[zertteu]
pesquisar (vt)	зерттеуші	[zertteuʃɪ]
testes (m pl)	бақылау	[baqilau]
laboratório (m)	зертхана	[zerthana]

método (m)	әдіс	[ædis]
molécula (f)	молекула	[molekula]
monitoramento (m)	мониторинг	[monɪtorɪng]
descoberta (f)	ашылым	[aʃilim]

postulado (m)	жорамал	[ʒoramal]
princípio (m)	қағидат	[qaɣidat]
prognóstico (previsão)	болжау	[bolʒau]
prognosticar (vt)	болжау	[bolʒau]

síntese (f)	синтез	[sɪntez]
tendência (f)	тенденция	[tendentsɪja]
teorema (m)	теорема	[teorema]

| ensinamentos (m pl) | ілім | [ilim] |
| fato (m) | дәлел | [dælel] |

| expedição (f) | экспедиция | [ɛkspedɪtsɪja] |
| experiência (f) | тәжірибе | [tæʒirɪbe] |

acadêmico (m)	академик	[akademɪk]
bacharel (m)	бакалавр	[bakalavr]
doutor (m)	доктор	[doktor]
professor (m) associado	доцент	[dotsent]
mestrado (m)	магистр	[magɪstr]
professor (m)	профессор	[professor]

Profissões e ocupações

123. Procura de emprego. Demissão

trabalho (m)	жұмыс	[ʒumis]
equipe (f)	штат	[ʃtat]
carreira (f)	мансап	[mansap]
perspectivas (f pl)	болашақ	[bolaʃaq]
habilidades (f pl)	ұсталық	[ustaliq]
seleção (f)	іріктеу	[irikteu]
agência (f) de emprego	кадрлық агенттік	[kadrliq agenttik]
currículo (m)	резюме	[rezjume]
entrevista (f) de emprego	әңгімелесу	[æŋgimelesu]
vaga (f)	бос қызмет	[bos qizmet]
salário (m)	жалақы	[ʒalaqi]
salário (m) fixo	айлық	[ajliq]
pagamento (m)	ақы төлеу	[aqi tøleu]
cargo (m)	қызмет	[qizmet]
dever (do empregado)	міндет	[mindet]
gama (f) de deveres	міндеттер аясы	[mindetter ajasi]
ocupado (adj)	бос емес	[bos emes]
despedir, demitir (vt)	жұмыстан шығару	[ʒumistan ʃiɣaru]
demissão (f)	жұмыстан шығару	[ʒumistan ʃiɣaru]
desemprego (m)	жұмыссыздық	[ʒumissizdiq]
desempregado (m)	жұмыссыз	[ʒumissiz]
aposentadoria (f)	зейнетақы	[zejnetaqi]
aposentar-se (vr)	пенсияға шығу	[pensijaɣa ʃiɣu]

124. Gente de negócios

diretor (m)	директор	[dɪrektor]
gerente (m)	басқарушы	[basqaruʃi]
patrão, chefe (m)	басқарушы	[basqaruʃi]
superior (m)	бастық	[bastiq]
superiores (m pl)	басшылық	[basʃiliq]
presidente (m)	президент	[prezɪdent]
chairman (m)	төраға	[tøraɣa]
substituto (m)	орынбасар	[orinbasar]
assistente (m)	көмекші	[kømekʃi]
secretário (m)	хатшы	[hatʃi]

secretário (m) pessoal	жеке хатшы	[ʒeke hatʃï]
homem (m) de negócios	бизнесмен	[bïznesmen]
empreendedor (m)	кәсіпкер	[kæsipker]
fundador (m)	негізін салушы	[negizin saluʃï]
fundar (vt)	орнату	[ornatu]

principiador (m)	құрылтайшы	[qurïltajʃï]
parceiro, sócio (m)	серіктес	[seriktes]
acionista (m)	акционер	[aktsïoner]

milionário (m)	миллионер	[mïllïoner]
bilionário (m)	миллиардер	[mïllïarder]
proprietário (m)	ие	[ïe]
proprietário (m) de terras	жер иесі	[ʒer ïesi]

cliente (m)	клиент	[klïent]
cliente (m) habitual	тұракты клиент	[turaktï klïent]
comprador (m)	сатып алушы	[satïp aluʃï]
visitante (m)	келуші	[keluʃï]

profissional (m)	кәсіпші	[kæsipʃï]
perito (m)	сарапшы	[sarapʃï]
especialista (m)	маман	[maman]

banqueiro (m)	банкир	[bankïr]
corretor (m)	брокер	[broker]

caixa (m, f)	кассир	[kassïr]
contador (m)	есепші	[esepʃï]
guarda (m)	күзетші	[kuzetʃï]

investidor (m)	инвестор	[ïnvestor]
devedor (m)	қарыздар	[qarïzdar]
credor (m)	несиегер	[nesïeger]
mutuário (m)	қарыз алушы	[qarïz aluʃï]

importador (m)	импортшы	[ïmportʃï]
exportador (m)	экспортшы	[ɛksportʃï]

produtor (m)	өндіруші	[øndiruʃï]
distribuidor (m)	дистрибьютор	[dïstrïbʲutor]
intermediário (m)	дәнекер	[dæneker]

consultor (m)	кеңесші	[keŋesʃï]
representante comercial	өкіл	[økil]
agente (m)	агент	[agent]
agente (m) de seguros	сақтандыру агенті	[saqtandïru agenti]

125. Profissões de serviços

cozinheiro (m)	аспазшы	[aspazʃï]
chefe (m) de cozinha	бас аспазшы	[bas aspazʃï]
padeiro (m)	нан пісіруші	[nan pisiruʃï]
barman (m)	бармен	[barmen]

| garçom (m) | даяшы | [dajaʃɪ] |
| garçonete (f) | даяшы | [dajaʃɪ] |

advogado (m)	адвокат	[advokat]
jurista (m)	заңгер	[zaŋger]
notário (m)	нотариус	[notarɪus]

eletricista (m)	монтер	[montjor]
encanador (m)	сантехник	[santehnɪk]
carpinteiro (m)	балташы	[baltaʃɪ]

massagista (m)	массаж жасаушы	[massaʒ ʒasauʃɪ]
massagista (f)	массаж жасаушы	[massaʒ ʒasauʃɪ]
médico (m)	дәрігер	[dæriger]

taxista (m)	таксист	[taksɪst]
condutor (automobilista)	айдарман	[ajdarman]
entregador (m)	курьер	[kurʲer]

camareira (f)	қызметші әйел	[qizmetʃi æjel]
guarda (m)	күзетші	[kʉzetʃi]
aeromoça (f)	аспансерік	[aspanserik]

professor (m)	мұғалім	[mʊɣalim]
bibliotecário (m)	кітапханашы	[kitaphanaʃɪ]
tradutor (m)	тілмаш	[tilmaʃ]
intérprete (m)	тілмаш	[tilmaʃ]
guia (m)	гид	[gɪd]

cabeleireiro (m)	шаштаразшы	[ʃaʃtarazʃɪ]
carteiro (m)	пошташы	[poʃtaʃɪ]
vendedor (m)	сатушы	[satuʃɪ]

jardineiro (m)	бақшы	[baqʃɪ]
criado (m)	даяшы	[dajaʃɪ]
criada (f)	даяшы	[dajaʃɪ]
empregada (f) de limpeza	сыпырушы	[sɪpɪruʃɪ]

126. Profissões militares e postos

soldado (m) raso	қатардағы	[qatardaɣɪ]
sargento (m)	сержант	[serʒant]
tenente (m)	лейтенант	[lejtenant]
capitão (m)	капитан	[kapɪtan]

major (m)	майор	[major]
coronel (m)	полковник	[polkovnɪk]
general (m)	генерал	[general]
marechal (m)	маршал	[marʃal]
almirante (m)	адмирал	[admɪral]

militar (m)	әскери адам	[æskerɪ adam]
soldado (m)	жауынгер	[ʒawinger]
oficial (m)	офицер	[ofɪtser]

comandante (m)	командир	[komandɪr]
guarda (m) de fronteira	шекарашы	[ʃækaraʃɨ]
operador (m) de rádio	радист	[radɪst]
explorador (m)	барлаушы	[barlauʃɨ]
sapador-mineiro (m)	сапер	[sapør]
atirador (m)	атқыш	[atqɨʃ]
navegador (m)	штурман	[ʃturman]

127. Oficiais. Padres

| rei (m) | король | [korolʲ] |
| rainha (f) | королева | [koroleva] |

| príncipe (m) | ханзада | [hanzada] |
| princesa (f) | ханша | [hanʃa] |

| czar (m) | патша | [patʃa] |
| czarina (f) | патшайым | [patʃajɨm] |

presidente (m)	президент	[prezɪdent]
ministro (m)	министр	[mɪnɪstr]
primeiro-ministro (m)	премьер-министр	[premʲer mɪnɪstr]
senador (m)	сенатор	[senator]

diplomata (m)	дипломат	[dɪplomat]
cônsul (m)	консул	[konsul]
embaixador (m)	елші	[elʃi]
conselheiro (m)	кеңесші	[keŋesʃi]

funcionário (m)	төре	[tøre]
prefeito (m)	префект	[prefekt]
Presidente (m) da Câmara	мэр	[mɛr]

| juiz (m) | төреші | [tøreʃi] |
| procurador (m) | прокурор | [prokuror] |

missionário (m)	миссионер	[mɪssɪoner]
monge (m)	монах	[monah]
abade (m)	уағыздаушы	[waɣɨzdauʃɨ]
rabino (m)	раввин	[ravɪn]

vizir (m)	уәзір	[wæzir]
xá (m)	шах	[ʃah]
xeique (m)	шайқы	[ʃajqɨ]

128. Profissões agrícolas

abelheiro (m)	ара өсіруші	[ara øsiruʃi]
pastor (m)	бақташы	[baqtaʃi]
agrônomo (m)	агроном	[agronom]
criador (m) de gado	мал өсіруші	[mal øsiruʃi]
veterinário (m)	ветеринар	[veterɪnar]

agricultor, fazendeiro (m)	ферма иесі	[ferma ıesi]
vinicultor (m)	шарапшы	[ʃarapʃi]
zoólogo (m)	зоолог	[zoolog]
vaqueiro (m)	ковбой	[kovboj]

129. Profissões artísticas

ator (m)	актер	[aktør]
atriz (f)	актриса	[aktrısa]
cantor (m)	әнші	[ænʃi]
cantora (f)	әнші	[ænʃi]
bailarino (m)	биші	[bıʃi]
bailarina (f)	биші	[bıʃi]
artista (m)	әртіс	[ærtis]
artista (f)	әртіс	[ærtis]
músico (m)	сырнайшы	[sirnajʃi]
pianista (m)	пианист	[pıanıst]
guitarrista (m)	гитаршы	[gıtarʃi]
maestro (m)	дирижер	[dırıʒor]
compositor (m)	сазгер	[sazger]
empresário (m)	импресарио	[ımpresarıo]
diretor (m) de cinema	режиссер	[reʒıssør]
produtor (m)	продюсер	[prodjuser]
roteirista (m)	сценарист	[stsænarıst]
crítico (m)	сынағыш	[sinaɣiʃ]
escritor (m)	жазушы	[ʒazuʃi]
poeta (m)	ақын	[aqin]
escultor (m)	мүсінші	[mʉsinʃi]
pintor (m)	суретші	[suretʃi]
malabarista (m)	жонглер	[ʒonglør]
palhaço (m)	клоун	[kloun]
acrobata (m)	акробат	[akrobat]
ilusionista (m)	сиқыршы	[siqirʃi]

130. Várias profissões

médico (m)	дәрігер	[dæriger]
enfermeira (f)	медбике	[medbıke]
psiquiatra (m)	психиатр	[psıhıatr]
dentista (m)	стоматолог	[stomatolog]
cirurgião (m)	хирург	[hırurg]
astronauta (m)	астронавт	[astronavt]
astrônomo (m)	астроном	[astronom]

motorista (m)	жүргізуші	[ʒʉrgizuʃi]
maquinista (m)	машинист	[maʃinist]
mecânico (m)	механик	[mehanık]

mineiro (m)	көмірші	[kømirʃi]
operário (m)	жұмысшы	[ʒumisʃi]
serralheiro (m)	слесарь	[slesarʲ]
marceneiro (m)	ағаш шебері	[aɣaʃ ʃæberi]
torneiro (m)	қырнаушы	[qirnauʃi]
construtor (m)	құрылысшы	[qurilisʃi]
soldador (m)	дәнекерлеуші	[dænekerleuʃi]

professor (m)	профессор	[professor]
arquiteto (m)	сәулетші	[sæuletʃi]
historiador (m)	тарихшы	[tarıhʃi]
cientista (m)	ғалым	[ɣalim]
físico (m)	физик	[fızık]
químico (m)	химик	[hımık]

arqueólogo (m)	археолог	[arheolog]
geólogo (m)	геолог	[geolog]
pesquisador (cientista)	зерттеуші	[zertteuʃi]

| babysitter, babá (f) | бала бағушы | [bala baɣuʃi] |
| professor (m) | мұғалім | [muɣalim] |

redator (m)	редактор	[redaktor]
redator-chefe (m)	бас редактор	[bas redaktor]
correspondente (m)	тілші	[tilʃi]
datilógrafa (f)	машинист	[maʃinist]

designer (m)	дизайнер	[dızajner]
especialista (m) em informática	компьютерші	[kompʲuterʃi]
programador (m)	бағдарламаушы	[baɣdarlamauʃi]
engenheiro (m)	инженер	[ınʒener]

marujo (m)	кемеші	[kemeʃi]
marinheiro (m)	кемеші	[kemeʃi]
socorrista (m)	құтқарушы	[qutqaruʃi]

bombeiro (m)	өрт сөндіруші	[ørt søndiruʃi]
polícia (m)	полицей	[polıtsej]
guarda-noturno (m)	күзетші	[kʉzetʃi]
detetive (m)	ізші	[izʃi]

funcionário (m) da alfândega	кеденші	[kedenʃi]
guarda-costas (m)	сақшы	[saqʃi]
guarda (m) prisional	қадағалаушы	[qadaɣalauʃi]
inspetor (m)	инспектор	[ınspektor]

esportista (m)	спортшы	[sportʃi]
treinador (m)	жаттықтырушы	[ʒattiqtiruʃi]
açougueiro (m)	етші	[etʃi]
sapateiro (m)	аяқ киім жамаушы	[ajaq kıim ʒamauʃi]
comerciante (m)	сәудагер	[sæudager]

carregador (m)	жүк тиеуші	[ʒʉk tıeuʃi]
estilista (m)	модель	[modelʲ]
modelo (f)	үлгіші	[ʉlgiʃi]

131. Ocupações. Estatuto social

| estudante (~ de escola) | оқушы | [oquʃi] |
| estudante (~ universitária) | студент | [student] |

filósofo (m)	философ	[fılosof]
economista (m)	экономист	[ɛkonomıst]
inventor (m)	өнертапқыш	[ønertapqiʃ]

desempregado (m)	жұмыссыз	[ʒʊmissiz]
aposentado (m)	зейнеткер	[zejnetker]
espião (m)	тыңшы	[tiŋʃi]

preso, prisioneiro (m)	қамалған	[qamalɣan]
grevista (m)	ереуілші	[erewilʃi]
burocrata (m)	кеңсешіл	[keŋseʃil]
viajante (m)	саяхатшы	[sajahatʃi]

homossexual (m)	гомосексуалист	[gomoseksualıst]
hacker (m)	хакер	[haker]
hippie (m, f)	хиппи	[hıppı]

bandido (m)	қарақшы	[qaraqʃi]
assassino (m)	жалдамалы өлтіруші	[ʒaldamali øltiruʃi]
drogado (m)	нашақор	[naʃaqor]
traficante (m)	есірткі сатушы	[esirtki satuʃi]
prostituta (f)	жезөкше	[ʒezøkʃæ]
cafetão (m)	сутенер	[sutenør]

bruxo (m)	дуагер	[duager]
bruxa (f)	көз байлаушы	[køz bajlauʃi]
pirata (m)	теңіз қарақшысы	[teŋiz qaraqʃisi]
escravo (m)	құл	[qʊl]
samurai (m)	самурай	[samuraj]
selvagem (m)	жабайы адам	[ʒabaji adam]

Desportos

132. Tipos de desportos. Desportistas

esportista (m)	спортшы	[sportʃɨ]
tipo (m) de esporte	спорт түрі	[sport tɯri]
basquete (m)	баскетбол	[basketbol]
jogador (m) de basquete	баскетболшы	[basketbolʃɨ]
beisebol (m)	бейсбол	[bejsbol]
jogador (m) de beisebol	бейсболшы	[bejsbolʃɨ]
futebol (m)	футбол	[futbol]
jogador (m) de futebol	футболшы	[futbolʃɨ]
goleiro (m)	қақпашы	[qaqpaʃɨ]
hóquei (m)	хоккей	[hokkej]
jogador (m) de hóquei	хоккейші	[hokkejʃɨ]
vôlei (m)	волейбол	[volejbol]
jogador (m) de vôlei	волейболшы	[volejbolʃɨ]
boxe (m)	бокс	[boks]
boxeador (m)	боксшы	[boksʃɨ]
luta (f)	күрес	[kɯres]
lutador (m)	балуан	[baluan]
caratê (m)	карате	[karate]
carateca (m)	каратист	[karatɨst]
judô (m)	дзюдо	[dzjudo]
judoca (m)	дзюдошы	[dzjudoʃɨ]
tênis (m)	теннис	[tenɨs]
tenista (m)	теннисші	[tenɨsʃi]
natação (f)	жүзу	[ʒɯzu]
nadador (m)	жүзгіш	[ʒɯzgiʃ]
esgrima (f)	сайысу	[sajɨsu]
esgrimista (m)	сайысшы	[sajɨsʃɨ]
xadrez (m)	шахмат	[ʃahmat]
jogador (m) de xadrez	шахматшы	[ʃahmatʃɨ]
alpinismo (m)	альпинизм	[alʲpɨnɨzm]
alpinista (m)	альпинист	[alʲpɨnɨst]
corrida (f)	жүгіру	[ʒɯgiru]

corredor (m)	жүгіріш	[ʒᵿgiriʃ]
atletismo (m)	жеңіл атлетика	[ʒeŋil atletɪka]
atleta (m)	атлет	[atlet]
hipismo (m)	ат спорты	[at sportɨ]
cavaleiro (m)	атбегі	[atbegi]
patinação (f) artística	мәнерлеп сырғанау	[mænerlep sɨrɣanau]
patinador (m)	мәнерлеп сырғанаушы	[mænerlep sɨrɣanauʃɨ]
patinadora (f)	мәнерлеп сырғанаушы	[mænerlep sɨrɣanauʃɨ]
halterofilismo (m)	ауыр атлетика	[awɪr atletɪka]
corrida (f) de carros	автожарыс	[avtoʒarɨs]
piloto (m)	жарысушы	[ʒarɪsuʃɨ]
ciclismo (m)	велосипед спорты	[velosɪped sportɨ]
ciclista (m)	велосипедші	[velosɪpedʃi]
salto (m) em distância	ұзындыққа секіру	[uzindɪqqa sekiru]
salto (m) com vara	сырықпен секіру	[sɨrɪqpen sekiru]
atleta (m) de saltos	секіргіш	[sekirgiʃ]

133. Tipos de desportos. Diversos

futebol (m) americano	америка футболы	[amerɪka futbolɨ]
badminton (m)	бадминтон	[badmɪnton]
biatlo (m)	биатлон	[bɪatlon]
bilhar (m)	бильярд	[bɪlʲard]
bobsled (m)	бобслей	[bobslej]
musculação (f)	бодибилдинг	[bodɪbɪldɪng]
polo (m) aquático	су добы	[su dobɨ]
handebol (m)	гандбол	[gandbol]
golfe (m)	гольф	[golʲf]
remo (m)	ескек	[eskek]
mergulho (m)	дайвинг	[dajvɪng]
corrida (f) de esqui	шаңғы жарысы	[ʃaŋɣɨ ʒarisɨ]
tênis (m) de mesa	стол үсті теннисі	[stol ᵿsti tenɪsi]
vela (f)	желкен спорты	[ʒelken sportɨ]
rali (m)	ралли	[rallɪ]
rúgbi (m)	регби	[regbɪ]
snowboard (m)	сноуборд	[snoubord]
arco-e-flecha (m)	садақпен ату	[sadaqpen atu]

134. Ginásio

barra (f)	штанга	[ʃtanga]
halteres (m pl)	гантель	[gantelʲ]
aparelho (m) de musculação	тренажер	[trenaʒor]
bicicleta (f) ergométrica	велотренажер	[velotrenaʒor]

esteira (f) de corrida	жарыс жолы	[ʒaris ʒolɨ]
barra (f) fixa	турник	[turnɨk]
barras (f pl) paralelas	қырлы бөренелер	[qɨrlɨ børeneler]
cavalo (m)	ат	[at]
tapete (m) de ginástica	мат	[mat]
corda (f) de saltar	секіргіш	[sekirgiʃ]
aeróbica (f)	аэробика	[aærobɨka]
ioga, yoga (f)	йога	[joga]

135. Hóquei

hóquei (m)	хоккей	[hokkej]
jogador (m) de hóquei	хоккейші	[hokkejʃi]
jogar hóquei	хоккей ойнау	[hokkej ojnau]
gelo (m)	мұз	[mʊz]
disco (m)	шайба	[ʃajba]
taco (m) de hóquei	сырғытпа таяқ	[sirɣitpa tajaq]
patins (m pl) de gelo	коньки	[konʲkɨ]
muro (m)	борт	[bort]
tiro (m)	лақтыру	[laqtɨru]
goleiro (m)	қақпашы	[qaqpaʃɨ]
gol (m)	гол	[gol]
marcar um gol	гол кіргізу	[gol kirgizu]
tempo (m)	кезең	[kezeŋ]
segundo tempo (m)	екінші кезең	[ekinʃi kezeŋ]
banco (m) de reservas	қордағылардың отырғышы	[qordaɣɨlardiŋ otɨrɣɨʃɨ]

136. Futebol

futebol (m)	футбол	[futbol]
jogador (m) de futebol	футболшы	[futbolʃɨ]
jogar futebol	футбол ойнау	[futbol ojnau]
Time (m) Principal	жоғарғы лига	[ʒoɣarɣɨ lɨga]
time (m) de futebol	футбол клубы	[futbol klubɨ]
treinador (m)	жаттықтырушы	[ʒattiqtiruʃɨ]
proprietário (m)	ие	[ɪe]
equipe (f)	команда	[komanda]
capitão (m)	команданың капитаны	[komandaniŋ kapɨtanɨ]
jogador (m)	ойыншы	[ojɨnʃɨ]
jogador (m) reserva	қордағы ойыншы	[qordaɣɨ ojɨnʃɨ]
atacante (m)	шабуылшы	[ʃabuɨlʃɨ]
centroavante (m)	орталық шабуылшы	[ortaliq ʃabuɨlʃɨ]
marcador (m)	бомбардир	[bombardɨr]

| defesa (m) | қорғаушы | [qorɣauʃi] |
| meio-campo (m) | жартылай қорғаушы | [ʒartilaj qorɣauʃi] |

jogo (m), partida (f)	матч	[matʃ]
encontrar-se (vr)	кездесу	[kezdesu]
final (m)	финал	[fɪnal]
semifinal (f)	жарты финал	[ʒarti fɪnal]
campeonato (m)	чемпионат	[tʃempɪonat]

tempo (m)	тайм	[tajm]
primeiro tempo (m)	бірінші тайм	[birinʃi tajm]
intervalo (m)	үзіліс	[üzilis]

goleira (f)	қақпа	[qaqpa]
goleiro (m)	қақпашы	[qaqpaʃi]
trave (f)	штанга	[ʃtanga]
travessão (m)	қақпа маңдайшасы	[qaqpa maŋdajʃasi]
rede (f)	сетка	[setka]
tomar um gol	гол өткізу	[gol øtkizu]

bola (f)	доп	[dop]
passe (m)	пас	[pas]
chute (m)	соғу	[soɣu]
chutar (vt)	соққы беру	[soqqi beru]
pontapé (m)	айыптық ұру	[ajiptiq uru]
escanteio (m)	бұрыштан соғу	[buriʃtan soɣu]

ataque (m)	шабуыл	[ʃabuil]
contra-ataque (m)	қарсы шабуыл	[qarsi ʃabuil]
combinação (f)	қисындастыру	[qisindastiru]

árbitro (m)	төреші	[tøreʃi]
apitar (vi)	ысқыру	[isqiru]
apito (m)	ысқырық	[isqiriq]
falta (f)	бұзылыс	[buzilis]
cometer a falta	бұзу	[buzu]
expulsar (vt)	алаңнан шығару	[alaŋan ʃiɣaru]

cartão (m) amarelo	сары карточка	[sari kartotʃka]
cartão (m) vermelho	қызыл карточка	[qizil kartotʃka]
desqualificação (f)	дисквалификация	[dɪskvalɪfɪkatsɪja]
desqualificar (vt)	дисквалификациялау	[dɪskvalɪfɪkatsɪjalau]

pênalti (m)	пенальти	[penalʲtɪ]
barreira (f)	қатар	[qatar]
marcar (vt)	ұрып енгізу	[urip engizu]
gol (m)	гол	[gol]
marcar um gol	голты кіргізу	[golti kirgizu]

substituição (f)	ауыстыру	[awistiru]
substituir (vt)	ауыстыру	[awistiru]
regras (f pl)	ережелер	[ereʒeler]
tática (f)	тактика	[taktika]

| estádio (m) | стадион | [stadɪon] |
| arquibancadas (f pl) | трибуна | [trɪbuna] |

fã, torcedor (m)	жан күйер	[ʒan kɥjer]
gritar (vi)	айқайлау	[ajqajlau]
placar (m)	табло	[tablo]
resultado (m)	есеп	[esep]
derrota (f)	жеңілу	[ʒeŋilu]
perder (vt)	жеңілу	[ʒeŋilu]
empate (m)	тең ойын	[teŋ ojɨn]
empatar (vi)	теңойнау	[teŋojnau]
vitória (f)	жеңіс	[ʒeŋis]
vencer (vi, vt)	жеңу	[ʒeŋu]
campeão (m)	чемпион	[tʃempɪon]
melhor (adj)	жақсысы	[ʒaqsɨsɨ]
felicitar (vt)	құттықтау	[qʊttɨqtau]
comentarista (m)	комментатор	[kommentator]
comentar (vt)	түсінік беру	[tɥsinik beru]
transmissão (f)	трансляция	[transljatsɨja]

137. Esqui alpino

esqui (m)	шаңғы	[ʃaŋɣɨ]
esquiar (vi)	шаңғы тебу	[ʃaŋɣɨ tebu]
estação (f) de esqui	тау шаңғысы курорты	[taw ʃaŋɣɨsɨ kurortɨ]
teleférico (m)	көтергіш	[køtergiʃ]
bastões (m pl) de esqui	таяқтар	[tajaqtar]
declive (m)	еңіс	[eŋis]
slalom (m)	слалом	[slalom]

138. Tênis. Golfe

golfe (m)	гольф	[golʲf]
clube (m) de golfe	гольф-клубы	[golʲf klubɨ]
jogador (m) de golfe	гольф ойыншысы	[golʲf ojɨnʃɨsɨ]
buraco (m)	шұңқыр	[ʃʊŋqɨr]
taco (m)	доп таяқ	[dop tajaq]
trolley (m)	доп таяқтар үшін арба	[dop tajaqtar ɥʃin arba]
tênis (m)	теннис	[tenɪs]
quadra (f) de tênis	корт	[kort]
saque (m)	беру	[beru]
sacar (vi)	беру	[beru]
raquete (f)	ракетка	[raketka]
rede (f)	сетка	[setka]
bola (f)	доп	[dop]

139. Xadrez

xadrez (m)	шахмат	[ʃahmat]
peças (f pl) de xadrez	шахмат	[ʃahmat]
jogador (m) de xadrez	шахматшы	[ʃahmatʃi]
tabuleiro (m) de xadrez	шахмат тақтасы	[ʃahmat taqtasi]
peça (f)	фигура	[fɪgura]
brancas (f pl)	ақ	[aq]
pretas (f pl)	қара	[qara]
peão (m)	пешка	[peʃka]
bispo (m)	піл	[pil]
cavalo (m)	ат	[at]
torre (f)	тура	[tura]
dama (f)	ферзь	[ferzʲ]
rei (m)	патша	[patʃa]
vez (f)	жүріс	[ʒʉris]
mover (vt)	жүру	[ʒʉru]
sacrificar (vt)	қию	[qɪju]
roque (m)	рокировка	[rokɪrovka]
xeque (m)	шах	[ʃah]
xeque-mate (m)	мат	[mat]
torneio (m) de xadrez	шахмат турнирі	[ʃahmat turnɪri]
grão-mestre (m)	гроссмейстер	[grossmejster]
combinação (f)	қисындастыру	[qɪsɪndastiru]
partida (f)	партия	[partɪja]
jogo (m) de damas	дойбы	[dojbi]

140. Boxe

boxe (m)	бокс	[boks]
combate (m)	айқас	[ajqas]
luta (f) de boxe	жекпе-жек	[ʒekpe ʒek]
round (m)	раунд	[raund]
ringue (m)	ринг	[rɪng]
gongo (m)	гонг	[gong]
murro, soco (m)	соққы	[soqqi]
derrubada (f)	нокдаун	[nokdaun]
nocaute (m)	нокаут	[nokaut]
nocautear (vt)	нокаут жасау	[nokaut ʒasau]
luva (f) de boxe	боксшы қолғабы	[boksʃi qolɣabi]
juiz (m)	ойынның төрешілері	[ojɪnɪŋ tøreʃileri]
peso-pena (m)	жеңіл салмақ	[ʒeŋil salmaq]
peso-médio (m)	орта салмақ	[orta salmaq]
peso-pesado (m)	ауыр салмақ	[awir salmaq]

141. Desportos. Diversos

Jogos (m pl) Olímpicos	олимпиялық ойындар	[olımpıjalıq ojïndar]
vencedor (m)	жеңімпаз	[ʒeŋimpaz]
vencer (vi)	жеңу	[ʒeŋu]
vencer (vi, vt)	ұту	[ʊtu]
líder (m)	жетекші	[ʒetekʃi]
liderar (vt)	озу	[ozu]
primeiro lugar (m)	бірінші орын	[birinʃi orïn]
segundo lugar (m)	екінші орын	[ekinʃi orïn]
terceiro lugar (m)	үшінші орын	[ʊʃinʃi orïn]
medalha (f)	медаль	[medalʲ]
troféu (m)	олжа	[olʒa]
taça (f)	кубок	[kubok]
prêmio (m)	жүлде	[ʒʊlde]
prêmio (m) principal	бас жүлде	[bas ʒʊlde]
recorde (m)	рекорд	[rekord]
estabelecer um recorde	рекорд жасау	[rekord ʒasau]
final (m)	финал	[fïnal]
final (adj)	финалдық	[fïnaldïq]
campeão (m)	чемпион	[tʃempïon]
campeonato (m)	чемпионат	[tʃempïonat]
estádio (m)	стадион	[stadïon]
arquibancadas (f pl)	трибуна	[trïbuna]
fã, torcedor (m)	жанкүйер	[ʒankʉjer]
adversário (m)	қарсылас	[qarsïlas]
partida (f)	старт	[start]
linha (f) de chegada	финиш	[fïnïʃ]
derrota (f)	жығылыс	[ʒïɣïlïs]
perder (vt)	жеңілу	[ʒeŋilu]
árbitro, juiz (m)	төреші	[tøreʃi]
júri (m)	қазылар алқасы	[qazïlar alqasï]
resultado (m)	есеп	[esep]
empate (m)	тең түсу	[teŋ tʉsu]
empatar (vi)	тең ойнау	[teŋ ojnau]
ponto (m)	ұпай	[ʊpaj]
resultado (m) final	нәтиже	[nætïʒe]
intervalo (m)	үзіліс	[ʉzilis]
doping (m)	допинг	[dopïng]
penalizar (vt)	айып салу	[ajïp salu]
desqualificar (vt)	дисквалифицилау	[dïskvalïfïtsïlau]
aparelho, aparato (m)	снаряд	[snarjad]
dardo (m)	найза	[najza]

| peso (m) | ядро | [jadro] |
| bola (f) | шар | [ʃar] |

alvo, objetivo (m)	нысана	[nisana]
alvo (~ de papel)	нысана	[nisana]
disparar, atirar (vi)	ату	[atu]
preciso (tiro ~)	дәл	[dæl]

treinador (m)	жаттықтырушы	[ʒattiqtiruʃi]
treinar (vt)	жаттықтыру	[ʒattiqtiru]
treinar-se (vr)	жаттығу	[ʒattiɣu]
treino (m)	жаттықтыру	[ʒattiqtiru]

academia (f) de ginástica	спорт залы	[sport zali]
exercício (m)	жаттығу	[ʒattiɣu]
aquecimento (m)	бой жазу	[boj ʒazu]

Educação

142. Escola

escola (f)	мектеп	[mektep]
diretor (m) de escola	мектеп директоры	[mektep dırektori]
aluno (m)	оқушы	[oquʃi]
aluna (f)	оқушы	[oquʃi]
estudante (m)	мектеп оқушысы	[mektep oquʃisi]
estudante (f)	мектеп оқушысы	[mektep oquʃisi]
ensinar (vt)	оқыту	[oqitu]
aprender (vt)	оқу	[oqu]
decorar (vt)	жаттап алу	[ʒattap alu]
estudar (vi)	үйрену	[ʉjrenu]
estar na escola	оқу	[oqu]
ir à escola	мектепке бару	[mektepke baru]
alfabeto (m)	алфавит	[alfavıt]
disciplina (f)	пән	[pæn]
sala (f) de aula	сынып	[sinip]
lição, aula (f)	сабақ	[sabaq]
recreio (m)	үзіліс	[ʉzilis]
toque (m)	қоңырау	[qoŋirau]
classe (f)	парта	[parta]
quadro (m) negro	тақта	[taqta]
nota (f)	баға	[baɣa]
boa nota (f)	жақсы баға	[ʒaksi baɣa]
nota (f) baixa	жаман баға	[ʒaman baɣa]
dar uma nota	баға қою	[baɣa qoju]
erro (m)	қате	[qate]
errar (vi)	қате жасау	[qate ʒasau]
corrigir (~ um erro)	дұрыстау	[duristau]
cola (f)	шпаргалка	[ʃpargalka]
dever (m) de casa	үй тапсырмасы	[ʉj tapsirmasi]
exercício (m)	жаттығу	[ʒattiɣu]
estar presente	қатысу	[qatisu]
estar ausente	келмеу	[kelmeu]
faltar às aulas	сабаққа бармау	[sabaqqa barmau]
punir (vt)	жазалау	[ʒazalau]
punição (f)	жазалау	[ʒazalau]
comportamento (m)	мінез-құлық	[minez quliq]

boletim (m) escolar	күнделік	[kʉndelik]
lápis (m)	қарындаш	[qarindaʃ]
borracha (f)	өшіргіш	[øʃirgiʃ]
giz (m)	бор	[bor]
porta-lápis (m)	қаламсауыт	[qalamsawit]
mala, pasta, mochila (f)	портфель	[portfelʲ]
caneta (f)	қалам	[qalam]
caderno (m)	дәптер	[dæpter]
livro (m) didático	оқулық	[oquliq]
compasso (m)	циркуль	[tsɪrkulʲ]
traçar (vt)	сызу	[sizu]
desenho (m) técnico	сызба	[sizba]
poesia (f)	өлең	[øleŋ]
de cor	жатқа	[ʒatqa]
decorar (vt)	жаттап алу	[ʒattap alu]
férias (f pl)	демалыс	[demalis]
estar de férias	каникулда болу	[kanɪkulda bolu]
passar as férias	каникулды өткізу	[kanɪkuldɪ øtkizu]
teste (m), prova (f)	бақылау жұмысы	[baqilau ʒumɪsɪ]
redação (f)	шығарма	[ʃiɣarma]
ditado (m)	жат жазу	[ʒat ʒazu]
exame (m), prova (f)	емтихан	[emtɪhan]
fazer prova	емтихан тапсыру	[emtɪhan tapsiru]
experiência (~ química)	тәжірибе	[tæʒirɪbe]

143. Colégio. Universidade

academia (f)	академия	[akademɪja]
universidade (f)	университет	[unɪversɪtet]
faculdade (f)	факультет	[fakulʲtet]
estudante (m)	студент	[student]
estudante (f)	студент	[student]
professor (m)	оқытушы	[oqituʃi]
auditório (m)	дәрісхана	[dærishana]
graduado (m)	бітіруші	[bitiruʃi]
diploma (m)	диплом	[dɪplom]
tese (f)	диссертация	[dɪssertatsɪja]
estudo (obra)	зерттеу	[zertteu]
laboratório (m)	зертхана	[zerthana]
palestra (f)	дәріс	[dæris]
colega (m) de curso	курстас	[kurstas]
bolsa (f) de estudos	оқуақы	[oquaqi]
grau (m) acadêmico	ғылыми дәреже	[ɣɪlɪmɪ dæreʒe]

144. Ciências. Disciplinas

matemática (f)	математика	[matematıka]
álgebra (f)	алгебра	[algebra]
geometria (f)	геометрия	[geometrıja]
astronomia (f)	астрономия	[astronomıja]
biologia (f)	биология	[bıologıja]
geografia (f)	география	[geografıja]
geologia (f)	геология	[geologıja]
história (f)	тарих	[tarıh]
medicina (f)	медицина	[medıtsına]
pedagogia (f)	педагогика	[pedagogıka]
direito (m)	құқық	[quqiq]
física (f)	физика	[fızıka]
química (f)	химия	[hımıja]
filosofia (f)	даналықтану	[danaliqtanu]
psicologia (f)	психология	[psıhologıja]

145. Sistema de escrita. Ortografia

gramática (f)	грамматика	[grammatıka]
vocabulário (m)	лексика	[leksıka]
fonética (f)	фонетика	[fonetıka]
substantivo (m)	зат есім	[zat esim]
adjetivo (m)	сын есім	[sin esim]
verbo (m)	етістік	[etistik]
advérbio (m)	үстеу	[usteu]
pronome (m)	есімдік	[esimdik]
interjeição (f)	одағай	[odaɣaj]
preposição (f)	сылтау	[siltau]
raiz (f)	сөз түбірі	[søz tubiri]
terminação (f)	жалғау	[ʒalɣau]
prefixo (m)	тіркеу	[tirkeu]
sílaba (f)	буын	[buin]
sufixo (m)	жұрнақ	[ʒurnaq]
acento (m)	екпін	[ekpin]
apóstrofo (f)	дәйекше	[dæjekʃe]
ponto (m)	нүкте	[nukte]
vírgula (f)	үтір	[utir]
ponto e vírgula (m)	нүктелі үтір	[nukteli utir]
dois pontos (m pl)	қос нүкте	[qos nukte]
reticências (f pl)	көп нүкте	[køp nukte]
ponto (m) de interrogação	сұрау белгісі	[surau belgisi]
ponto (m) de exclamação	леп белгісі	[lep belgisi]

aspas (f pl)	тырнақша	[tirnaqʃa]
entre aspas	тырнақша ішінде	[tirnaqʃa iʃinde]
parênteses (m pl)	жақша	[ʒaqʃa]
entre parênteses	жақша ішінде	[ʒaqʃa iʃinde]

hífen (m)	сызықша	[siziqʃa]
travessão (m)	сызықша	[siziqʃa]
espaço (m)	бос жер	[bos ʒer]

| letra (f) | әріп | [ærip] |
| letra (f) maiúscula | үлкен әріп | [ulken ærip] |

| vogal (f) | дауысты дыбыс | [dawisti dibis] |
| consoante (f) | дауыссыз дыбыс | [dawissiz dibis] |

frase (f)	сөйлем	[søjlem]
sujeito (m)	бастауыш	[bastawiʃ]
predicado (m)	баяндауыш	[bajandawiʃ]

linha (f)	жол	[ʒol]
em uma nova linha	жаңа жолдан	[ʒaŋa ʒoldan]
parágrafo (m)	азатжол	[azatʒol]

palavra (f)	сөз	[søz]
grupo (m) de palavras	сөз тіркесі	[søz tirkesi]
expressão (f)	сөйлемше	[søjlemʃæ]
sinônimo (m)	синоним	[sinonim]
antônimo (m)	антоним	[antonim]

regra (f)	ереже	[ereʒe]
exceção (f)	ерекшелік	[erekʃælik]
correto (adj)	дұрыс	[duris]

conjugação (f)	жіктеу	[ʒikteu]
declinação (f)	септеу	[septeu]
caso (m)	септік	[septik]
pergunta (f)	сұрақ	[suraq]
sublinhar (vt)	астың сызып қою	[astiŋ sizip qoju]
linha (f) pontilhada	нүкте сызық	[nukte siziq]

146. Línguas estrangeiras

língua (f)	тіл	[til]
estrangeiro (adj)	шетелдік	[ʃæteldik]
língua (f) estrangeira	зерттеу	[zertteu]
estudar (vt)	үйрену	[ujrenu]

ler (vt)	оқу	[oqu]
falar (vi)	сөйлеу	[søjleu]
entender (vt)	түсіну	[tusinu]
escrever (vt)	жазу	[ʒazu]

| rapidamente | тез | [tez] |
| devagar, lentamente | баяу | [bajau] |

fluentemente	еркін	[erkin]
regras (f pl)	ережелер	[ereʒeler]
gramática (f)	грамматика	[grammatıka]
vocabulário (m)	лексика	[leksıka]
fonética (f)	фонетика	[fonetıka]

livro (m) didático	окулық	[okuliq]
dicionário (m)	сөздік	[søzdik]
manual (m) autodidático	өздігінен үйреткіш	[øzdiginen ujretkiʃ]
guia (m) de conversação	тілашар	[tilaʃar]

fita (f) cassete	кассета	[kasseta]
videoteipe (m)	бейнетаспа	[bejnetaspa]
CD (m)	CD, компакт-дискі	[si di], [kompakt dıski]
DVD (m)	DVD	[dividi]

alfabeto (m)	алфавит	[alfavıt]
soletrar (vt)	әріптер бойынша айту	[æripter bojinʃa ajtu]
pronúncia (f)	айтылыс	[ajtilis]

sotaque (m)	акцент	[aktsent]
com sotaque	акцентпен	[aktsentpen]
sem sotaque	акцентсіз	[aktsentsiz]

palavra (f)	сөз	[søz]
sentido (m)	мағына	[maɣina]

curso (m)	курстар	[kurstar]
inscrever-se (vr)	жазылу	[ʒazilu]
professor (m)	оқытушы	[oqituʃi]

tradução (processo)	аудару	[audaru]
tradução (texto)	аударма	[audarma]
tradutor (m)	аударушы	[audaruʃi]
intérprete (m)	аударушы	[audaruʃi]

poliglota (m)	көп тіл білгіш	[køp til bilgiʃ]
memória (f)	ес	[es]

147. Personagens de contos de fadas

Papai Noel (m)	Санта Клаус	[santa klaus]
Cinderela (f)	Золушка	[zoluʃka]
sereia (f)	су перісі	[su perisi]
Netuno (m)	Нептун	[neptun]

bruxo, feiticeiro (m)	сиқыршы	[sıqirʃi]
fada (f)	сиқыршы	[sıqirʃi]
mágico (adj)	сиқырлы	[sıqirli]
varinha (f) mágica	арбауыш таяқ	[arbawiʃ tajaq]

conto (m) de fadas	ертегі	[ertegi]
milagre (m)	ғаламат	[ɣalamat]
anão (m)	гном	[gnom]

transformar-se em ...	айналып кету ...	[ajnalïp ketu]
fantasma (m)	елес	[eles]
fantasma (m)	елес	[eles]
monstro (m)	құбыжық	[qʊbïʒiq]
dragão (m)	айдаһар	[ajdahar]
gigante (m)	алып	[alïp]

148. Signos do Zodíaco

Áries (f)	Қой	[qoj]
Touro (m)	Торпақ	[torpaq]
Gêmeos (m pl)	Зауза	[zauza]
Câncer (m)	Шаян	[ʃajan]
Leão (m)	Арыстан	[aristan]
Virgem (f)	Бикеш	[bïkeʃ]
Libra (f)	Таразы	[tarazï]
Escorpião (m)	Шаян	[ʃajan]
Sagitário (m)	Садақшы	[sadaqʃï]
Capricórnio (m)	Ешкімүйіз	[eʃkimʉjiz]
Aquário (m)	Дәлу	[dælu]
Peixes (pl)	Балық	[balïq]
caráter (m)	мінез-құлық	[minez qʊlïq]
traços (m pl) do caráter	мінез ерекшеліктері	[minez erekʃælikteri]
comportamento (m)	тәлім	[tælim]
prever a sorte	бал ашу	[bal aʃu]
adivinha (f)	балгер	[balger]
horóscopo (m)	жұлдыз жорамалы	[ʒʊldïz ʒoramalï]

Artes

149. Teatro

teatro (m)	театр	[teatr]
ópera (f)	опера	[opera]
opereta (f)	оперетта	[operetta]
balé (m)	балет	[balet]
cartaz (m)	жарқағаз	[ʒarqaɣaz]
companhia (f) de teatro	труппа	[truppa]
turnê (f)	гастроль	[gastrolʲ]
estar em turnê	гастрольде жүру	[gastrolʲde ʒʉru]
ensaiar (vt)	дайындау	[dajïndau]
ensaio (m)	репетиция	[repetïtsïja]
repertório (m)	репертуар	[repertuar]
apresentação (f)	көрініс	[kørinis]
espetáculo (m)	спектакль	[spektaklʲ]
peça (f)	пьеса	[pʲesa]
entrada (m)	билет	[bïlet]
bilheteira (f)	билет кассасы	[bïlet kassasï]
hall (m)	холл	[holl]
vestiário (m)	гардероб	[garderob]
senha (f) numerada	нөмір	[nømir]
binóculo (m)	дүрбі	[dʉrbi]
lanterninha (m)	бақылаушы	[baqïlauʃï]
plateia (f)	партер	[parter]
balcão (m)	балкон	[balkon]
primeiro balcão (m)	бельэтаж	[belʲætaʒ]
camarote (m)	ложа	[loʒa]
fila (f)	қатар	[qatar]
assento (m)	орын	[orïn]
público (m)	жұрт	[ʒʊrt]
espectador (m)	көрермен	[kørermen]
aplaudir (vt)	қол шапалақтау	[qol ʃapalaqtau]
aplauso (m)	қол шапалақтау	[qol ʃapalaqtau]
ovação (f)	қол шапалақтау	[qol ʃapalaqtau]
palco (m)	сахна	[sahna]
cortina (f)	шымылдық	[ʃïmïldïq]
cenário (m)	декорация	[dekoratsïja]
bastidores (m pl)	ықтырма	[ïqtïrma]
cena (f)	көрініс	[kørinis]
ato (m)	акт	[akt]
intervalo (m)	антракт	[antrakt]

150. Cinema

ator (m)	актер	[aktør]
atriz (f)	актриса	[aktrısa]
cinema (m)	кино	[kıno]
filme (m)	кино	[kıno]
episódio (m)	серия	[serıja]
filme (m) policial	детектив	[detektıv]
filme (m) de ação	боевик	[boevık]
filme (m) de aventuras	қызық оқиғалы фильм	[qiziq oqiɣali fılʲm]
filme (m) de ficção científica	қиялдыфильм	[qıjaldifılʲm]
filme (m) de horror	қорқыныш фильм	[qorqiniʃ fılʲm]
comédia (f)	кинокомедия	[kınokomedıja]
melodrama (m)	мелодрама	[melodrama]
drama (m)	драма	[drama]
filme (m) de ficção	көркем фильм	[kørkem fılʲm]
documentário (m)	деректі фильм	[derekti fılʲm]
desenho (m) animado	мультфильм	[mulʲtfılʲm]
cinema (m) mudo	дыбыссыз кино	[dibissiz kıno]
papel (m)	рөл	[røl]
papel (m) principal	бас рөлі	[bas røli]
representar (vt)	ойнау	[ojnau]
estrela (f) de cinema	кино жұлдызы	[kıno ʒuldizi]
conhecido (adj)	әйгілі	[æjgili]
famoso (adj)	атақты	[ataqti]
popular (adj)	әйгілі	[æjgili]
roteiro (m)	сценарий	[stsænarıj]
roteirista (m)	сценарист	[stsænarıst]
diretor (m) de cinema	режиссер	[reʒıssør]
produtor (m)	продюсер	[prodjuser]
assistente (m)	ассистент	[assıstent]
diretor (m) de fotografia	оператор	[operator]
dublê (m)	каскадер	[kaskadør]
filmar (vt)	фильм түсіру	[fılʲm tusiru]
audição (f)	сынама	[sinama]
filmagem (f)	түсіру	[tusiru]
equipe (f) de filmagem	түсіру тобы	[tusiru tobi]
set (m) de filmagem	түсіру алаңы	[tusiru alaŋi]
câmera (f)	кинокамера	[kınokamera]
cinema (m)	кинотеатр	[kınoteatr]
tela (f)	экран	[ɛkran]
exibir um filme	фильм көрсету	[fılʲm kørsetu]
trilha (f) sonora	дыбыс жолы	[dibis ʒoli]
efeitos (m pl) especiais	арнаулы эффектер	[arnauli ɛffekter]
legendas (f pl)	субтитрлер	[subtitrler]

crédito (m)	титрлер	[tıtrler]
tradução (f)	аударма	[audarma]

151. Pintura

arte (f)	өнер	[øner]
belas-artes (f pl)	әсем өнерлер	[æsem ønerler]
galeria (f) de arte	галерея	[galereja]
exibição (f) de arte	суреттер көрмесі	[suretter kørmesi]

pintura (f)	сурет өнері	[suret øneri]
arte (f) gráfica	графика	[grafıka]
arte (f) abstrata	абстракционизм	[abstraktsıonızm]
impressionismo (m)	импрессионизм	[ımpressıonızm]

pintura (f), quadro (m)	сурет	[suret]
desenho (m)	сурет	[suret]
cartaz, pôster (m)	плакат	[plakat]

ilustração (f)	суреттеме	[suretteme]
miniatura (f)	миниатюра	[mınıatjura]
cópia (f)	көшірме	[køʃirme]
reprodução (f)	көшірім	[køʃirim]

mosaico (m)	мозаика	[mozaıka]
vitral (m)	витраж	[vıtraʒ]
afresco (m)	фреска	[freska]
gravura (f)	беземе	[bezeme]

busto (m)	кеуіт	[kewit]
escultura (f)	мүсін	[musin]
estátua (f)	мүсін	[musin]
gesso (m)	гипс	[gıps]
em gesso (adj)	гипстен	[gıpsten]

retrato (m)	портрет	[portret]
autorretrato (m)	автопортрет	[avtoportret]
paisagem (f)	пейзаж	[pejzaʒ]
natureza (f) morta	натюрморт	[natjurmort]
caricatura (f)	карикатура	[karıkatura]
esboço (m)	нобай	[nobaj]

tinta (f)	бояу	[bojau]
aquarela (f)	акварель	[akvarelʲ]
tinta (f) a óleo	май	[maj]
lápis (m)	қарындаш	[qarındaʃ]
tinta (f) nanquim	тушь	[tuʃ]
carvão (m)	көмір	[kømir]

desenhar (vt)	сурет салу	[suret salu]
pintar (vt)	сурет салу	[suret salu]
posar (vi)	бір қалыптан қозғалмау	[bir qalıptan qozɣalmau]
modelo (m)	натуршы	[naturʃi]
modelo (f)	натуршы	[naturʃi]

pintor (m)	суретші	[suretʃi]
obra (f)	шығарма	[ʃɨɣarma]
obra-prima (f)	біртума	[birtuma]
estúdio (m)	шеберхана	[ʃæberhana]
tela (f)	кенеп	[kenep]
cavalete (m)	мольберт	[molʲbert]
paleta (f)	бояу тақтайша	[bojau taqtajʃa]
moldura (f)	жақтау	[ʒaqtau]
restauração (f)	қалпына келтіру	[qalpɨna keltiru]
restaurar (vt)	қалпына келтіру	[qalpɨna keltiru]

152. Literatura & Poesia

literatura (f)	әдебиет	[ædebɪet]
autor (m)	автор	[avtor]
pseudônimo (m)	бүркеншік ат	[bʉrkenʃik at]
livro (m)	кітап	[kitap]
volume (m)	том	[tom]
índice (m)	мазмұны	[mazmʊnɪ]
página (f)	бет	[bet]
protagonista (m)	бас кейіпкер	[bas kejipker]
autógrafo (m)	қолтаңба	[qoltaŋba]
conto (m)	әңгіме	[æŋgime]
novela (f)	повесть	[povestʲ]
romance (m)	роман	[roman]
obra (f)	шығарма	[ʃɨɣarma]
fábula (m)	мысал	[mɨsal]
romance (m) policial	детектив	[detektɪv]
verso (m)	өлең	[øleŋ]
poesia (f)	поэзия	[poɛzɪja]
poema (m)	дастан	[dastan]
poeta (m)	ақын	[aqɨn]
ficção (f)	беллетристика	[belletrɪstɪka]
ficção (f) científica	ғылыми фантастика	[ɣɨlɨmɪ fantastɪka]
aventuras (f pl)	қызық оқиғалар	[qɨzɨq oqiɣalar]
literatura (f) didática	оқу әдебиеті	[oqu ædebɪeti]
literatura (f) infantil	балалар әдебиеті	[balalar ædebɪeti]

153. Circo

circo (m)	цирк	[tsɪrk]
circo (m) ambulante	цирк-шапито	[tsɪrk ʃapɪto]
programa (m)	бағдарлама	[baɣdarlama]
apresentação (f)	көрініс	[kørinis]
número (m)	нөмір	[nømir]
picadeiro (f)	арена	[arena]

pantomima (f)	пантомима	[pantomıma]
palhaço (m)	клоун	[kloun]
acrobata (m)	акробат	[akrobat]
acrobacia (f)	акробатика	[akrobatıka]
ginasta (m)	гимнаст	[gımnast]
ginástica (f)	гимнастика	[gımnastıka]
salto (m) mortal	сальто	[salʲto]
homem (m) forte	атлет	[atlet]
domador (m)	жуасытушы	[ʒuasituʃi]
cavaleiro (m) equilibrista	атбегі	[atbegi]
assistente (m)	ассистент	[assıstent]
truque (m)	трюк	[trjuk]
truque (m) de mágica	фокус	[fokus]
ilusionista (m)	сиқыршы	[sıqirʃı]
malabarista (m)	жонглер	[ʒonglør]
fazer malabarismos	жонглерлік ету	[ʒonglerlik etu]
adestrador (m)	үйретуші	[ʉjretuʃi]
adestramento (m)	үйрету	[ʉjretu]
adestrar (vt)	үйрету	[ʉjretu]

154. Música. Música popular

música (f)	музыка	[muzika]
músico (m)	сырнайшы	[sirnajʃi]
instrumento (m) musical	музыкалық аспап	[muzikalıq aspap]
tocar ...	ойнау ...	[ojnau]
guitarra (f)	гитар	[gıtar]
violino (m)	скрипка	[skrıpka]
violoncelo (m)	виолончель	[vıolontʃelʲ]
contrabaixo (m)	контрабас	[kontrabas]
harpa (f)	арфа	[arfa]
piano (m)	пианино	[pıanıno]
piano (m) de cauda	рояль	[rojalʲ]
órgão (m)	орга́н	[organ]
instrumentos (m pl) de sopro	үрмелі аспаптар	[ʉrmeli aspaptar]
oboé (m)	гобой	[goboj]
saxofone (m)	саксофон	[saksofon]
clarinete (m)	кларнет	[klarnet]
flauta (f)	флейта	[flejta]
trompete (m)	керней	[kernej]
acordeão (m)	аккордеон	[akkordeon]
tambor (m)	дағыра	[daɣira]
dueto (m)	дуэт	[duɛt]
trio (m)	үштік	[ʉʃtik]
quarteto (m)	квартет	[kvartet]

| coro (m) | хор | [hor] |
| orquestra (f) | оркестр | [orkestr] |

música (f) pop	поп-музыка	[pop muzika]
música (f) rock	рок-музыка	[rok muzika]
grupo (m) de rock	рок-топ	[rok top]
jazz (m)	джаз	[dʒaz]

| ídolo (m) | пір | [pir] |
| fã, admirador (m) | табынушы | [tabinuʃi] |

concerto (m)	концерт	[kontsert]
sinfonia (f)	симфония	[sɪmfonɪja]
composição (f)	шығарма	[ʃiɣarma]
compor (vt)	жазу	[ʒazu]

canto (m)	ән айту	[æn ajtu]
canção (f)	ән	[æn]
melodia (f)	әуен	[æwen]
ritmo (m)	ырғақ	[irɣaq]
blues (m)	блюз	[bljuz]

notas (f pl)	ноталар	[notalar]
batuta (f)	дирижер таяқшасы	[dɪrɪʒor tajaqʃasi]
arco (m)	ысқы	[isqi]
corda (f)	ішек	[iʃæk]
estojo (m)	қын	[qin]

Descanso. Entretenimento. Viagens

155. Viagens

turismo (m)	туризм	[turızm]
turista (m)	турист	[turıst]
viagem (f)	саяхат	[sajahat]
aventura (f)	оқиға	[oqıɣa]
percurso (curta viagem)	сапар	[sapar]
férias (f pl)	демалыс	[demalis]
estar de férias	демалыста болу	[demalısta bolu]
descanso (m)	демалу	[demalu]
trem (m)	пойыз	[pojiz]
de trem (chegar ~)	пойызбен	[pojizben]
avião (m)	ұшақ	[ʊʃaq]
de avião	ұшақпен	[ʊʃaqpen]
de carro	автомобильде	[avtomobılʲde]
de navio	кемеде	[kemede]
bagagem (f)	жолжүк	[ʒolʒʉk]
mala (f)	шабадан	[ʃabadan]
carrinho (m)	жүкке арналған арбаша	[ʒʉkke arnalɣan arbaʃa]
passaporte (m)	паспорт	[pasport]
visto (m)	виза	[vıza]
passagem (f)	билет	[bılet]
passagem (f) aérea	авиабилет	[avıabılet]
guia (m) de viagem	жол көрсеткіш	[ʒol kørsetkiʃ]
mapa (m)	карта	[karta]
área (f)	атырап	[atirap]
lugar (m)	мекен	[meken]
exotismo (m)	экзотика	[ɛkzotıka]
exótico (adj)	экзотикалық	[ɛkzotıkaliq]
surpreendente (adj)	таңғажайып	[taŋɣaʒajip]
grupo (m)	группа	[gruppa]
excursão (f)	экскурсия	[ɛkskursıja]
guia (m)	экскурсия жетекшісі	[ɛkskursıja ʒetekʃisi]

156. Hotel

hotel (m)	қонақ үй	[qonaq ʉj]
motel (m)	мотель	[motɛlʲ]
três estrelas	үш жұлдыз	[ʉʃ ʒʊldiz]

cinco estrelas	бес жұлдыз	[bes ʒuldiz]
ficar (vi, vt)	тоқтау	[toqtau]

quarto (m)	нөмір	[nømir]
quarto (m) individual	бір адамдықнөмір	[bir adamdiqnømir]
quarto (m) duplo	екі адамдық нөмір	[eki adamdiq nømir]
reservar um quarto	нөмірді броньдау	[nømirdi bronʲdau]

meia pensão (f)	жартылай пансион	[ʒartilaj pansıon]
pensão (f) completa	толық пансион	[toliq pansıon]

com banheira	ваннамен	[vanamen]
com chuveiro	душпен	[duʃpen]
televisão (m) por satélite	спутник теледидары	[sputnık teledıdari]
ar (m) condicionado	кондиционер	[kondıtsıoner]
toalha (f)	орамал	[oramal]
chave (f)	кілт	[kilt]

administrador (m)	әкімші	[ækimʃi]
camareira (f)	қызметші әйел	[qizmetʃi æjel]
bagageiro (m)	жүкші	[ʒukʃi]
porteiro (m)	портье	[portʲe]

restaurante (m)	мейрамхана	[mejramhana]
bar (m)	бар	[bar]
café (m) da manhã	ертеңгілік тамақ	[erteŋgilik tamaq]
jantar (m)	кешкі тамақ	[keʃki tamaq]
bufê (m)	шведтік үстел	[ʃvedtiq ustel]

saguão (m)	вестибюль	[vestıbjulʲ]
elevador (m)	жеделсаты	[ʒedelsati]

NÃO PERTURBE	МАЗАЛАМАУ	[mazalamau]
PROIBIDO FUMAR!	ТЕМЕКІ ТАРТПАУ	[temeki tartpau]

157. Livros. Leitura

livro (m)	кітап	[kitap]
autor (m)	автор	[avtor]
escritor (m)	жазушы	[ʒazuʃi]
escrever (~ um livro)	жазу	[ʒazu]

leitor (m)	оқырман	[oqirman]
ler (vt)	оқу	[oqu]
leitura (f)	оқылым	[oqiłim]

para si	ішінен оқу	[iʃinen oqu]
em voz alta	дауыстап	[dawistap]

publicar (vt)	басып шығару	[basip ʃiɣaru]
publicação (f)	басылым	[basiłim]
editor (m)	баспашы	[baspaʃi]
editora (f)	баспа	[baspa]
sair (vi)	шығу	[ʃiɣu]

lançamento (m)	шығуы	[ʃɨɣuɪ]
tiragem (f)	таралым	[taralɨm]
livraria (f)	кітап дүкені	[kitap dʉkeni]
biblioteca (f)	кітапхана	[kitaphana]
novela (f)	повесть	[povestʲ]
conto (m)	әңгіме	[æŋgime]
romance (m)	роман	[roman]
romance (m) policial	детектив	[detektɪv]
memórias (f pl)	ғұмырнама	[ɣʊmɨrnama]
lenda (f)	аңыз	[aŋɨz]
mito (m)	миф	[mɪf]
poesia (f)	өлеңдер	[øleŋder]
autobiografia (f)	өмірбаян	[ømirbajan]
obras (f pl) escolhidas	таңдамалы	[taŋdamalɨ]
ficção (f) científica	фантастика	[fantastɪka]
título (m)	аталым	[atalɨm]
introdução (f)	алғысөз	[alɣɨsøz]
folha (f) de rosto	сыртқы беті	[sɨrtqɨ beti]
capítulo (m)	бөлім	[bølim]
excerto (m)	үзінді	[ʉzindi]
episódio (m)	эпизод	[ɛpɪzod]
enredo (m)	сюжет	[sjuʒɛt]
conteúdo (m)	мазмұны	[mazmʊnɨ]
índice (m)	мазмұны	[mazmʊnɨ]
protagonista (m)	бас кейіпкер	[bas kejipker]
volume (m)	том	[tom]
capa (f)	тыс	[tɨs]
encadernação (f)	мұқаба	[mʊqaba]
marcador (m) de página	белгі	[belgi]
página (f)	бет	[bet]
folhear (vt)	парақтау	[paraqtau]
margem (f)	шектер	[ʃækter]
anotação (f)	белгі	[belgi]
nota (f) de rodapé	ескерту	[eskertu]
texto (m)	мәтін	[mætin]
fonte (f)	шрифт	[ʃrɪft]
falha (f) de impressão	жаңсақ басылу	[ʒaŋsaq basɨlu]
tradução (f)	аударма	[audarma]
traduzir (vt)	аудару	[audaru]
original (m)	түпнұсқа	[tʉpnʊsqa]
famoso (adj)	белгілі	[belgili]
desconhecido (adj)	бейтаныс	[bejtanɨs]
interessante (adj)	қызықты	[qɨzɨqtɨ]
best-seller (m)	бестселлер	[bestseller]

dicionário (m)	сөздік	[søzdik]
livro (m) didático	окулық	[okulɨq]
enciclopédia (f)	энциклопедия	[ɛnʦɨklopedɪja]

158. Caça. Pesca

caça (f)	аулау	[aulau]
caçar (vi)	аулау	[aulau]
caçador (m)	аңшы	[aŋʃɨ]

disparar, atirar (vi)	ату	[atu]
rifle (m)	мылтық	[mɨltiq]
cartucho (m)	патрон	[patron]
chumbo (m) de caça	бытыра	[bɨtɨra]

armadilha (f)	қақпан	[qaqpan]
armadilha (com corda)	дұзақ	[duzaq]
cair na armadilha	торға түсу	[torɣa tusu]
pôr a armadilha	қақпан жасау	[qaqpan ʒasau]

caçador (m) furtivo	браконьер	[brakonʲer]
caça (animais)	жабайы құс	[ʒabajɨ qus]
cão (m) de caça	аң аулайтын ит	[aŋ aulajtin ɨt]
safári (m)	сафари	[safarɨ]
animal (m) empalhado	тұлып	[tulip]

pescador (m)	балықшы	[balɨqʃɨ]
pesca (f)	балық аулау	[balɨq aulau]
pescar (vt)	балық аулау	[balɨq aulau]

vara (f) de pesca	қармақ	[qarmaq]
linha (f) de pesca	қармақ бауы	[qarmaq bawɨ]
anzol (m)	ілмек	[ilmek]

| boia (f), flutuador (m) | қалтқы | [qaltqɨ] |
| isca (f) | жем | [ʒem] |

| lançar a linha | қармақ тастау | [qarmaq tastau] |
| morder (peixe) | қабу | [qabu] |

| pesca (f) | ауланған балық | [aulanɣan balɨq] |
| buraco (m) no gelo | ойық | [ojɨq] |

| rede (f) | ау | [au] |
| barco (m) | қайық | [qajɨq] |

pescar com rede	аумен аулау	[aumen aulau]
lançar a rede	ау тастау	[au tastau]
puxar a rede	ау суыру	[au suɨru]
cair na rede	ауға түсу	[auɣa tusu]

baleeiro (m)	кит аулаушы	[kɨt aulauʃɨ]
baleeira (f)	кит аулау қайығы	[kɨt aulau qajɨɣɨ]
arpão (m)	гарпун	[garpun]

159. Jogos. Bilhar

bilhar (m)	бильярд	[bɪlʲard]
sala (f) de bilhar	бильярдхана	[bɪlʲardhana]
bola (f) de bilhar	бильярд тасы	[bɪlʲard tasɨ]
embolsar uma bola	шар кіргізу	[ʃar kirgizu]
taco (m)	кий	[kɪj]
caçapa (f)	луза	[luza]

160. Jogos. Jogar cartas

ouros (m pl)	қиық	[qɨɨq]
espadas (f pl)	қарға	[qarɣa]
copas (f pl)	түйетабан	[tʉjetaban]
paus (m pl)	шытыр	[ʃɨtɨr]
ás (m)	түз	[tʊz]
rei (m)	король	[korolʲ]
dama (f), rainha (f)	мөтке	[mætke]
valete (m)	балта	[balta]
carta (f) de jogar	карта	[karta]
cartas (f pl)	карталар	[kartalar]
trunfo (m)	көзір	[køzir]
baralho (m)	колода	[koloda]
ponto (m)	ұпай	[ʊpaj]
dar, distribuir (vt)	беру	[beru]
embaralhar (vt)	араластыру	[aralastɨru]
vez, jogada (f)	жүріс	[ʒʉris]
trapaceiro (m)	алаяқ	[alajaq]

161. Casino. Roleta

cassino (m)	казино	[kazɨno]
roleta (f)	рулетка	[ruletka]
aposta (f)	ұтыс	[ʊtis]
apostar (vt)	ұтыс тігу	[ʊtis tigu]
vermelho (m)	қызыл	[qɨzɨl]
preto (m)	қара	[qara]
apostar no vermelho	кызылға қою	[kizɨlɣa qoju]
apostar no preto	караға қою	[karaɣa qoju]
croupier (m, f)	крупье	[krupʲe]
girar da roleta	барабанды айналдыру	[barabandɨ ajnaldɨru]
regras (f pl) do jogo	ойын ережелері	[ojɪn ereʒɛleri]
ficha (f)	фишка	[fɪʃka]
ganhar (vi, vt)	ұту	[ʊtu]
ganho (m)	ұтыс	[ʊtis]

perder (dinheiro)	ұтылу	[utïlu]
perda (f)	ұтылыс	[utïlïs]

jogador (m)	ойыншы	[ojinʃi]
blackjack, vinte-e-um (m)	блэк джек	[blɛk dʒɛk]
jogo (m) de dados	тас ойыны	[tas ojini]
dados (m pl)	ойын тастары	[ojin tastari]
caça-níqueis (m)	ойын автоматы	[ojin avtomati]

162. Descanso. Jogos. Diversos

passear (vi)	серуендеу	[seruendeu]
passeio (m)	серуен	[seruen]
viagem (f) de carro	сейілдеу	[sejildeu]
aventura (f)	оқиға	[oqïɣa]
piquenique (m)	серуен	[seruen]

jogo (m)	ойын	[ojin]
jogador (m)	ойыншы	[ojinʃi]
partida (f)	партия	[partija]

colecionador (m)	коллекция жиюшы	[kollektsija ʒijuʃi]
colecionar (vt)	коллекция жинау	[kollektsija ʒïnau]
coleção (f)	коллекция	[kollektsija]

palavras (f pl) cruzadas	сөзжұмбақ	[søzʒumbaq]
hipódromo (m)	ипподром	[ıppodrom]
discoteca (f)	дискотека	[dıskoteka]

sauna (f)	сауна	[sauna]
loteria (f)	лотерея	[lotereja]

campismo (m)	жорык	[ʒorik]
acampamento (m)	лагерь	[lagerʲ]
barraca (f)	шатыр	[ʃatïr]
bússola (f)	компас	[kompas]
campista (m)	саяхатшы	[sajahatʃi]

ver (vt), assistir à ...	қарау	[qarau]
telespectador (m)	телекөрермен	[telekørermen]
programa (m) de TV	телехабар	[telehabar]

163. Fotografia

máquina (f) fotográfica	фотоаппарат	[fotoapparat]
foto, fotografia (f)	бейнесүрет	[bejnesʉret]

fotógrafo (m)	фотограф	[fotograf]
estúdio (m) fotográfico	фотостудия	[fotostudıja]
álbum (m) de fotografias	фотоальбом	[fotoalʲbom]
lente (f) fotográfica	объектив	[ob'ektıv]
lente (f) teleobjetiva	телеобъектив	[teleob'ektıv]

| filtro (m) | сүзгі | [suzgi] |
| lente (f) | линза | [lınza] |

ótica (f)	оптика	[optıka]
abertura (f)	диафрагма	[dıafragma]
exposição (f)	түсіру уақыты	[tusiru waqiti]
visor (m)	көрсеткіш тетік	[kørsetkiʃ tetik]

câmera (f) digital	сандық камера	[sandıq kamera]
tripé (m)	таяныш	[tajaniʃ]
flash (m)	жарқылдақ	[ʒarqildaq]

fotografar (vt)	суретке түсіру	[suretke tusiru]
tirar fotos	суретке түсіру	[suretke tusiru]
fotografar-se (vr)	суретке түсу	[suretke tusu]

foco (m)	айқындық	[ajqindiq]
focar (vt)	айқындыққа дәлдеу	[ajqindiqqa dældeu]
nítido (adj)	айқын	[ajqin]
nitidez (f)	айқындық	[ajqindiq]

| contraste (m) | қарсыластық | [qarsilastiq] |
| contrastante (adj) | қарама-қарсы | [qarama qarsi] |

retrato (m)	сурет, фото	[suret], [foto]
negativo (m)	негатив	[negatıv]
filme (m)	фотопленка	[fotoplønka]
fotograma (m)	кадр	[kadr]
imprimir (vt)	басып шығару	[basip ʃiɣaru]

164. Praia. Natação

praia (f)	жағажай	[ʒaɣaʒaj]
areia (f)	құм	[qum]
deserto (adj)	елсіз	[elsiz]

bronzeado (m)	күнге күю	[kunge kuju]
bronzear-se (vr)	күнге күю	[kunge kuju]
bronzeado (adj)	күнге күйген	[kunge kujgen]
protetor (m) solar	қараюға арналған иіс май	[qarajuɣa arnalɣan ıis maj]

biquíni (m)	бикини	[bıkını]
maiô (m)	суға түсу киімі	[suɣa tusu kıimi]
calção (m) de banho	суға түсу дамбалы	[suɣa tusu dambali]

piscina (f)	бассейн	[bassejn]
nadar (vi)	жүзу	[ʒuzu]
chuveiro (m), ducha (f)	душ	[duʃ]
mudar, trocar (vt)	қайта киіну	[qajta kıinu]
toalha (f)	орамал	[oramal]

barco (m)	қайық	[qajiq]
lancha (f)	кішкене кеме	[kiʃkene keme]
esqui (m) aquático	су шаңғысы	[su ʃaŋɣisi]

barco (m) de pedais	су велосипеды	[su velosıpedi]
surf, surfe (m)	серфинг	[serfıng]
surfista (m)	серфингист	[serfıngıst]
equipamento (m) de mergulho	акваланг	[akvalang]
pé (m pl) de pato	ескекаяқ	[eskekajaq]
máscara (f)	томаған	[tomaɣap]
mergulhador (m)	сүңгігіш	[suŋgigiʃ]
mergulhar (vi)	сүңгу	[suŋgu]
debaixo d'água	су астында	[su astinda]
guarda-sol (m)	қол шатыр	[qol ʃatir]
espreguiçadeira (f)	шезлонг	[ʃæzlong]
óculos (m pl) de sol	көзілдірік	[køzildirik]
colchão (m) de ar	жүзу матрасы	[ʒuzu matrasi]
brincar (vi)	ойнау	[ojnau]
ir nadar	шомылу	[ʃomɨlu]
bola (f) de praia	доп	[dop]
encher (vt)	үрлеу	[urleu]
inflável (adj)	үрлемелі	[urlemeli]
onda (f)	толқын	[tolqin]
boia (f)	буй	[buj]
afogar-se (vr)	бату	[batu]
salvar (vt)	құтқару	[qutqaru]
colete (m) salva-vidas	құтқару жилеті	[qutqaru ʒıleti]
observar (vt)	бақылау	[baqilau]
salva-vidas (pessoa)	құтқарушы	[qutqaruʃi]

EQUIPAMENTO TÉCNICO. TRANSPORTES

Equipamento técnico. Transportes

165. Computador

computador (m)	компьютер	[kompʲuter]
computador (m) portátil	ноутбук	[noutbuk]
ligar (vt)	қосу	[qosu]
desligar (vt)	сөндіру	[søndiru]
teclado (m)	клавиатура	[klavıatura]
tecla (f)	клавиш	[klavıʃ]
mouse (m)	тышқан	[tiʃqan]
tapete (m) para mouse	кілемше	[kilemʃæ]
botão (m)	түйме	[tɥjme]
cursor (m)	курсор	[kursor]
monitor (m)	монитор	[monıtor]
tela (f)	экран	[ɛkran]
disco (m) rígido	катты диск	[kattɪ dısk]
capacidade (f) do disco rígido	катты дискінің көлемі	[kattɪ dıskiniŋ kølemi]
memória (f)	зерде	[zerde]
memória RAM (f)	оперативтік зерде	[operatıvtik zerde]
arquivo (m)	файл	[fajl]
pasta (f)	папка	[papka]
abrir (vt)	ашу	[aʃu]
fechar (vt)	жабу	[ʒabu]
salvar (vt)	сақтау	[saqtau]
deletar (vt)	кетіру	[ketiru]
copiar (vt)	көшіріп алу	[køʃirip alu]
ordenar (vt)	сұрыптау	[surıptau]
copiar (vt)	қайта көшіру	[qajta køʃiru]
programa (m)	бағдарлама	[baɣdarlama]
software (m)	бағдарламалық қамсыздандыру	[baɣdarlamalıq qamsızdandiru]
programador (m)	бағдарламаушы	[baɣdarlamauʃi]
programar (vt)	бағдарламалау	[baɣdarlamalau]
hacker (m)	хакер	[haker]
senha (f)	пароль	[parolʲ]
vírus (m)	вирус	[vırus]
detectar (vt)	табу	[tabu]

| byte (m) | байт | [bajt] |
| megabyte (m) | мегабайт | [megabajt] |

| dados (m pl) | деректер | [derekter] |
| base (f) de dados | дерекқор | [derekqor] |

cabo (m)	шоғырсым	[ʃoɣɨrsɨm]
desconectar (vt)	үзіп тастау	[ʉzip tastau]
conectar (vt)	қосу	[qosu]

166. Internet. E-mail

internet (f)	интернет	[ɪnternet]
browser (m)	браузер	[brauzer]
motor (m) de busca	іздестіру ресурсы	[izdestiru resursɨ]
provedor (m)	провайдер	[provajder]

webmaster (m)	веб-мастер	[veb master]
website (m)	веб-сайт	[veb sajt]
web page (f)	веб-бет	[veb bet]

| endereço (m) | мекен жай | [meken ʒaj] |
| livro (m) de endereços | мекен жай кітабы | [meken ʒaj kitabɨ] |

caixa (f) de correio	пошта жәшігі	[poʃta ʒæʃigi]
correio (m)	пошта	[poʃta]
cheia (caixa de correio)	лық толған	[lɨq tolɣan]

mensagem (f)	хабарлама	[habarlama]
mensagens (f pl) recebidas	кіріс хабарламалары	[kiris habarlamalarɨ]
mensagens (f pl) enviadas	шығыс хабарламалары	[ʃɨɣɨs habarlamalarɨ]

remetente (m)	жіберуші	[ʒiberuʃi]
enviar (vt)	жіберу	[ʒiberu]
envio (m)	жөнелтім	[ʒøneltim]

| destinatário (m) | алушы | [aluʃɨ] |
| receber (vt) | алу | [alu] |

| correspondência (f) | қатынасхаттар | [qatɨnashattar] |
| corresponder-se (vr) | хат жазысу | [hat ʒazɨsu] |

arquivo (m)	файл	[fajl]
fazer download, baixar (vt)	көшіру	[køʃiru]
criar (vt)	жасау	[ʒasau]
deletar (vt)	кетіру	[ketiru]
deletado (adj)	кетірілген	[ketirilgen]

conexão (f)	байланыс	[bajlanɨs]
velocidade (f)	жылдамдық	[ʒɨldamdɨq]
modem (m)	модем	[modem]
acesso (m)	кіру мүмкіндігі	[kiru mʉmkindigi]
porta (f)	порт	[port]
conexão (f)	қосылу	[qosɨlu]

conectar (vi)	қосылу	[qosïlu]
escolher (vt)	таңдау	[taŋdau]
buscar (vt)	іздеу	[izdeu]

167. Eletricidade

eletricidade (f)	электр	[ɛlektr]
elétrico (adj)	электр	[ɛlektr]
planta (f) elétrica	электростанция	[ɛlektrostantsïja]
energia (f)	энергия	[ɛnergïja]
energia (f) elétrica	электроэнергиясы	[ɛlektroɛnergïjasï]

lâmpada (f)	лампыша	[lampïʃa]
lanterna (f)	қол фонары	[qol fonarï]
poste (m) de iluminação	дала фонары	[dala fonarï]

luz (f)	жарық	[ʒarïq]
ligar (vt)	қосу	[qosu]
desligar (vt)	сөндіру	[søndiru]
apagar a luz	жарық сөндіру	[ʒarïq søndiru]

queimar (vi)	күйіп кету	[kүjip ketu]
curto-circuito (m)	қысқа тұйықталу	[qïsqa tujïqtalu]
ruptura (f)	үзік	[ʉzik]
contato (m)	түйісу	[tʉjisu]

interruptor (m)	сөндіргіш	[søndirgiʃ]
tomada (de parede)	розетка	[rozetka]
plugue (m)	шанышқы	[ʃanïʃqï]
extensão (f)	ұзайтқыш	[ʉzajtqïʃ]

fusível (m)	сақтандырғыш	[saqtandïrɣïʃ]
fio, cabo (m)	өткізгіш	[øtkizgiʃ]
instalação (f) elétrica	электр сымы	[ɛlektr sïmï]

ampère (m)	ампер	[amper]
amperagem (f)	ток күші	[tok kʉʃi]
volt (m)	вольт	[volʲt]
voltagem (f)	кернеу	[kerneu]

| aparelho (m) elétrico | электр жабдық | [ɛlektr ʒabdïq] |
| indicador (m) | индикатор | [ïndïkator] |

eletricista (m)	электрик	[ɛlektrïk]
soldar (vt)	дәнекерлеу	[dænekerleu]
soldador (m)	дәнекерлегіш	[dænekerlegiʃ]
corrente (f) elétrica	ток	[tok]

168. Ferramentas

| ferramenta (f) | құрал | [qural] |
| ferramentas (f pl) | құралдар | [quraldar] |

equipamento (m)	жабдық	[ʒabdiq]
martelo (m)	балға	[balɣa]
chave (f) de fenda	бұрауыш	[burawiʃ]
machado (m)	балта	[balta]

serra (f)	ара	[ara]
serrar (vt)	аралау	[aralau]
plaina (f)	жонғы	[ʒonɣi]
aplainar (vt)	жоңқалау	[ʒoŋqalau]
soldador (m)	дәнекерлегіш	[dænekerlegiʃ]
soldar (vt)	дәнекерлеу	[dænekerleu]

lima (f)	егеу	[egeu]
tenaz (f)	атауыз	[atawiz]
alicate (m)	тістеуік	[tistewik]
formão (m)	қашау	[qaʃau]

broca (f)	бәрбі	[bærbi]
furadeira (f) elétrica	бұрғы	[burɣi]
furar (vt)	бұрғылау	[burɣilau]

| faca (f) | пышақ | [piʃaq] |
| lâmina (f) | жүз | [ʒʉz] |

afiado (adj)	өткір	[øtkir]
cego (adj)	дөкір	[døkir]
embotar-se (vr)	мұқалу	[muqalu]
afiar, amolar (vt)	қайрау	[qajrau]

parafuso (m)	болт	[bolt]
porca (f)	гайка	[gajka]
rosca (f)	бұранда	[buranda]
parafuso (para madeira)	бұрандалы шеге	[burandali ʃæge]

| prego (m) | шеге | [ʃæge] |
| cabeça (f) do prego | қалпақша | [qalpaqʃa] |

régua (f)	сызғыш	[sizɣiʃ]
fita (f) métrica	рулетка	[ruletka]
nível (m)	деңгей	[deŋgej]
lupa (f)	лупа	[lupa]

medidor (m)	өлшеу аспабы	[ølʃæu aspabi]
medir (vt)	өлшеу	[ølʃæu]
escala (f)	шкала	[ʃkala]
indicação (f), registro (m)	көрсетуі	[kørsetui]

| compressor (m) | компрессор | [kompressor] |
| microscópio (m) | микроскоп | [mikroskop] |

bomba (f)	сорғы	[sorɣi]
robô (m)	робот	[robot]
laser (m)	лазер	[lazer]

| chave (f) de boca | гайка кілті | [gajka kilti] |
| fita (f) adesiva | лента-скотч | [lenta skotʃ] |

cola (f)	желім	[ʒɛlim]
lixa (f)	зімпара	[zimpara]
mola (f)	серіппе	[serippe]
ímã (m)	магнит	[magnɨt]
luva (f)	биялай	[bɨjalaj]

corda (f)	бау	[bau]
cabo (~ de nylon, etc.)	бау	[bau]
fio (m)	сым	[sɨm]
cabo (~ elétrico)	шоғырсым	[ʃoɣɨrsɨm]

marreta (f)	зілбалға	[zilbalɣa]
pé de cabra (m)	сүймен	[sʉjmen]
escada (f) de mão	баспалдақ	[baspaldaq]
escada (m)	басқыш	[basqɨʃ]

enroscar (vt)	шиыршықтату	[ʃɨrʃɨqtatu]
desenroscar (vt)	бұрау	[burau]
apertar (vt)	қысу	[qɨsu]
colar (vt)	жапсыру	[ʒapsɨru]
cortar (vt)	кесу	[kesu]

falha (f)	ақаулық	[aqaulɨq]
conserto (m)	жөндеу	[ʒøndeu]
consertar, reparar (vt)	жөндеу	[ʒøndeu]
regular, ajustar (vt)	жөнге салу	[ʒønge salu]

verificar (vt)	тексеру	[tekseru]
verificação (f)	тексеру	[tekseru]
indicação (f), registro (m)	көрсетуі	[kørsetui]

| seguro (adj) | берік | [berik] |
| complicado (adj) | қиын | [qɨn] |

enferrujar (vi)	таттану	[tattanu]
enferrujado (adj)	тоттанған	[tottanɣan]
ferrugem (f)	тот	[tot]

Transportes

169. Avião

avião (m)	ұшақ	[ufaq]
passagem (f) aérea	авиабилет	[aviabılet]
companhia (f) aérea	авиакомпания	[aviakompanıja]
aeroporto (m)	әуежай	[æweʒaj]
supersônico (adj)	дыбыстан жүйрік	[dibıstan ʒujrik]
comandante (m) do avião	кеме командирі	[keme komandıri]
tripulação (f)	экипаж	[ɛkıpaʒ]
piloto (m)	ұшқыш	[ufqiʃ]
aeromoça (f)	аспансерік	[aspanserik]
copiloto (m)	штурман	[ʃturman]
asas (f pl)	қанаттар	[qanattar]
cauda (f)	құйрық	[qujrıq]
cabine (f)	кабина	[kabına]
motor (m)	қозғалтқыш	[qozɣaltqiʃ]
trem (m) de pouso	шасси	[ʃassı]
turbina (f)	турбина	[turbına]
hélice (f)	пропеллер	[propeller]
caixa-preta (f)	қара жәшік	[qara ʒæʃik]
coluna (f) de controle	штурвал	[ʃturval]
combustível (m)	жағармай	[ʒaɣarmaj]
instruções (f pl) de segurança	нұсқама	[nusqama]
máscara (f) de oxigênio	оттегі маскасы	[ottegi maskasi]
uniforme (m)	униформа	[unıforma]
colete (m) salva-vidas	құтқару жилеті	[qutqaru ʒıleti]
paraquedas (m)	парашют	[paraʃut]
decolagem (f)	ұшып көтерілу	[uʃip køterilu]
descolar (vi)	ұшып көтерілу	[uʃip køterilu]
pista (f) de decolagem	ұшу алаңы	[uʃu alaŋi]
visibilidade (f)	көріну	[kørinu]
voo (m)	ұшу	[uʃu]
altura (f)	биіктік	[bıiktik]
poço (m) de ar	әуе құдығы	[æwe qundiɣi]
assento (m)	орын	[orin]
fone (m) de ouvido	құлаққап	[qulaqqap]
mesa (f) retrátil	қайырмалы үстел	[qajirmali ustel]
janela (f)	иллюминатор	[ılljumınator]
corredor (m)	өткел	[øtkel]

170. Comboio

trem (m)	пойыз	[pojїz]
trem (m) elétrico	электричка	[ɛlektrɪtʃka]
trem (m)	жүрдек пойыз	[ʒʉrdek pojїz]
locomotiva (f) diesel	тепловоз	[teplovoz]
locomotiva (f) a vapor	паровоз	[parovoz]
vagão (f) de passageiros	вагон	[vagon]
vagão-restaurante (m)	вагон-ресторан	[vagon restoran]
carris (m pl)	рельстер	[relʲster]
estrada (f) de ferro	темір жол	[temir ʒol]
travessa (f)	шпал	[ʃpal]
plataforma (f)	платформа	[platforma]
linha (f)	жол	[ʒol]
semáforo (m)	семафор	[semafor]
estação (f)	станция	[stantsɪja]
maquinista (m)	машинист	[maʃɪnɪst]
bagageiro (m)	жүк тасушы	[ʒʉk tasuʃї]
hospedeiro, -a (m, f)	жолбасшы	[ʒolbasʃї]
passageiro (m)	жолаушы	[ʒolauʃї]
revisor (m)	бақылаушы	[baqїlauʃї]
corredor (m)	дәліз	[dæliz]
freio (m) de emergência	тоқтату краны	[toqtatu kranї]
compartimento (m)	купе	[kupe]
cama (f)	сөре	[søre]
cama (f) de cima	жоғарғы сөре	[ʒoɣarɣї søre]
cama (f) de baixo	төменгі сөре	[tømengi søre]
roupa (f) de cama	төсек-орын жабдығы	[tøsek orїn ʒabdїɣї]
passagem (f)	билет	[bɪlet]
horário (m)	кесте	[keste]
painel (m) de informação	табло	[tablo]
partir (vt)	шегіну	[ʃæginu]
partida (f)	пойыздың жүруі	[pojїzdїŋ ʒʉrui]
chegar (vi)	келу	[kelu]
chegada (f)	келу	[kelu]
chegar de trem	пойызбен келу	[pojїzben kelu]
pegar o trem	пойызға отыру	[pojїzɣa otїru]
descer de trem	пойыздан шығу	[pojїzdan ʃїɣu]
acidente (m) ferroviário	апат	[apat]
locomotiva (f) a vapor	паровоз	[parovoz]
foguista (m)	от жағушы	[ot ʒaɣuʃї]
fornalha (f)	оттық	[ottїq]
carvão (m)	көмір	[kømir]

171. Barco

navio (m)	кеме	[keme]
embarcação (f)	кеме	[keme]
barco (m) a vapor	пароход	[parohod]
barco (m) fluvial	теплоход	[teplohod]
transatlântico (m)	лайнер	[lajner]
cruzeiro (m)	крейсер	[krejser]
iate (m)	яхта	[jahta]
rebocador (m)	буксир	[buksır]
barcaça (f)	баржа	[barʒa]
ferry (m)	паром	[parom]
veleiro (m)	желкенші	[ʒelkenʃi]
bergantim (m)	бригантина	[brıgantına]
quebra-gelo (m)	мұз жарғыш	[mʊz ʒarɣɨʃ]
submarino (m)	сүңгуір қайық	[suŋguir qajiq]
bote, barco (m)	қайық	[qajiq]
baleeira (bote salva-vidas)	шлюпка	[ʃljupka]
bote (m) salva-vidas	құтқарушы қайық	[qʊtqaruʃi qajiq]
lancha (f)	кеме	[keme]
capitão (m)	капитан	[kapıtan]
marinheiro (m)	кемеші	[kemeʃi]
marujo (m)	теңізші	[teŋizʃi]
tripulação (f)	экипаж	[ɛkıpaʒ]
contramestre (m)	боцман	[botsman]
grumete (m)	юнга	[junga]
cozinheiro (m) de bordo	кок	[kok]
médico (m) de bordo	кеме дәрігері	[keme dærigeri]
convés (m)	палуба	[paluba]
mastro (m)	діңгек	[diŋgek]
vela (f)	желкен	[ʒelken]
porão (m)	трюм	[trjum]
proa (f)	тұмсық	[tʊmsiq]
popa (f)	корма	[korma]
remo (m)	ескек	[eskek]
hélice (f)	винт	[vınt]
cabine (m)	каюта	[kajuta]
sala (f) dos oficiais	ортақ бөлме	[ortaq bølme]
sala (f) das máquinas	машина бөлімі	[maʃına bølimi]
ponte (m) de comando	капитан мінбесі	[kapıtan minbesi]
sala (f) de comunicações	радиорубка	[radıorubka]
onda (f)	толқын	[tolqin]
diário (m) de bordo	кеме журналы	[keme ʒurnaliɨ]
luneta (f)	көру дүрбісі	[køru dʊrbisi]
sino (m)	қоңырау	[qoŋirau]

bandeira (f)	ту	[tu]
cabo (m)	арқан	[arqan]
nó (m)	түйін	[tüjin]
corrimão (m)	тұтқа	[tʊtqa]
prancha (f) de embarque	басқыш	[basqɪʃ]
âncora (f)	зәкір	[zækir]
recolher a âncora	зәкірді көтеру	[zækirdi köteru]
jogar a âncora	зәкірді тастау	[zækirdi tastau]
amarra (corrente de âncora)	зәкір шынжыры	[zækir ʃinʒiri]
porto (m)	кемежай	[kemeʒaj]
cais, amarradouro (m)	айлақ	[ajlaq]
atracar (vi)	айлақтау	[ajlaqtau]
desatracar (vi)	қозғалып кету	[qozɣalïp ketu]
viagem (f)	саяхат	[sajahat]
cruzeiro (m)	круиз	[kruɪz]
rumo (m)	бағыт	[baɣit]
itinerário (m)	бағдар	[baɣdar]
canal (m) de navegação	фарватер	[farvater]
banco (m) de areia	қайыр	[qajir]
encalhar (vt)	тақырға отырып қалу	[taqirɣa otirip qalu]
tempestade (f)	дауыл	[dawïl]
sinal (m)	сигнал	[sɪgnal]
afundar-se (vr)	бату	[batu]
SOS	SOS	[sos]
boia (f) salva-vidas	құтқару дөңгелегі	[qjutqaru döŋgelegi]

172. Aeroporto

aeroporto (m)	әуежай	[æweʒaj]
avião (m)	ұшақ	[ʊʃaq]
companhia (f) aérea	авиакомпания	[avɪakompanɪja]
controlador (m) de tráfego aéreo	диспетчер	[dɪspetʃer]
partida (f)	ұшу	[ʊʃu]
chegada (f)	ұшып келу	[uʃip kelu]
chegar (vi)	ұшып келу	[uʃip kelu]
hora (f) de partida	ұшып шығу уақыты	[uʃip ʃiɣu uaqiti]
hora (f) de chegada	ұшып келу уақыты	[uʃip kelu uaqiti]
estar atrasado	кідіру	[kidiru]
atraso (m) de voo	ұшып шығудың кідіруі	[uʃip ʃiɣudidiŋ kidiruï]
painel (m) de informação	ақпараттық табло	[aqparatiq tablo]
informação (f)	ақпарат	[aqparat]
anunciar (vt)	әйгілеу	[æjgileu]

voo (m)	рейс	[rejs]
alfândega (f)	кеден	[keden]
funcionário (m) da alfândega	кеденші	[kedenʃi]
declaração (f) alfandegária	декларация	[deklaratsija]
preencher a declaração	декларацияны толтыру	[deklaratsijani toltiru]
controle (m) de passaporte	төлқұжат бақылауы	[tølquʒat baqilaui]
bagagem (f)	жүк	[ʒʉk]
bagagem (f) de mão	қол жүк	[qol ʒʉk]
carrinho (m)	арбаша	[arbaʃa]
pouso (m)	отырғызу	[otirɣizu]
pista (f) de pouso	отырғызу алабы	[otirɣizu alabi]
aterrissar (vi)	қону	[qonu]
escada (f) de avião	басқыш	[basqiʃ]
check-in (m)	тіркеу	[tirkeu]
balcão (m) do check-in	тіркеу үлдірігі	[tirkeu ʉldirigi]
fazer o check-in	тіркелу	[tirkelu]
cartão (m) de embarque	отырғызу талоны	[otirɣizu taloni]
portão (m) de embarque	шығу	[ʃiɣu]
trânsito (m)	транзит	[tranzɪt]
esperar (vi, vt)	күту	[kʉtu]
sala (f) de espera	күту залы	[kʉtu zali]
despedir-se (acompanhar)	ұзату	[ʊzatu]
despedir-se (dizer adeus)	қоштасу	[qoʃtasu]

173. Bicicleta. Motocicleta

bicicleta (f)	велосипед	[velosiped]
lambreta (f)	мотороллер	[motoroller]
moto (f)	мотоцикл	[mototsikl]
ir de bicicleta	велосипедпен жүру	[velosipedpen ʒuru]
guidão (m)	тұтқа	[tʊtqa]
pedal (m)	педаль	[pedalʲ]
freios (m pl)	тежеуіштер	[teʒewiʃter]
banco, selim (m)	ер-тоқым	[er toqim]
bomba (f)	сорғы	[sorɣi]
bagageiro (m) de teto	жүксалғыш	[ʒʉksalɣiʃ]
lanterna (f)	фонарь	[fonarʲ]
capacete (m)	дулыға	[duliɣa]
roda (f)	дөңгелек	[døŋgelek]
para-choque (m)	қанат	[qanat]
aro (m)	шеңбер	[ʃæŋber]
raio (m)	шабақ	[ʃabaq]

Carros

174. Tipos de carros

carro, automóvel (m)	автокөлік	[avtokølik]
carro (m) esportivo	спорт автомобилі	[sport avtomobıli]
limusine (f)	лимузин	[lımuzın]
todo o terreno (m)	джип	[dʒıp]
conversível (m)	кабриолет	[kabrıolet]
minibus (m)	шағын автобус	[ʃaɣin avtobus]
ambulância (f)	жедел жәрдем	[ʒedel ʒærdem]
limpa-neve (m)	қар жинаушы машина	[qar ʒınauʃi maʃina]
caminhão (m)	жүк автомобилі	[ʒük avtomobıli]
caminhão-tanque (m)	бензин тасымалдаушы	[benzın tasimaldauʃi]
perua, van (f)	фургон	[furgon]
caminhão-trator (m)	тартқыш	[tartqiʃ]
reboque (m)	тіркелгіш	[tirkelgiʃ]
confortável (adj)	жабдықталған	[ʒabdiqtalɣan]
usado (adj)	пайдаланылған	[pajdalanilɣan]

175. Carros. Carroçaria

capô (m)	капот	[kapot]
para-choque (m)	қанат	[qanat]
teto (m)	шатыр	[ʃatïr]
para-brisa (m)	желді әйнек	[ʒeldi æjnek]
retrovisor (m)	артқы көрініс айнасы	[artqi kørinis ajnasi]
esguicho (m)	жуғыш	[ʒuɣiʃ]
limpadores (m) de para-brisas	шыны тазартқыштар	[ʃini tazartqiʃtar]
vidro (m) lateral	бүйір шыны	[bujir ʃini]
elevador (m) do vidro	шыны көтергіш	[ʃini køtergiʃ]
antena (f)	антенна	[antena]
teto (m) solar	люк	[ljuk]
para-choque (m)	бампер	[bamper]
porta-malas (f)	жүксалғыш	[ʒüksalɣiʃ]
porta (f)	есік	[esik]
maçaneta (f)	тұтқа	[tutqa]
fechadura (f)	құлып	[qulip]
placa (f)	нөмір	[nømir]
silenciador (m)	бәсеңдеткіш	[bæseŋdetkiʃ]

tanque (m) de gasolina	бензин бағы	[benzın bagi]
tubo (m) de exaustão	пайдаланылған	[pajdalanɨlɣan
	газды шығару құбыры	gazdɨ ʃɨɣaru qubɨrɨ]

acelerador (m)	газ	[gaz]
pedal (m)	педаль	[pedalʲ]
pedal (m) do acelerador	газ педалі	[gaz pedali]

freio (m)	тежегіш	[teʒegiʃ]
pedal (m) do freio	тежеуіштің педалі	[teʒewiʃtiŋ pedali]
frear (vt)	тежеу	[teʒeu]
freio (m) de mão	қол тежегіш	[qol teʒegiʃ]

embreagem (f)	ажырату	[aʒɨratu]
pedal (m) da embreagem	ажырату педалі	[aʒɨratu pedali]
disco (m) de embreagem	ажырату дискі	[aʒɨratu dɨski]
amortecedor (m)	амортизатор	[amortɨzator]

roda (f)	дөңгелек	[døŋgelek]
pneu (m) estepe	қордағы доңғалақ	[qordaɣɨ doŋɣalaq]
calota (f)	қақпақ	[qaqpaq]

rodas (f pl) motrizes	жетекші дөңгелектер	[ʒetekʃi døŋgelekter]
de tração dianteira	алдыңғы жетекті	[aldɨŋɣɨ ʒetekti]
de tração traseira	артқы жетекті	[artqɨ ʒetekti]
de tração às 4 rodas	толық жетекті	[toliq ʒetekti]

caixa (f) de mudanças	беріліс қорабы	[berilis qorabɨ]
automático (adj)	автоматты	[avtomati]
mecânico (adj)	механикалық	[mehanɨkaliq]
alavanca (f) de câmbio	беріліс қорабының	[berilis qorabɨnɨŋ
	тетігі	tetigi]

| farol (m) | фара | [fara] |
| faróis (m pl) | фаралар | [faralar] |

farol (m) baixo	жақын жарық	[ʒaqɨn ʒarɨq]
farol (m) alto	алыс жарық	[alɨs ʒarɨq]
luzes (f pl) de parada	тоқтау сигналы	[toqtau sɨgnali]

luzes (f pl) de posição	габаритті оттар	[gabarɨtti otar]
luzes (f pl) de emergência	авария оттары	[avarɨja otarɨ]
faróis (m pl) de neblina	тұманға қарсы фаралар	[tumanɣa qarsɨ faralar]
pisca-pisca (m)	бұрылыс	[burɨlɨs]
luz (f) de marcha ré	артқы жүріс	[artqɨ ʒuris]

176. Carros. Habitáculo

interior (do carro)	салон	[salon]
de couro	былғары	[bɨlɣarɨ]
de veludo	велюр	[veljur]
estofamento (m)	қаптағыш материал	[qaptaɣɨʃ materɨal]
indicador (m)	аспап	[aspap]
painel (m)	аспапты қалқанша	[aspaptɨ qalqanʃa]

| velocímetro (m) | спидометр | [spɪdometr] |
| ponteiro (m) | тіл | [til] |

hodômetro, odômetro (m)	есептегіш	[eseptegiʃ]
indicador (m)	қадаға	[qadaɣa]
nível (m)	деңгей	[deŋgej]
luz (f) de aviso	лампыша	[lampiʃa]

volante (m)	руль	[rulʲ]
buzina (f)	сигнал	[sɪgnal]
botão (m)	кнопка	[knopka]
interruptor (m)	ауыстырып-қосқыш	[awistirip qosqiʃ]

assento (m)	отырғыш	[otirɣiʃ]
costas (f pl) do assento	арқалық	[arqaliq]
cabeceira (f)	бас сүйегіш	[bas sʉjegiʃ]
cinto (m) de segurança	қауіпсіздіктің белбеуі	[qawipsizdiktiŋ belbewi]
apertar o cinto	белбеуді іліктіру	[belbeudi iliktiru]
ajuste (m)	реттелім	[rettelim]

| airbag (m) | ауа жастығы | [awa ʒastiɣi] |
| ar (m) condicionado | кондиционер | [kondɪtsɪoner] |

rádio (m)	радио	[radɪo]
leitor (m) de CD	CD - ойнатқыш	[sidi ojnatqiʃ]
ligar (vt)	қосу	[qosu]
antena (f)	антенна	[antena]
porta-luvas (m)	бардачок	[bardatʃok]
cinzeiro (m)	күл салғыш	[kʉl salɣiʃ]

177. Carros. Motor

motor (m)	қозғалтқыш	[qozɣaltqiʃ]
motor (m)	мотор	[motor]
a diesel	дизелді	[dɪzeldi]
a gasolina	бензинді	[benzɪndi]

cilindrada (f)	қозғалтқыштың көлемі	[qozɣaltqiʃtiŋ kølemi]
potência (f)	қуат	[quat]
cavalo (m) de potência	ат күші	[at kʉʃi]
pistão (m)	піскек	[piskek]
cilindro (m)	цилиндр	[tsɪlɪndr]
válvula (f)	клапан	[klapan]

injetor (m)	инжектор	[ɪnʒektor]
gerador (m)	генератор	[generator]
carburador (m)	карбюратор	[karbjurator]
óleo (m) de motor	моторлық май	[motorliq maj]

radiador (m)	радиатор	[radɪator]
líquido (m) de arrefecimento	мұздатқыш сұйық	[mʉzdatqiʃ sʉjiq]
ventilador (m)	желдеткіш	[ʒeldetkiʃ]
bateria (f)	аккумулятор	[akkumulʲator]
dispositivo (m) de arranque	стартер	[starter]

| ignição (f) | оталдыру | [otaldïru] |
| vela (f) de ignição | от алдыру білтесі | [ot aldïru biltesi] |

terminal (m)	клемма	[klemma]
terminal (m) positivo	қосу	[qosu]
terminal (m) negativo	алу	[alu]
fusível (m)	сақтандырғыш	[saqtandïryiʃ]

filtro (m) de ar	ауа сүзгіші	[awa sʉzgiʃi]
filtro (m) de óleo	май фильтрі	[maj fïlʲtri]
filtro (m) de combustível	жанармай сүзгіші	[ʒanarmaj sʉzgiʃi]

178. Carros. Batidas. Reparação

acidente (m) de carro	апат	[apat]
acidente (m) rodoviário	жол оқиғасы	[ʒol oqïɣasï]
bater (~ num muro)	соқтығу	[soqtïɣu]
sofrer um acidente	сыну	[sïnu]
dano (m)	бұзылған жер	[bʉzïlɣan ʒer]
intato	аман	[aman]

| avariar (vi) | істен шығу | [isten ʃïɣu] |
| cabo (m) de reboque | сүйрететін арқан | [sʉjretetin arqan] |

furo (m)	тесік	[tesik]
estar furado	ауаны шығарып жіберу	[awanï ʃïɣarïp ʒiberu]
encher (vt)	үру	[ʉru]
pressão (f)	қысым	[qïsïm]
verificar (vt)	тексеру	[tekseru]

reparo (m)	жөндеу	[ʒøndeu]
oficina (f) automotiva	жөндеу шеберханасы	[ʒøndeu ʃæberhanasï]
peça (f) de reposição	қосалқы бөлшек	[qosalqï bølʃæk]
peça (f)	бөлшек	[bølʃæk]

parafuso (com porca)	болт	[bolt]
parafuso (m)	винт	[vïnt]
porca (f)	гайка	[gajka]
arruela (f)	шайба	[ʃajba]
rolamento (m)	мойынтірек	[mojintirek]

tubo (m)	түтік	[tʉtik]
junta, gaxeta (f)	аралық қабат	[aralïq qabat]
fio, cabo (m)	сым	[sïm]

macaco (m)	домкрат	[domkrat]
chave (f) de boca	бұранда кілт	[bʉranda kilt]
martelo (m)	балға	[balɣa]
bomba (f)	сорғы	[sorɣï]
chave (f) de fenda	бұрауыш	[burawïʃ]

extintor (m)	өрт сөндіргіш	[ørt søndirgiʃ]
triângulo (m) de emergência	апаттық үшбұрыш	[apattïq ʉʃbʉrïʃ]
morrer (motor)	мотордың өшуі	[motordïŋ øʃui]

paragem, "morte" (f)	тоқталу	[toqtalu]
estar quebrado	сынық болу	[siniq bolu]

superaquecer-se (vr)	қызып кету	[qizip ketu]
entupir-se (vr)	бітеліп қалу	[bitelip qalu]
congelar-se (vr)	мұз боп қату	[muz bop qatu]
rebentar (vi)	жарылып кету	[ʒarilip ketu]

pressão (f)	қысым	[qisim]
nível (m)	деңгей	[deŋgej]
frouxo (adj)	әлсіз	[ælsiz]

batida (f)	жапырылған	[ʒapirilɣan]
ruído (m)	дүрсіл	[dʉrsil]
fissura (f)	жарықшақ	[ʒariqʃaq]
arranhão (m)	сызат	[sizat]

179. Carros. Estrada

estrada (f)	жол	[ʒol]
autoestrada (f)	автомагистраль	[avtomagistralʲ]
rodovia (f)	шоссе	[ʃosse]
direção (f)	бағыт	[baɣit]
distância (f)	аралық	[araliq]

ponte (f)	көпір	[køpir]
parque (m) de estacionamento	паркинг	[parkiŋg]
praça (f)	алаң	[alaŋ]
nó (m) rodoviário	аяқталуы	[ajaqtalui]
túnel (m)	тоннель	[tonelʲ]

posto (m) de gasolina	жанармай	[ʒanarmaj]
parque (m) de estacionamento	автотұрақ	[avtoturaq]
bomba (f) de gasolina	бензин колонкасы	[benzin kolonkasi]
oficina (f) automotiva	жөндеу шеберханасы	[ʒøndeu ʃæberhanasi]
abastecer (vt)	құю	[quju]
combustível (m)	жанармай	[ʒanarmaj]
galão (m) de gasolina	канистр	[kanistr]

asfalto (m)	асфальт	[asfalʲt]
marcação (f) de estradas	белгі	[belgi]
meio-fio (m)	ернеу	[erneu]
guard-rail (m)	қоршау	[qorʃau]
valeta (f)	кювет	[kjuvet]
acostamento (m)	жолдың жағасы	[ʒoldiŋ ʒaɣasi]
poste (m) de luz	бағана	[baɣana]

dirigir (vt)	жүргізу	[ʒʉrgizu]
virar (~ para a direita)	бұру	[buru]
dar retorno	бұрылу	[burilu]
ré (f)	артқы жүріс	[artqi ʒʉris]

buzinar (vi)	белгі беру	[belgi beru]
buzina (f)	дыбысты белгі	[dibisti belgi]

atolar-se (vr)	тұрып қалу	[turip qalu]
patinar (na lama)	тұрып қалу	[turip qalu]
desligar (vt)	сөндіру	[søndiru]

velocidade (f)	жылдамдық	[ʒildamdiq]
exceder a velocidade	жылдамдықты арттыру	[ʒildamdiqti arttiru]
multar (vt)	айыппұл салу	[ajippul salu]
semáforo (m)	бағдаршам	[baɣdarʃam]
carteira (f) de motorista	жүргізуші куәлігі	[ʒurgezuʃi kuæligi]

passagem (f) de nível	өткел	[øtkel]
cruzamento (m)	қиылыс	[qiilis]
faixa (f)	жаяулардың өтімі	[ʒajaulardiŋ øtimi]
curva (f)	бұрылыс	[burilis]
zona (f) de pedestres	жаяулар аймағы	[ʒajaular ajmaɣi]

180. Sinais de trânsito

código (m) de trânsito	жол қозғалысының ережелері	[ʒol qozɣalisiniŋ ereʒeleri]
sinal (m) de trânsito	белгі	[belgi]
ultrapassagem (f)	озу	[ozu]
curva (f)	бұрылыс	[burilis]
retorno (m)	кері бұрылыс	[keri burilis]
rotatória (f)	айналма қозғалыс	[ajnalma qozɣalis]

sentido proibido	кіруге тыйым салынады	[kiruge tijim salinadi]
trânsito proibido	қозғалысқа тыйым салынады	[qozɣalisqa tijim salinadi]
proibido de ultrapassar	басып озуға тыйым салынады	[basip ozuɣa tijim salinadi]
estacionamento proibido	тұруға тыйым салынады	[turuɣa tijim salinadi]
paragem proibida	аялдауға тыйым салынады	[ajaldauɣa tijim salinadi]

curva (f) perigosa	тік бұрылыс	[tik burilis]
descida (f) perigosa	тік еңіс	[tik eŋis]
trânsito de sentido único	жолға биржақты қозғалыспен шығу	[ʒolɣa birʒaqti qozɣalispen ʃiɣu]
faixa (f)	жаяу өтпе	[ʒajau øtpe]
pavimento (m) escorregadio	тайғақ жол	[tajɣaq ʒol]
conceder passagem	жол беріңіз	[ʒol beriŋiz]

PESSOAS. EVENTOS

Eventos

181. Férias. Evento

festa (f)	мереке	[mereke]
feriado (m) nacional	ұлттық мереке	[ulttiq mereke]
feriado (m)	мерекелік күн	[merekelik kun]
festejar (vt)	тойлау	[tojlau]
evento (festa, etc.)	оқиға	[oqıɣa]
evento (banquete, etc.)	шара	[ʃara]
banquete (m)	банкет	[banket]
recepção (f)	қабылдау	[qabıldau]
festim (m)	той	[toj]
aniversário (m)	жылдық	[ʒıldıq]
jubileu (m)	мерейтой	[merejtoj]
celebrar (vt)	тойлап өткізу	[tojlap øtkizu]
Ano (m) Novo	жаңа жыл	[ʒaŋa ʒıl]
Feliz Ano Novo!	Жаңа жылмен!	[ʒaŋa ʒılmen]
Natal (m)	Рождество	[roʒdestvo]
Feliz Natal!	Рождество мейрамы көңілді болсын!	[roʒdestvo mejramı køŋildi bolsın]
árvore (f) de Natal	Жаңа жылдық шырша	[ʒaŋa ʒıldıq ʃırʃa]
fogos (m pl) de artifício	салют	[saljut]
casamento (m)	үйлену тойы	[ujlenu tojı]
noivo (m)	күйеу	[kujeu]
noiva (f)	қалыңдық	[qalıŋdıq]
convidar (vt)	шақыру	[ʃaqıru]
convite (m)	шақыру	[ʃaqıru]
convidado (m)	қонақ	[qonaq]
visitar (vt)	қонаққа бару	[qonaqqa baru]
receber os convidados	қонақтарды қарсы алу	[qonaqtardı qarsı alu]
presente (m)	сый	[sıj]
oferecer, dar (vt)	сыйлау	[sıjlau]
receber presentes	сыйлар алу	[sıjlar alu]
buquê (m) de flores	байлам	[bajlam]
felicitações (f pl)	құттықтау	[quttıqtau]
felicitar (vt)	құттықтау	[quttıqtau]
cartão (m) de parabéns	құттықтау ашық хаты	[qutiqtau aʃıq hatı]

| enviar um cartão postal | ашық хатты жіберу | [aʃiq hati ʒiberu] |
| receber um cartão postal | ашық хатты алу | [aʃiq hati alu] |

brinde (m)	тост	[tost]
oferecer (vt)	дәм таттыру	[dæm tatiru]
champanhe (m)	шампанское	[ʃampan]

divertir-se (vr)	көңіл көтеру	[køŋil koteru]
diversão (f)	сауық-сайран	[sawiq sajran]
alegria (f)	қуаныш	[quaniʃ]

| dança (f) | би | [bi] |
| dançar (vi) | билеу | [bileu] |

| valsa (f) | вальс | [valʲs] |
| tango (m) | танго | [tango] |

182. Funerais. Enterro

cemitério (m)	зират	[zirat]
sepultura (f), túmulo (m)	көр	[kør]
lápide (f)	барқын	[barqin]
cerca (f)	дуал	[dual]
capela (f)	кішкентай шіркеу	[kiʃkentaj ʃirkeu]

morte (f)	ажал	[aʒal]
morrer (vi)	өлу	[ølu]
defunto (m)	марқұм	[marqʊm]
luto (m)	аза	[aza]

enterrar, sepultar (vt)	жерлеу	[ʒerleu]
funerária (f)	жерлеу бюросы	[ʒerleu bjurosi]
funeral (m)	жерлеу	[ʒerleu]

coroa (f) de flores	венок	[venok]
caixão (m)	табыт	[tabit]
carro (m) funerário	катафалк	[katafalk]
mortalha (f)	кебін	[kebin]

| urna (f) funerária | сауыт | [sawit] |
| crematório (m) | крематорий | [krematorij] |

obituário (m), necrologia (f)	азанама	[azanama]
chorar (vi)	жылау	[ʒilau]
soluçar (vi)	аңырау	[aŋirau]

183. Guerra. Soldados

pelotão (m)	взвод	[vzvod]
companhia (f)	рота	[rota]
regimento (m)	полк	[polk]
exército (m)	армия	[armija]

divisão (f)	дивизия	[dɪvɪzɪja]
esquadrão (m)	жасақ	[ʒasaq]
hoste (f)	әскер	[æsker]

soldado (m)	солдат	[soldat]
oficial (m)	офицер	[ofɪtser]

soldado (m) raso	қатардағы	[qatardaɣɨ]
sargento (m)	сержант	[serʒant]
tenente (m)	лейтенант	[lejtenant]
capitão (m)	капитан	[kapɪtan]
major (m)	майор	[major]
coronel (m)	полковник	[polkovnɪk]
general (m)	генерал	[general]

marujo (m)	теңізші	[teŋizʃɨ]
capitão (m)	капитан	[kapɪtan]
contramestre (m)	боцман	[botsman]

artilheiro (m)	артиллерист	[artɪllerɪst]
soldado (m) paraquedista	десантшы	[desantʃɨ]
piloto (m)	ұшқыш	[ʊʃqɨʃ]
navegador (m)	штурман	[ʃturman]
mecânico (m)	механик	[mehanɪk]

sapador-mineiro (m)	сапер	[sapør]
paraquedista (m)	парашютші	[paraʃjutʃɨ]
explorador (m)	барлаушы	[barlauʃɨ]
atirador (m) de tocaia	мерген	[mergen]
patrulha (f)	патруль	[patrulʲ]
patrulhar (vt)	күзету	[kʊzetu]
sentinela (f)	сақшы	[saqʃɨ]

guerreiro (m)	жауынгер	[ʒawɨnger]
patriota (m)	отаншыл	[otanʃɨl]
herói (m)	батыр	[batɨr]
heroína (f)	батыр	[batɨr]

traidor (m)	сатқын	[satqɨn]
desertor (m)	қашқын	[qaʃqɨn]
desertar (vt)	әскерден қашу	[æskerden qaʃu]

mercenário (m)	жалдамшы	[ʒaldamʃɨ]
recruta (m)	жаңа шақырылған	[ʒaŋa ʃaqɨrɨlɣan]
voluntário (m)	өзі тіленгендер	[øzi tilengender]

morto (m)	өлген	[ølgen]
ferido (m)	жарақаттанған	[ʒaraqattanɣan]
prisioneiro (m) de guerra	тұтқын	[tʊtqɨn]

184. Guerra. Ações militares. Parte 1

guerra (f)	соғыс	[soɣɨs]
guerrear (vt)	соғысу	[soɣɨsu]

guerra (f) civil	азамат соғысы	[azamat soɣisi]
perfidamente	опасыз	[opasiz]
declaração (f) de guerra	жариялау	[ʒarɯjalau]
declarar guerra	жариялау	[ʒarɯjalau]
agressão (f)	агрессия	[agressɯja]
atacar (vt)	шабуыл жасау	[ʃabuɪl ʒasau]
invadir (vt)	басып алу	[basɯp alu]
invasor (m)	басқыншы	[basqɯnʃɪ]
conquistador (m)	шапқыншы	[ʃapqɯnʃɪ]
defesa (f)	қорғаныс	[qorɣanis]
defender (vt)	қорғау	[qorɣau]
defender-se (vr)	қорғану	[qorɣanu]
inimigo, adversário (m)	жау	[ʒau]
inimigo (adj)	жау	[ʒau]
estratégia (f)	стратегия	[strategɪja]
tática (f)	тактика	[taktɪka]
ordem (f)	бұйрық	[buɪrɯq]
comando (m)	команда	[komanda]
ordenar (vt)	бұйыру	[bujɪru]
missão (f)	тапсырма	[tapsɯrma]
secreto (adj)	құпия	[qupɪja]
batalha (f)	айқас	[ajqas]
combate (m)	шайқас	[ʃajqas]
ataque (m)	шабуыл	[ʃabuɪl]
assalto (m)	шабуыл	[ʃabuɪl]
assaltar (vt)	шабуыл жасау	[ʃabuɪl ʒasau]
assédio, sítio (m)	қамау	[qamau]
ofensiva (f)	шабуыл	[ʃabuɪl]
tomar à ofensiva	шабуылдау	[ʃabuɪldau]
retirada (f)	шегіну	[ʃæginu]
retirar-se (vr)	шегіну	[ʃæginu]
cerco (m)	қоршау	[qorʃau]
cercar (vt)	қоршау	[qorʃau]
bombardeio (m)	бомбалау	[bombalau]
lançar uma bomba	бомба тастау	[bomba tastau]
bombardear (vt)	бомба тастау	[bomba tastau]
explosão (f)	жарылыс	[ʒarɯlis]
tiro (m)	атыс	[atis]
dar um tiro	атып жіберу	[atip ʒiberu]
tiroteio (m)	атыс	[atis]
apontar para …	дәлдеу	[dældeu]
apontar (vt)	зеңбіректі кезеу	[zeŋbirekti kezeu]
acertar (vt)	нысанаға тигізу	[nisanaɣa tigizu]

afundar (~ um navio, etc.)	суға батыру	[suɣa batiru]
brecha (f)	тесілген жер	[tesilgen ʒer]
afundar-se (vr)	судың түбіне кету	[sudiŋ tʉbine ketu]

frente (m)	майдан	[majdan]
evacuação (f)	көшіру	[køʃiru]
evacuar (vt)	көшіру	[køʃiru]

trincheira (f)	окоп, траншея	[okop], [tranʃæja]
arame (m) enfarpado	тікенді сым	[tikendi sim]
barreira (f) anti-tanque	бөгет	[bøget]
torre (f) de vigia	мұнара	[munara]

hospital (m) militar	госпиталь	[gospitalʲ]
ferir (vt)	жаралау	[ʒaralau]
ferida (f)	жара	[ʒara]
ferido (m)	жараланған	[ʒaralanɣan]
ficar ferido	жаралану	[ʒaralanu]
grave (ferida ~)	ауыр	[awir]

185. Guerra. Ações militares. Parte 2

cativeiro (m)	тұтқын	[tutqin]
capturar (vt)	тұтқынға алу	[tutqinɣa alu]
estar em cativeiro	тұтқында болу	[tutqinda bolu]
ser aprisionado	тұтқынға түсу	[tutqinɣa tʉsu]

campo (m) de concentração	концлагерь	[kontslagerʲ]
prisioneiro (m) de guerra	тұтқын	[tutqin]
escapar (vi)	Тұтқыннан қашу	[tutqinan qaʃu]

trair (vt)	сатылу	[satilu]
traidor (m)	сатқын	[satqin]
traição (f)	опасыздық	[opasizdiq]

| fuzilar, executar (vt) | атып өлтіру | [atip øltiru] |
| fuzilamento (m) | ату жазасы | [atu ʒazasi] |

equipamento (m)	киім	[kiim]
insígnia (f) de ombro	иық белгі	[iiq belgi]
máscara (f) de gás	газқағар	[gazqaɣar]

rádio (m)	рация	[ratsija]
cifra (f), código (m)	мұқам	[muqam]
conspiração (f)	конспирация	[konspiratsija]
senha (f)	пароль	[parolʲ]

mina (f)	мина	[mina]
minar (vt)	миналап тастау	[minalap tastau]
campo (m) minado	миналы дала	[minali dala]

alarme (m) aéreo	әуе дабылы	[æwe dabili]
alarme (m)	дабыл	[dabil]
sinal (m)	дабыл	[dabil]

sinalizador (m)	сигнал ракетасы	[sıgnal raketasi]
quartel-general (m)	штаб	[ʃtab]
reconhecimento (m)	барлау	[barlau]
situação (f)	жағдай	[ʒaɣdaj]
relatório (m)	баянат	[bajanat]
emboscada (f)	тосқауыл	[tosqawil]
reforço (m)	жәрдем	[ʒærdem]
alvo (m)	нысана	[nisana]
campo (m) de tiro	полигон	[poligon]
manobras (f pl)	маневрлар	[manevrlar]
pânico (m)	дүрбелең	[dʉrbeleŋ]
devastação (f)	бүлінушілік	[bʉlinuʃilik]
ruínas (f pl)	қиратулар	[qiratular]
destruir (vt)	бұзу	[buzu]
sobreviver (vi)	тірі қалу	[tiri qalu]
desarmar (vt)	қаруын тастату	[qaruin tastatu]
manusear (vt)	ұстау	[ʊstau]
Sentido!	Тік тұр!	[tik tʊr]
Descansar!	Еркін!	[erkin]
façanha (f)	батырлық	[batirliq]
juramento (m)	ант	[ant]
jurar (vi)	анттасу	[anttasu]
condecoração (f)	марапат	[marapat]
condecorar (vt)	марапаттау	[marapattau]
medalha (f)	медаль	[medalʲ]
ordem (f)	орден	[orden]
vitória (f)	жеңіс	[ʒeŋis]
derrota (f)	жеңіліс	[ʒeŋilis]
armistício (m)	бітім	[bitim]
bandeira (f)	ту	[tu]
glória (f)	дабыс	[dabis]
parada (f)	парад	[parad]
marchar (vi)	әскерше жүру	[æskerʃe ʒʉru]

186. Armas

arma (f)	қару	[qaru]
arma (f) de fogo	ату қаруы	[atu qarui]
arma (f) branca	суық қару	[suiq qaru]
arma (f) química	химиялық қару	[himijaliq qaru]
nuclear (adj)	ядролық	[jadroliq]
arma (f) nuclear	ядролық қару	[jadroliq qaru]
bomba (f)	бомба	[bomba]
bomba (f) atômica	атом бомбасы	[atom bombasi]

pistola (f)	тапанша	[tapanʃa]
rifle (m)	мылтық	[mɨltiq]
semi-automática (f)	автомат	[avtomat]
metralhadora (f)	пулемет	[pulemət]

boca (f)	ауыз	[awɨz]
cano (m)	оқпан	[oqpan]
calibre (m)	калибр	[kalɨbr]

gatilho (m)	шүріппе	[ʃʉripe]
mira (f)	көздеуіш	[køzdewiʃ]
carregador (m)	қорап	[qorap]
coronha (f)	шүйде	[ʃʉjde]

granada (f) de mão	граната	[granata]
explosivo (m)	жарылғыш зат	[ʒarilɣiʃ zat]

bala (f)	оқ	[oq]
cartucho (m)	патрон	[patron]
carga (f)	заряд	[zarjad]
munições (f pl)	оқ-дәрілер	[oq dæriler]

bombardeiro (m)	бомбалаушы	[bombalauʃi]
avião (m) de caça	жойғыш	[ʒojɣiʃ]
helicóptero (m)	тікұшақ	[tikuʃaq]

canhão (m) antiaéreo	зенит зеңбірегі	[zenɨt zeŋbiregi]
tanque (m)	танк	[tank]
canhão (de um tanque)	зеңбірек	[zeŋbirek]

artilharia (f)	артиллерия	[artɨllerɨja]
fazer a pontaria	бағыттау	[baɣɨttau]

projétil (m)	снаряд	[snarjad]
granada (f) de morteiro	мина	[mɨna]

morteiro (m)	миномет	[mɨnomət]
estilhaço (m)	жарқыншақ	[ʒarqɨnʃaq]

submarino (m)	сүңгуір қайық	[sʉŋguir qajiq]
torpedo (m)	торпеда	[torpeda]
míssil (m)	ракета	[raketa]

carregar (uma arma)	оқтау	[oqtau]
disparar, atirar (vi)	ату	[atu]

apontar para ...	дәлдеу	[dældeu]
baioneta (f)	найза	[najza]

espada (f)	сапы	[sapi]
sabre (m)	қылыш	[qɨlɨʃ]
lança (f)	найза	[najza]
arco (m)	садақ	[sadaq]
flecha (f)	оқ	[oq]
mosquete (m)	мушкет	[muʃket]
besta (f)	арбалет	[arbalet]

187. Povos da antiguidade

primitivo (adj)	алғашқы қауымдық	[alɣaʃqɨ qawɨmdɨq]
pré-histórico (adj)	тарихтан бұрыңғы	[tarɨhtan bʊrɨŋɣɨ]
antigo (adj)	ежелгі	[eʒelgi]
Idade (f) da Pedra	Тас ғасыры	[tas ɣasɨri]
Idade (f) do Bronze	Қола дәуірі	[qola dæwiri]
Era (f) do Gelo	мұз дәуірі	[mʊz dæwiri]
tribo (f)	тайпа	[tajpa]
canibal (m)	жалмауыз	[ʒalmawɨz]
caçador (m)	аңшы	[aŋʃɨ]
caçar (vi)	аулау	[aulau]
mamute (m)	мамонт	[mamont]
caverna (f)	үңгір	[ʉŋgir]
fogo (m)	от	[ot]
fogueira (f)	алау	[alau]
pintura (f) rupestre	жартасқа салынған сурет	[ʒartasqa salɨnɣan suret]
ferramenta (f)	еңбек құралы	[eŋbek qʊralɨ]
lança (f)	найза	[najza]
machado (m) de pedra	тас балтасы	[tas baltasɨ]
guerrear (vt)	соғысу	[soɣɨsu]
domesticar (vt)	қолға үйрету	[qolɣa ʉjretu]
ídolo (m)	пұт	[pʊt]
adorar, venerar (vt)	сыйыну	[sɨjɨnu]
superstição (f)	ырымшылдық	[ɨrɨmʃɨldɨq]
evolução (f)	эволюция	[ɛvaljutsija]
desenvolvimento (m)	дамушылық	[damuʃɨlɨq]
extinção (f)	ғайып болу	[ɣajɨp bolu]
adaptar-se (vr)	бейімделу	[bejimdelu]
arqueologia (f)	археология	[arheologija]
arqueólogo (m)	археолог	[arheolog]
arqueológico (adj)	археологиялық	[arheologɨjalɨq]
escavação (sítio)	қазулар	[qazular]
escavações (f pl)	қазулар	[qazular]
achado (m)	олжа	[olʒa]
fragmento (m)	үзінді	[ʉzindi]

188. Idade média

povo (m)	халық	[halɨq]
povos (m pl)	халықтар	[halɨqtar]
tribo (f)	тайпа	[tajpa]
tribos (f pl)	тайпалар	[tajpalar]
bárbaros (pl)	варвардар	[varvardar]
galeses (pl)	галлдар	[galldar]

godos (pl)	готтар	[gottar]
eslavos (pl)	славяндар	[slavjandar]
viquingues (pl)	викингтер	[vɪkɪngter]

romanos (pl)	римдіктер	[rɪmdikter]
romano (adj)	рим	[rɪm]

bizantinos (pl)	византиялықтар	[vɪzantɪjalɪqtar]
Bizâncio	Византия	[vɪzantɪja]
bizantino (adj)	византиялық	[vɪzantɪjalɪq]

imperador (m)	император	[ɪmperator]
líder (m)	көсем	[køsem]
poderoso (adj)	құдіретті	[qudiretti]
rei (m)	король	[korolʲ]
governante (m)	билеуші	[bɪleuʃi]

cavaleiro (m)	сері	[seri]
senhor feudal (m)	феодал	[feodal]
feudal (adj)	феодалдық	[feodaldɪq]
vassalo (m)	вассал	[vassal]

duque (m)	герцог	[gertsog]
conde (m)	граф	[graf]
barão (m)	барон	[baron]
bispo (m)	епископ	[epɪskop]

armadura (f)	қару-жарақ	[qaru ʒaraq]
escudo (m)	қалқан	[qalqan]
espada (f)	қылыш	[qɪlɪʃ]
viseira (f)	қалқан	[qalqan]
cota (f) de malha	берен	[beren]

cruzada (f)	крест жорығы	[krest ʒorɪɣɪ]
cruzado (m)	кресші	[kresʃi]

território (m)	территория	[terrɪtorɪja]
atacar (vt)	шабуыл жасау	[ʃabuɪl ʒasau]
conquistar (vt)	жаулап алу	[ʒaulap alu]
ocupar, invadir (vt)	басып алу	[basɪp alu]

assédio, sítio (m)	қамау	[qamau]
sitiado (adj)	қоршалған	[qorʃalɣan]
assediar, sitiar (vt)	қоршап алу	[qorʃap alu]

inquisição (f)	инквизиция	[ɪnkvɪzitsɪja]
inquisidor (m)	инквизитор	[ɪnkvɪzitor]
tortura (f)	азап	[azap]
cruel (adj)	қатал	[qatal]
herege (m)	дінбұзар	[dinbʊzar]
heresia (f)	дінбұзарлық	[dinbʊzarlɪq]

navegação (f) marítima	теңізде жүзу	[teŋizde ʒʉzu]
pirata (m)	пират	[pɪrat]
pirataria (f)	қарақшылық	[qaraqʃɪlɪq]
abordagem (f)	абордаж	[abordaʒ]

| presa (f), butim (m) | олжа | [olʒa] |
| tesouros (m pl) | қазыналар | [qazinalar] |

descobrimento (m)	ашу	[aʃu]
descobrir (novas terras)	ашу	[aʃu]
expedição (f)	экспедиция	[ɛkspedɪtsɪja]

mosqueteiro (m)	мушкетер	[muʃketør]
cardeal (m)	кардинал	[kardɪnal]
heráldica (f)	геральдика	[geralʲdɪka]
heráldico (adj)	геральдикалық	[geralʲdɪkaliq]

189. Líder. Chefe. Autoridades

rei (m)	король	[korolʲ]
rainha (f)	королева	[koroleva]
real (adj)	корольдық	[korolʲdiq]
reino (m)	корольдық	[korolʲdiq]

| príncipe (m) | ханзада | [hanzada] |
| princesa (f) | ханшайым | [hanʃajim] |

presidente (m)	президент	[prezɪdent]
vice-presidente (m)	вице-президент	[vɪtse prezɪdent]
senador (m)	сенатор	[senator]

monarca (m)	монарх	[monarh]
governante (m)	билеуші	[bɪleuʃi]
ditador (m)	диктатор	[dɪktator]
tirano (m)	тиран	[tɪran]
magnata (m)	магнат	[magnat]

diretor (m)	директор	[dɪrektor]
chefe (m)	бастық	[bastiq]
gerente (m)	басқарушы	[basqaruʃi]

| patrão (m) | босс | [boss] |
| dono (m) | ие | [ɪe] |

chefe (m)	басшы	[basʃi]
autoridades (f pl)	өкіметтер	[økimeter]
superiores (m pl)	бастықтар	[bastiqtar]

governador (m)	губернатор	[gubernator]
cônsul (m)	консул	[konsul]
diplomata (m)	дипломат	[dɪplomat]

| Presidente (m) da Câmara | қалабасы | [qalabasi] |
| xerife (m) | шериф | [ʃærɪf] |

imperador (m)	император	[ɪmperator]
czar (m)	патша	[patʃa]
faraó (m)	перғауын	[perɣawin]
cã, khan (m)	хан	[han]

190. Estrada. Caminho. Direções

estrada (f)	жол	[ʒol]
via (f)	жол	[ʒol]
rodovia (f)	шоссе	[ʃosse]
autoestrada (f)	автомагистраль	[avtomagıstralʲ]
estrada (f) nacional	ұлттық жол	[ultiq ʒol]
estrada (f) principal	бас жол	[bas ʒol]
estrada (f) de terra	ауыл арасының жолы	[awıl arasınıŋ ʒolı]
trilha (f)	соқпақ	[soqpaq]
pequena trilha (f)	жалғыз аяқжол	[ʒalɣız ajaqʒol]
Onde?	Қайда?	[qajda]
Para onde?	Қайда?	[qajda]
De onde?	Қайдан?	[qajdan]
direção (f)	бағыт	[baɣıt]
indicar (~ o caminho)	бағыт көрсету	[baɣıt kørsetu]
para a esquerda	солға	[solɣa]
para a direita	оңға	[oŋɣa]
em frente	тура	[tura]
para trás	артқа	[artqa]
curva (f)	бұрылыс	[burılıs]
virar (~ para a direita)	бұру	[buru]
dar retorno	кері бұрылу	[keri burılu]
estar visível	көзге шалыну	[køzge ʃalınu]
aparecer (vi)	көріну	[kørinu]
paragem (pausa)	тоқтау	[toqtau]
descansar (vi)	демалу	[demalu]
descanso, repouso (m)	демалыс	[demalıs]
perder-se (vr)	адасып кету	[adasıp ketu]
conduzir a ... (caminho)	жүргізу	[ʒurgizu]
chegar a ...	шығу	[ʃıɣu]
trecho (m)	бөлік	[bølik]
asfalto (m)	асфальт	[asfalʲt]
meio-fio (m)	ернеу	[erneu]
valeta (f)	ор	[or]
tampa (f) de esgoto	люк	[ljuk]
acostamento (m)	жолдың ернеуі	[ʒoldıŋ ernewi]
buraco (m)	шұңқыр	[ʃuŋqır]
ir (a pé)	жүру	[ʒuru]
ultrapassar (vt)	басып озу	[basıp ozu]
passo (m)	қадам	[qadam]
a pé	жаяу	[ʒajau]

bloquear (vt)	қалқалау	[qalqalau]
cancela (f)	шлагбаум	[ʃlagbaum]
beco (m) sem saída	тұйық	[tʊjiq]

191. Violação da lei. Criminosos. Parte 1

bandido (m)	бандит	[bandɪt]
crime (m)	қылмыс	[qɪlmis]
criminoso (m)	қылмыскер	[qɪlmisker]

ladrão (m)	ұры	[ʊri]
roubar (vt)	ұрлау	[ʊrlau]
furto, roubo (m)	ұрлық	[ʊrliq]

raptar, sequestrar (vt)	ұрлап алу	[ʊrlap alu]
sequestro (m)	жымқыру	[ʒimqiru]
sequestrador (m)	ұрлаушы	[ʊrlauʃi]

| resgate (m) | құн | [qʊn] |
| pedir resgate | құнды талап ету | [qʊndi talap etu] |

roubar (vt)	тонау	[tonau]
assalto, roubo (m)	қарақшылық	[qaraqʃiliq]
assaltante (m)	тонаушы	[tonauʃi]

extorquir (vt)	қорқытып алу	[qorqitip alu]
extorsionário (m)	қорқытып алушы	[qorqitip aluʃi]
extorsão (f)	қорқытып алушылық	[qorqitip aluʃiliq]

matar, assassinar (vt)	өлтіру	[øltiru]
homicídio (m)	өлтірушілік	[øltiruʃilik]
homicida, assassino (m)	өлтіруші	[øltiruʃi]

tiro (m)	ату	[atu]
dar um tiro	атып жіберу	[atip ʒiberu]
matar a tiro	атып өлтіру	[atip øltiru]
disparar, atirar (vi)	ату	[atu]
tiroteio (m)	атыс	[atis]

incidente (m)	оқиға	[oqɪɣa]
briga (~ de rua)	төбелес	[tøbeles]
Socorro!	Көмекке! Құтқараңыз!	[kømekke], [qʊtqariŋiz]
vítima (f)	құрбан	[qʊrban]

danificar (vt)	зақымдау	[zaqimdau]
dano (m)	зиян	[zɪjan]
cadáver (m)	өлік	[ølik]
grave (adj)	ауыр	[awir]

atacar (vt)	бас салу	[bas salu]
bater (espancar)	ұру	[ʊru]
espancar (vt)	ұрып-соғу	[ʊrip soɣu]
tirar, roubar (dinheiro)	тартып алу	[tartip alu]
esfaquear (vt)	бауыздау	[bawizdau]

mutilar (vt)	зағыптандыру	[zaɣiptandɨru]
ferir (vt)	жаралау	[ʒaralau]
chantagem (f)	бопса	[bopsa]
chantagear (vt)	бопсалау	[bopsalau]
chantagista (m)	бопсашыл	[bopsaʃɨl]
extorsão (f)	рэкет	[rɛket]
extorsionário (m)	рэкетир	[rɛketɨr]
gângster (m)	гангстер	[gangster]
máfia (f)	мафия	[mafɨja]
punguista (m)	қалталық ұры	[qaltalɨq ʊri]
assaltante, ladrão (m)	бұзып түсетін ұры	[bʊzɨp tʉsetin ʊri]
contrabando (m)	контрабанда	[kontrabanda]
contrabandista (m)	контрабандашы	[kontrabandaʃɨ]
falsificação (f)	жалған	[ʒalɣan]
falsificar (vt)	жалған істеу	[ʒalɣan isteu]
falsificado (adj)	жалған	[ʒalɣan]

192. Violação da lei. Criminosos. Parte 2

estupro (m)	зорлау	[zorlau]
estuprar (vt)	зорлау	[zorlau]
estuprador (m)	зорлаушы	[zorlauʃɨ]
maníaco (m)	маньяк	[manʲak]
prostituta (f)	жезөкше	[ʒezøkʃæ]
prostituição (f)	жезөкшелік	[ʒezøkʃælik]
cafetão (m)	сутенер	[sutenør]
drogado (m)	нашақор	[naʃaqor]
traficante (m)	есірткілермен саудагер	[esirtkilermen saudager]
explodir (vt)	жару	[ʒaru]
explosão (f)	жарылыс	[ʒarɨlɨs]
incendiar (vt)	өртеу	[ørteu]
incendiário (m)	өртеуші	[ørteuʃi]
terrorismo (m)	терроризм	[terrorɨzm]
terrorista (m)	терроршы	[terrorʃɨ]
refém (m)	кепілгер	[kepilger]
enganar (vt)	алдау	[aldau]
engano (m)	алдаушылық	[aldauʃɨlɨq]
vigarista (m)	алаяқ	[alajaq]
subornar (vt)	сатып алу	[satɨp alu]
suborno (atividade)	параға сатып алу	[paraɣa satɨp alu]
suborno (dinheiro)	пара	[para]
veneno (m)	у	[u]
envenenar (vt)	уландыру	[ulandɨru]

envenenar-se (vr)	улану	[ulanu]
suicídio (m)	өзін-өзі өлтірушілік	[øzin ozi øltiruʃilik]
suicida (m)	өзін-өзі өлтіруші	[øzin ozi øltiruʃi]

ameaçar (vt)	қоқақтау	[qoqaqtau]
ameaça (f)	қауіп	[qawip]
atentar contra a vida de ...	қастандық жасау	[qastandiq ʒasau]
atentado (m)	қастандық	[qastandiq]

roubar (um carro)	айдап әкету	[ajdap æketu]
sequestrar (um avião)	айдап әкету	[ajdap æketu]

vingança (f)	кек	[kek]
vingar (vt)	кек алу	[kek alu]

torturar (vt)	азаптату	[azaptatu]
tortura (f)	азап	[azap]
atormentar (vt)	азаптау	[azaptau]

pirata (m)	пират	[pırat]
desordeiro (m)	бейбастақ	[bejbastaq]
armado (adj)	жарақты	[ʒaraqti]
violência (f)	зорлық	[zorliq]

espionagem (f)	тыңшылық	[tiŋʃiliq]
espionar (vi)	тыңшы болу	[tiŋʃi bolu]

193. Polícia. Lei. Parte 1

justiça (sistema de ~)	әділеттілік	[ædilettilik]
tribunal (m)	сот	[sot]

juiz (m)	төреші	[tøreʃi]
jurados (m pl)	сот мүшелері	[sot muʃæleri]
tribunal (m) do júri	ант берушілер соты	[ant beruʃiler soti]
julgar (vt)	соттау	[sottau]

advogado (m)	қорғаушы	[qorɣauʃi]
réu (m)	айыпкер	[ajipker]
banco (m) dos réus	айыпкерлер отырғышы	[ajipkerler otirɣiʃi]

acusação (f)	айып	[ajip]
acusado (m)	айыпкер	[ajipker]

sentença (f)	үкім	[ʉkim]
sentenciar (vt)	үкім шығару	[ʉkim ʃiɣaru]

culpado (m)	айыпкер	[ajipker]
punir (vt)	жазалау	[ʒazalau]
punição (f)	жаза	[ʒaza]

multa (f)	айыппұл	[ajippʊl]
prisão (f) perpétua	өмірлік қамау	[ømirlik qamau]
pena (f) de morte	өлім жазасы	[ølim ʒazasi]

cadeira (f) elétrica	электр орындығы	[ɛlektr orindïɣï]
forca (f)	дар	[dar]
executar (vt)	өлтіру	[øltiru]
execução (f)	өлім жазасы	[ølim ʒazasï]
prisão (f)	абақты	[abaqtï]
cela (f) de prisão	камера	[kamera]
escolta (f)	айдаул	[ajdaul]
guarda (m) prisional	қараушы	[qarauʃï]
preso, prisioneiro (m)	қамалған	[qamalɣan]
algemas (f pl)	қолкісен	[qolkisen]
algemar (vt)	қол кісендерді тағу	[qol kisenderdi taɣu]
fuga, evasão (f)	қашу	[qaʃu]
fugir (vi)	қашу	[qaʃu]
desaparecer (vi)	жоғалу	[ʒoɣalu]
soltar, libertar (vt)	босату	[bosatu]
anistia (f)	амнистия	[amnïstïja]
polícia (instituição)	полиция	[polïtsïja]
polícia (m)	полицейлік	[polïtsejlik]
delegacia (f) de polícia	полиция қосыны	[polïtsïja qosïnï]
cassetete (m)	резеңке таяқ	[rezeŋke tajaq]
megafone (m)	рупор	[rupor]
carro (m) de patrulha	патрулдік машина	[patruldik maʃïna]
sirene (f)	сирена	[sïrena]
ligar a sirene	сиренаны қосу	[sïrenanï qosu]
toque (m) da sirene	сарнау	[sarnau]
cena (f) do crime	оқиға орыны	[oqïɣa orinï]
testemunha (f)	куәгер	[kuæger]
liberdade (f)	бостандық	[bostandïq]
cúmplice (m)	сыбайлас	[sïbajlas]
escapar (vi)	жасырыну	[ʒasïrïnu]
traço (não deixar ~s)	із	[iz]

194. Polícia. Lei. Parte 2

procura (f)	іздестіру	[izdestiru]
procurar (vt)	іздеу	[izdeu]
suspeita (f)	күдік	[kʉdik]
suspeito (adj)	күдікті	[kʉdikti]
parar (veículo, etc.)	тоқтату	[toqtatu]
deter (fazer parar)	ұстау	[ʊstau]
caso (~ criminal)	іс	[is]
investigação (f)	тергеу	[tergeu]
detetive (m)	детектив	[detektïv]
investigador (m)	тергеуші	[tergeuʃi]
versão (f)	версия	[versïja]

motivo (m)	себеп	[sebep]
interrogatório (m)	жауап алу	[ʒawap alu]
interrogar (vt)	жауап алу	[ʒawap alu]
questionar (vt)	сұрау	[sʊrau]
verificação (f)	тексеру	[tekseru]

batida (f) policial	қамап алу	[qamap alu]
busca (f)	тінту	[tintu]
perseguição (f)	қуғын	[quɣin]
perseguir (vt)	қуғындау	[quɣindau]
seguir, rastrear (vt)	торуылдау	[toruɪldau]

prisão (f)	тұтқынға алу	[tʊtqinɣa alu]
prender (vt)	тұтқындау	[tʊtqindau]
pegar, capturar (vt)	ұстап алу	[ʊstap alu]

documento (m)	құжат	[quʒat]
prova (f)	дәлел	[dælel]
provar (vt)	дәлелдеу	[dæleldeu]
pegada (f)	із	[iz]
impressões (f pl) digitais	саусақтардың таңбалары	[sausaqtardiŋ taŋbalari]
prova (f)	дәлел	[dælel]

álibi (m)	алиби	[alıbı]
inocente (adj)	айыпсыз	[ajipsiz]
injustiça (f)	әділетсіздік	[ædiletsizdik]
injusto (adj)	әділетсіз	[ædiletsiz]

criminal (adj)	қылмыстық	[qilmistiq]
confiscar (vt)	тәркілеу	[tærkileu]
droga (f)	есірткі	[esirtki]
arma (f)	қару	[qaru]
desarmar (vt)	қаруын тастату	[qaruin tastatu]
ordenar (vt)	бұйыру	[bujiru]
desaparecer (vi)	жоғалу	[ʒoɣalu]

lei (f)	заң	[zaŋ]
legal (adj)	заңды	[zaŋdi]
ilegal (adj)	заңсыз	[zaŋsiz]

| responsabilidade (f) | жауапкершілік | [ʒawapkerʃilik] |
| responsável (adj) | жауапты | [ʒawapti] |

NATUREZA

A Terra. Parte 1

195. Espaço sideral

espaço, cosmo (m)	ғарыш	[ɣariʃ]
espacial, cósmico (adj)	ғарыштық	[ɣariʃtiq]
espaço (m) cósmico	ғарыш кеңістігі	[ɣariʃ keŋistigi]
mundo, universo (m)	әлем	[ælem]
galáxia (f)	галактика	[galaktıka]
estrela (f)	жұлдыз	[ʒuldiz]
constelação (f)	шоқжұлдыз	[ʃoqʒuldiz]
planeta (m)	планета	[planeta]
satélite (m)	серік	[serik]
meteorito (m)	метеорит	[meteorıt]
cometa (m)	комета	[kometa]
asteroide (m)	астероид	[asteroıd]
órbita (f)	орбита	[orbıta]
girar (vi)	айналу	[ajnalu]
atmosfera (f)	атмосфера	[atmosfera]
Sol (m)	күн	[kʉn]
Sistema (m) Solar	күн жүйесі	[kʉn ʒʉjesi]
eclipse (m) solar	күн тұтылу	[kʉn tutilu]
Terra (f)	Жер	[ʒer]
Lua (f)	Ай	[aj]
Marte (m)	Марс	[mars]
Vênus (f)	Венера	[venera]
Júpiter (m)	Юпитер	[jupıter]
Saturno (m)	Сатурн	[saturn]
Mercúrio (m)	Меркурий	[merkurıj]
Urano (m)	Уран	[uran]
Netuno (m)	Нептун	[neptun]
Plutão (m)	Плутон	[pluton]
Via Láctea (f)	Құс жолы	[qus ʒoli]
Ursa Maior (f)	Жетіқарақшы	[ʒetiqaraqʃi]
Estrela Polar (f)	Теміртазық	[temirqaziq]
marciano (m)	марстық	[marstiq]
extraterrestre (m)	басқа планеталық	[basqa planetaliq]

| alienígena (m) | келімсек | [kelimsek] |
| disco (m) voador | ұшатын тәрелке | [uʃatin tærelke] |

espaçonave (f)	ғарыш кемесі	[ɣariʃ kemesi]
estação (f) orbital	орбиталық станция	[orbıtaliq stantsıja]
lançamento (m)	старт	[start]

motor (m)	двигатель	[dvıgatelʲ]
bocal (m)	қақпақ	[qaqpaq]
combustível (m)	жанармай	[ʒanarmaj]

cabine (f)	кабина	[kabına]
antena (f)	антенна	[antena]
vigia (f)	иллюминатор	[ılljumınator]
bateria (f) solar	күн батареясы	[kʉn batarejasi]
traje (m) espacial	скафандр	[skafandr]

| imponderabilidade (f) | салмақсыздық | [salmaqsızdiq] |
| oxigênio (m) | оттегі | [ottegi] |

| acoplagem (f) | түйісу | [tʉjisu] |
| fazer uma acoplagem | түйісу жасау | [tʉjisu ʒasau] |

observatório (m)	обсерватория	[observatorıja]
telescópio (m)	телескоп	[teleskop]
observar (vt)	бақылау	[baqɨlau]
explorar (vt)	зерттеу	[zertteu]

196. A Terra

Terra (f)	Жер	[ʒer]
globo terrestre (Terra)	жер шары	[ʒer ʃari]
planeta (m)	ғаламшар	[ɣalamʃar]

atmosfera (f)	атмосфера	[atmosfera]
geografia (f)	география	[geografıja]
natureza (f)	табиғат	[tabıɣat]

globo (mapa esférico)	глобус	[globus]
mapa (m)	карта	[karta]
atlas (m)	атлас	[atlas]

| Europa (f) | Еуропа | [europa] |
| Ásia (f) | Азия | [azıja] |

| África (f) | Африка | [afrıka] |
| Austrália (f) | Австралия | [avstralıja] |

América (f)	Америка	[amerıka]
América (f) do Norte	Солтүстік Америка	[soltʉstik amerıka]
América (f) do Sul	Оңтүстік Америка	[oŋtʉstik amerıka]

| Antártida (f) | Антарктида | [antarktıda] |
| Ártico (m) | Арктика | [arktıka] |

197. Pontos cardeais

norte (m)	солтүстік	[soltustik]
para norte	солтүстікке	[soltustikke]
no norte	солтүстікте	[soltustikte]
do norte (adj)	солтүстік	[soltustik]

sul (m)	оңтүстік	[ontustik]
para sul	оңтүстікке	[ontustikke]
no sul	оңтүстікте	[ontustikte]
do sul (adj)	оңтүстік	[ontustik]

oeste, ocidente (m)	батыс	[batis]
para oeste	батысқа	[batisqa]
no oeste	батыста	[batista]
ocidental (adj)	батыс	[batis]

leste, oriente (m)	шығыс	[ʃiɣis]
para leste	шығысқа	[ʃiɣisqa]
no leste	шығыста	[ʃiɣista]
oriental (adj)	шығыс	[ʃiɣis]

198. Mar. Oceano

mar (m)	теңіз	[teŋiz]
oceano (m)	мұхит	[muhıt]
golfo (m)	шығанақ	[ʃiɣanaq]
estreito (m)	бұғаз	[buɣaz]

terra (f) firme	жер	[ʒer]
continente (m)	материк	[materık]
ilha (f)	арал	[aral]
península (f)	түбек	[tubek]
arquipélago (m)	архипелаг	[arhıpelag]

baía (f)	айлақ	[ajlaq]
porto (m)	гавань	[gavanʲ]
lagoa (f)	лагуна	[laguna]
cabo (m)	мүйіс	[mujis]

atol (m)	атолл	[atoll]
recife (m)	риф	[rıf]
coral (m)	маржан	[marʒan]
recife (m) de coral	маржан риф	[marʒan rıf]

profundo (adj)	терең	[tereŋ]
profundidade (f)	тереңдік	[tereŋdik]
abismo (m)	түпсіз	[tupsiz]
fossa (f) oceânica	шұқыр	[ʃuqir]

corrente (f)	ағын	[aɣin]
banhar (vt)	ұласу	[ulasu]
litoral (m)	жаға	[ʒaɣa]

costa (f)	жағалау	[ʒaɣalau]
maré (f) alta	судың келуі	[sudiŋ kelui]
refluxo (m)	судың қайтуы	[sudiŋ qajtuɨ]
restinga (f)	барқын	[barqɨn]
fundo (m)	түп	[tʉp]

onda (f)	толқын	[tolqɨn]
crista (f) da onda	толқынның жотасы	[tolqɨnɨŋ ʒotasɨ]
espuma (f)	көбік	[købik]

tempestade (f)	дауыл	[dawɨl]
furacão (m)	дауыл	[dawɨl]
tsunami (m)	цунами	[ʦunamɪ]
calmaria (f)	тымық	[tɨmɨq]
calmo (adj)	тынық	[tɨnɨq]

polo (m)	полюс	[poljus]
polar (adj)	поляр	[poljar]

latitude (f)	ендік	[endik]
longitude (f)	бойлық	[bojlɨq]
paralela (f)	параллель	[parallelʲ]
equador (m)	экватор	[ɛkvator]

céu (m)	аспан	[aspan]
horizonte (m)	көкжиек	[køkʒɪek]
ar (m)	ауа	[awa]

farol (m)	шамшырақ	[ʃamʃɨraq]
mergulhar (vi)	сүңгу	[sʉŋgu]
afundar-se (vr)	батып кету	[batɨp ketu]
tesouros (m pl)	қазына	[qazɨna]

199. Nomes de Mares e Oceanos

Oceano (m) Atlântico	Атлант мұхиты	[atlant mʊhɨtɨ]
Oceano (m) Índico	Үнді мұхиті	[ʉndi mʊhɨtɪ]
Oceano (m) Pacífico	Тынық мұхит	[tɨnɨq mʊhɨt]
Oceano (m) Ártico	Солтүстік мұзды мұхиті	[soltʉstik mʊzdɨ mʊhɨtɪ]

Mar (m) Negro	Қара теңіз	[qara teŋiz]
Mar (m) Vermelho	Қызыл теңіз	[qɨzɨl teŋiz]
Mar (m) Amarelo	Сары теңіз	[sarɨ teŋiz]
Mar (m) Branco	Ақ теңіз	[aq teŋiz]

Mar (m) Cáspio	Каспий теңізі	[kaspɪj teŋizi]
Mar (m) Morto	Өлген теңіз	[ølgen teŋiz]
Mar (m) Mediterrâneo	Жерорта теңізі	[ʒerorta teŋizi]

Mar (m) Egeu	Эгей теңізі	[ɛgej teŋizi]
Mar (m) Adriático	Адриатикалық теңіз	[adrɪatɨkalɨq teŋiz]

Mar (m) Arábico	Аравиялық теңіз	[aravɪjalɨq teŋiz]
Mar (m) do Japão	Жапон теңізі	[ʒapon teŋizi]

| Mar (m) de Bering | Беринг теңізі | [berıng teŋizi] |
| Mar (m) da China Meridional | Оңтүстік-Қытай теңізі | [oŋtʊstik qitaj teŋizi] |

Mar (m) de Coral	Маржан теңізі	[marʒan teŋizi]
Mar (m) de Tasman	Тасман теңізі	[tasman teŋizi]
Mar (m) do Caribe	Карибиялық теңіз	[karıbıjalıq teŋiz]

| Mar (m) de Barents | Баренц теңізі | [barents teŋizi] |
| Mar (m) de Kara | Карск теңізі | [karsk teŋizi] |

Mar (m) do Norte	Солтүстік теңіз	[soltʊstik teŋiz]
Mar (m) Báltico	Балтық теңізі	[baltiq teŋizi]
Mar (m) da Noruega	Норвегиялық теңіз	[norvegıjalıq teŋiz]

200. Montanhas

montanha (f)	тау	[tau]
cordilheira (f)	тау тізбектері	[tau tizbekteri]
serra (f)	тау қырқасы	[tau qirqasi]

cume (m)	шың	[ʃiŋ]
pico (m)	шың	[ʃiŋ]
pé (m)	етек	[etek]
declive (m)	бөктер	[bøkter]

vulcão (m)	жанартау	[ʒanartau]
vulcão (m) ativo	сөнбеген жанартау	[sønbegen ʒanartau]
vulcão (m) extinto	сөнген жанартау	[søngen ʒanartau]

erupção (f)	ақтарылу	[aqtarilu]
cratera (f)	кратер	[krater]
magma (m)	магма	[magma]
lava (f)	лава	[lava]
fundido (lava ~a)	қызған	[qizɣan]

cânion, desfiladeiro (m)	каньон	[kaɲion]
garganta (f)	басат	[basat]
fenda (f)	жарық	[ʒariq]

passo, colo (m)	асу	[asu]
planalto (m)	үстірт	[ʊstirt]
falésia (f)	жартас	[ʒartas]
colina (f)	белес	[beles]

geleira (f)	мұздық	[mʊzdiq]
cachoeira (f)	сарқырама	[sarqirama]
gêiser (m)	гейзер	[gejzer]
lago (m)	көл	[køl]

planície (f)	жазық	[ʒaziq]
paisagem (f)	пейзаж	[pejzaʒ]
eco (m)	жаңғырық	[ʒaŋɣiriq]
alpinista (m)	альпинист	[alʲpinist]
escalador (m)	жартасқа өрмелеуші	[ʒartasqa ørmeleuʃi]

182

| conquistar (vt) | бағындыру | [baɣindiru] |
| subida, escalada (f) | шыңына шығу | [ʃiŋina ʃiɣu] |

201. Nomes de montanhas

Alpes (m pl)	Альпілер	[alʲpiler]
Monte Branco (m)	Монблан	[monblan]
Pirineus (m pl)	Пиренейлер	[pirenejler]

Cárpatos (m pl)	Карпаттар	[karpatar]
Urais (m pl)	Орал таулары	[oral taulari]
Cáucaso (m)	Кавказ	[kavkaz]
Elbrus (m)	Эльбрус	[ɛlʲbrus]

Altai (m)	Алтай	[altaj]
Tian Shan (m)	Тянь-Шань	[tʲaɲ ʃaɲ]
Pamir (m)	Памир	[pamir]
Himalaia (m)	Гималаи	[gimalai]
monte Everest (m)	Эверест	[ɛverest]

| Cordilheira (f) dos Andes | Аңдылар | [aŋdilar] |
| Kilimanjaro (m) | Килиманджаро | [kilimandʒaro] |

202. Rios

rio (m)	өзен	[øzen]
fonte, nascente (f)	бұлақ	[bulaq]
leito (m) de rio	арна	[arna]
bacia (f)	бассейн	[bassejn]
desaguar no ...	ағып құйылу	[aɣip qujilu]

| afluente (m) | тармақ | [tarmaq] |
| margem (do rio) | жаға | [ʒaɣa] |

corrente (f)	ағын	[aɣin]
rio abaixo	ағыстың ыңғайымен	[aɣistiŋ iŋɣajimen]
rio acima	өрге қарай	[ørge qaraj]

inundação (f)	тасқын	[tasqin]
cheia (f)	аспа	[aspa]
transbordar (vi)	су тасу	[su tasu]
inundar (vt)	су басу	[su basu]

| banco (m) de areia | қайыр | [qajir] |
| corredeira (f) | табалдырық | [tabaldiriq] |

barragem (f)	тоған	[toɣan]
canal (m)	канал	[kanal]
reservatório (m) de água	су қоймасы	[su qojmasi]
eclusa (f)	шлюз	[ʃljuz]
corpo (m) de água	суайдын	[suajdin]
pântano (m)	батпақ	[batpaq]

| lamaçal (m) | тартпа | [tartpa] |
| redemoinho (m) | иірім | [ıirim] |

riacho (m)	жылға	[ʒɨlɣa]
potável (adj)	ішетін	[iʃætin]
doce (água)	тұзсыз	[tʊzsɨz]

| gelo (m) | мұз | [mʊz] |
| congelar-se (vr) | мұз боп қату | [mʊz bop qatu] |

203. Nomes de rios

| rio Sena (m) | Сена | [sena] |
| rio Loire (m) | Луара | [luara] |

rio Tâmisa (m)	Темза	[temza]
rio Reno (m)	Рейн	[rejn]
rio Danúbio (m)	Дунай	[dunaj]

rio Volga (m)	Волга	[volga]
rio Don (m)	Дон	[don]
rio Lena (m)	Лена	[lena]

rio Amarelo (m)	Хуанхэ	[huanhɛ]
rio Yangtzé (m)	Янцзы	[jantszɨ]
rio Mekong (m)	Меконг	[mekong]
rio Ganges (m)	Ганг	[gang]

rio Nilo (m)	Нил	[nıl]
rio Congo (m)	Конго	[kongo]
rio Cubango (m)	Окаванго	[okavango]
rio Zambeze (m)	Замбези	[zambezı]
rio Limpopo (m)	Лимпопо	[lımpopo]
rio Mississippi (m)	Миссисипи	[mıssısıpı]

204. Floresta

| floresta (f), bosque (m) | орман | [orman] |
| florestal (adj) | орман | [orman] |

mata (f) fechada	бытқыл	[bɨtqil]
arvoredo (m)	тоғай	[toɣaj]
clareira (f)	алаңқай	[alaŋqaj]

| matagal (m) | ну өсімдік | [nu øsimdik] |
| mato (m), caatinga (f) | бұта | [bʊta] |

| pequena trilha (f) | соқпақ | [soqpaq] |
| ravina (f) | жыра | [ʒɨra] |

| árvore (f) | ағаш | [aɣaʃ] |
| folha (f) | жапырақ | [ʒapɨraq] |

folhagem (f)	жапырақ	[ʒapiraq]
queda (f) das folhas	жапырақтың құрап түсуі	[ʒapiraqtiŋ qurap tusui]
cair (vi)	қазылу	[qazilu]
topo (m)	ағаштың жоғарғы ұшы	[aɣaʃtiŋ ʒoɣarɣɨ uʃi]

ramo (m)	бұтақ	[butaq]
galho (m)	бұтақ	[butaq]
botão (m)	бүршік	[burʃik]
agulha (f)	ине	[ine]
pinha (f)	бүршік	[burʃik]

buraco (m) de árvore	қуыс	[quis]
ninho (m)	ұя	[uja]
toca (f)	ін	[in]

tronco (m)	дің	[diŋ]
raiz (f)	тамыр	[tamir]
casca (f) de árvore	қабық	[qabiq]
musgo (m)	мүк	[muk]

arrancar pela raiz	қопару	[qoparu]
cortar (vt)	шабу	[ʃabu]
desflorestar (vt)	шабу	[ʃabu]
toco, cepo (m)	томар	[tomar]

fogueira (f)	алау	[alau]
incêndio (m) florestal	өрт	[ørt]
apagar (vt)	өшіру	[øʃiru]

guarda-parque (m)	орманшы	[ormanʃi]
proteção (f)	күзет	[kuzet]
proteger (a natureza)	күзету	[kuzetu]
caçador (m) furtivo	браконьер	[brakonʲer]
armadilha (f)	қақпан	[qaqpan]

| colher (cogumelos, bagas) | жинау | [ʒinau] |
| perder-se (vr) | адасып кету | [adasip ketu] |

205. Recursos naturais

recursos (m pl) naturais	табиғи қорлар	[tabiɣi qorlar]
minerais (m pl)	пайдалы қазбалар	[pajdali qazbalar]
depósitos (m pl)	кен	[ken]
jazida (f)	кен орны	[ken orni]

extrair (vt)	кен шығару	[ken ʃiɣaru]
extração (f)	шығару	[ʃiɣaru]
minério (m)	кен	[ken]
mina (f)	кеніш	[keniʃ]
poço (m) de mina	шахта	[ʃahta]
mineiro (m)	кемірші	[kømirʃi]

| gás (m) | газ | [gaz] |
| gasoduto (m) | газ құбыры | [gaz qubiri] |

petróleo (m)	мұнай	[mʊnaj]
oleoduto (m)	мұнай құбыры	[mʊnaj qʊbiri]
poço (m) de petróleo	мұнай мұнарасы	[mʊnaj mʊnarasi]
torre (f) petrolífera	бұрғылау мұнарасы	[burɣɨlau munarasi]
petroleiro (m)	танкер	[tanker]

areia (f)	құм	[qʊm]
calcário (m)	әк тас	[æk tas]
cascalho (m)	қиыршақ тас	[qɪirʃaq tas]
turfa (f)	торф	[torf]
argila (f)	балшық	[balʃiq]
carvão (m)	көмір	[kømir]

ferro (m)	темір	[temir]
ouro (m)	алтын	[altin]
prata (f)	күміс	[kʉmis]
níquel (m)	никель	[nɪkelʲ]
cobre (m)	мыс	[mis]

zinco (m)	мырыш	[miriʃ]
manganês (m)	марганец	[marganets]
mercúrio (m)	сынап	[sinap]
chumbo (m)	қорғасын	[qorɣasin]

mineral (m)	минерал	[mɪneral]
cristal (m)	кристалл	[krɪstall]
mármore (m)	мәрмәр	[mærmær]
urânio (m)	уран	[uran]

A Terra. Parte 2

206. Tempo

tempo (m)	ауа райы	[awa raji]
previsão (f) do tempo	ауа райы болжамы	[awa raji bolʒami]
temperatura (f)	температура	[temperatura]
termômetro (m)	термометр	[termometr]
barômetro (m)	барометр	[barometr]
umidade (f)	ылғалдық	[ilɣaldiq]
calor (m)	ыстық	[istiq]
tórrido (adj)	ыстық	[istiq]
está muito calor	ыстық	[istiq]
está calor	жылы	[ʒili]
quente (morno)	жылы	[ʒili]
está frio	суық	[suiq]
frio (adj)	суық	[suiq]
sol (m)	күн	[kun]
brilhar (vi)	жарық түсіру	[ʒariq tusiru]
de sol, ensolarado	күн	[kun]
nascer (vi)	көтерілу	[køterilu]
pôr-se (vr)	отыру	[otiru]
nuvem (f)	бұлт	[bult]
nublado (adj)	бұлтты	[bultti]
nuvem (f) preta	қара бұлт	[qara bult]
escuro, cinzento (adj)	бұлыңғыр	[buliŋɣir]
chuva (f)	жаңбыр	[ʒaŋbir]
está a chover	жаңбыр жауып тұр	[ʒaŋbir ʒawip tur]
chuvoso (adj)	жауын-шашынды	[ʒawin ʃaʃindi]
chuviscar (vi)	сіркіреу	[sirkireu]
chuva (f) torrencial	қара жаңбыр	[qara ʒaŋbir]
aguaceiro (m)	нөсер	[nøser]
forte (chuva, etc.)	екпінді	[ekpindi]
poça (f)	шалшық	[ʃalʃiq]
molhar-se (vr)	су өту	[su øtu]
nevoeiro (m)	тұман	[tuman]
de nevoeiro	тұманды	[tumandi]
neve (f)	қар	[qar]
está nevando	қар жауып тұр	[qar ʒawip tur]

207. Tempo extremo. Catástrofes naturais

trovoada (f)	найзағай	[najzaɣaj]
relâmpago (m)	найзағай	[najzaɣaj]
relampejar (vi)	жарқырау	[ʒarqɨrau]
trovão (m)	күн күркіреу	[kʉn kʉrkireu]
trovejar (vi)	дүрілдеу	[dʉrildeu]
está trovejando	күн күркірейді	[kʉn kʉrkirejdi]
granizo (m)	бұршақ	[bʊrʃaq]
está caindo granizo	бұршақ жауып тұр	[bʊrʃaq ʒawɨp tur]
inundar (vt)	су басу	[su basu]
inundação (f)	сел жүру	[sel ʒʉru]
terremoto (m)	жер сілкіну	[ʒer silkinu]
abalo, tremor (m)	түрткі	[tʉrtki]
epicentro (m)	эпицентр	[ɛpɪtsentr]
erupção (f)	атылуы	[atɨluɨ]
lava (f)	лава	[lava]
tornado (m)	құйын	[qujɨn]
tornado (m)	торнадо	[tornado]
tufão (m)	тайфун	[tajfun]
furacão (m)	дауыл	[dawɨl]
tempestade (f)	дауыл	[dawɨl]
tsunami (m)	цунами	[tsunamɪ]
ciclone (m)	циклон	[tsɪklon]
mau tempo (m)	бұлыңғыр	[bʊlɨŋɣɨr]
incêndio (m)	өрт	[ørt]
catástrofe (f)	апат	[apat]
meteorito (m)	метеорит	[meteorɪt]
avalanche (f)	көшкін	[køʃkin]
deslizamento (m) de neve	опырылу	[opɨrɨlu]
nevasca (f)	боран	[boran]
tempestade (f) de neve	боран	[boran]

208. Ruídos. Sons

silêncio (m)	тыныштық	[tɨnɪʃtɨq]
som (m)	дыбыс	[dɨbɨs]
ruído, barulho (m)	шу	[ʃu]
fazer barulho	шуылдау	[ʃuɨldau]
ruidoso, barulhento (adj)	шулы	[ʃulɨ]
alto	қатты	[qattɨ]
alto (ex. voz ~a)	қатты	[qattɨ]
constante (ruído, etc.)	тұрғылықты	[tʊrɣɨlɨqtɨ]

grito (m)	айқай	[ajqaj]
gritar (vi)	айғайлау	[ajɣajlau]
sussurro (m)	сыбыр	[sïbïr]
sussurrar (vi, vt)	сыбырлау	[sïbïrlau]

| latido (m) | арсылдау | [arsïldau] |
| latir (vi) | арсылдау | [arsïldau] |

gemido (m)	ыңқыл	[iɳqïl]
gemer (vi)	сарнау	[sarnau]
tosse (f)	жөтел	[ʒøtel]
tossir (vi)	жөтелу	[ʒøtelu]

assobio (m)	ысқырық	[ïsqïrïq]
assobiar (vi)	ысқыру	[ïsqïru]
batida (f)	тарсыл, тықыл	[tarsïl], [tïqïl]
bater (à porta)	дүкілдету	[dʉkildetu]

| estalar (vi) | шытырлау | [ʃïtïrlau] |
| estalido (m) | сытыр | [sïtïr] |

sirene (f)	сирена	[sïrena]
apito (m)	гудок	[gudok]
apitar (vi)	гуілдеу	[guildeu]
buzina (f)	сигнал	[sïgnal]
buzinar (vi)	белгі беру	[belgi beru]

209. Inverno

inverno (m)	қыс	[qïs]
de inverno	қысқы	[qïsqï]
no inverno	қыста	[qïsta]

neve (f)	қар	[qar]
está nevando	қар жауып тұр	[qar ʒawïp tur]
queda (f) de neve	қар басу	[qar basu]
amontoado (m) de neve	омбы	[ombï]

floco (m) de neve	қар бүршігі	[qar bʉrʃigi]
bola (f) de neve	кесек қар	[keseq qar]
boneco (m) de neve	аққала	[aqqala]
sincelo (m)	сүмелек	[sʉmelek]

dezembro (m)	желтоқсан	[ʒeltoqsan]
janeiro (m)	қаңтар	[qaɳtar]
fevereiro (m)	ақпан	[aqpan]

| gelo (m) | аяз | [ajaz] |
| gelado (tempo ~) | аязды | [ajazdï] |

abaixo de zero	нөлден төмен	[nølden tømen]
primeira geada (f)	қатқақ	[qatqaq]
geada (f) branca	қырау	[qïrau]
frio (m)	суық	[suïq]

está frio	суық	[suiq]
casaco (m) de pele	тон	[ton]
mitenes (f pl)	қолғап	[qolɣap]
adoecer (vi)	ауыру	[awiru]
resfriado (m)	тұмау	[tʊmau]
ficar resfriado	тұмаурату	[tʊmauratu]
gelo (m)	мұз	[mʊz]
gelo (m) na estrada	көк тайғақ	[køk tajɣaq]
congelar-se (vr)	қату	[qatu]
bloco (m) de gelo	мұз	[mʊz]
esqui (m)	шаңғылар	[ʃaŋɣilar]
esquiador (m)	шаңғышы	[ʃaŋɣiʃi]
esquiar (vi)	шаңғы тебу	[ʃaŋɣi tebu]
patinar (vi)	коньки тебу	[konʲki tebu]

Fauna

210. Mamíferos. Predadores

predador (m)	жыртқыш	[ʒɪrtqɪʃ]
tigre (m)	жолбарыс	[ʒolbaris]
leão (m)	арыстан	[aristan]
lobo (m)	қасқыр	[qaskɪr]
raposa (f)	түлкі	[tʉlki]
jaguar (m)	ягуар	[jaguar]
leopardo (m)	леопард	[leopard]
chita (f)	гепард	[gepard]
pantera (f)	бабыр	[babɪr]
puma (m)	пума	[puma]
leopardo-das-neves (m)	ілбіс	[ilbis]
lince (m)	сілеусін	[sileusin]
coiote (m)	койот	[kojot]
chacal (m)	шиебөрі	[ʃɪebøri]
hiena (f)	гиена	[gɪena]

211. Animais selvagens

animal (m)	айуан	[ajuan]
besta (f)	аң	[aŋ]
esquilo (m)	тиін	[tɪin]
ouriço (m)	кірпі	[kirpi]
lebre (f)	қоян	[qojan]
coelho (m)	үй қояны	[ʉj qojanɪ]
texugo (m)	борсық	[borsɪq]
guaxinim (m)	жанат	[ʒanat]
hamster (m)	алақоржын	[alaqorʒɪn]
marmota (f)	суыр	[suir]
toupeira (f)	көртышқан	[kørtɪʃqan]
rato (m)	қаптесер	[qapteser]
ratazana (f)	егеуқұйрық	[egeuqujrɪq]
morcego (m)	жарғанат	[ʒarɣanat]
arminho (m)	аққіс	[aqis]
zibelina (f)	бұлғын	[bʊlɣɪn]
marta (f)	кәмшат	[kæmʃat]
doninha (f)	аққалақ	[aqqalaq]
visom (m)	норка	[norka]

| castor (m) | құндыз | [qundiz] |
| lontra (f) | қамшат | [qamʃat] |

cavalo (m)	ат	[at]
alce (m)	бұлан	[bulan]
veado (m)	бұғы	[buɣɨ]
camelo (m)	түйе	[tʉje]

bisão (m)	бизон	[bɪzon]
auroque (m)	зубр	[zubr]
búfalo (m)	буйвол	[bujvol]

zebra (f)	зебра	[zebra]
antílope (m)	антилопа	[antɪlopa]
corça (f)	елік	[elik]
gamo (m)	кербұғы	[kerbuɣɨ]
camurça (f)	серна	[serna]
javali (m)	қабан	[qaban]

baleia (f)	кит	[kɪt]
foca (f)	итбалық	[ɪtbalɨq]
morsa (f)	морж	[morʒ]
urso-marinho (m)	теңіз мысық	[teŋiz mɨsɨq]
golfinho (m)	дельфин	[delʲfɪn]

urso (m)	аю	[aju]
urso (m) polar	ақ аю	[aq aju]
panda (m)	панда	[panda]

macaco (m)	маймыл	[majmɨl]
chimpanzé (m)	шимпанзе	[ʃɪmpanze]
orangotango (m)	орангутанг	[orangutang]
gorila (m)	горилла	[gorɪlla]
macaco (m)	макака	[makaka]
gibão (m)	гиббон	[gɪbbon]

elefante (m)	піл	[pil]
rinoceronte (m)	мүйізтұмсық	[mʉjiztumsɨq]
girafa (f)	керік	[kerik]
hipopótamo (m)	бегемот	[begemot]

| canguru (m) | кенгуру | [kenguru] |
| coala (m) | коала | [koala] |

mangusto (m)	мангуст	[mangust]
chinchila (f)	шиншилла	[ʃɪnʃɪlla]
cangambá (f)	скунс	[skuns]
porco-espinho (m)	жайра	[ʒajra]

212. Animais domésticos

gata (f)	мысық	[mɨsɨq]
gato (m) macho	мысық	[mɨsɨq]
cão (m)	ит	[ɪt]

cavalo (m)	ат	[at]
garanhão (m)	айғыр	[ajɣɨr]
égua (f)	бие	[bɪe]

vaca (f)	сиыр	[sɪir]
touro (m)	бұқа	[buqa]
boi (m)	өгіз	[øgiz]

ovelha (f)	қой	[qoj]
carneiro (m)	қошқар	[qoʃqar]
cabra (f)	ешкі	[eʃki]
bode (m)	теке	[teke]

burro (m)	есек	[esek]
mula (f)	қашыр	[qaʃɨr]

porco (m)	шошқа	[ʃoʃqa]
leitão (m)	торай	[toraj]
coelho (m)	үй қояны	[ʉj qojanɨ]

galinha (f)	тауық	[tawɨq]
galo (m)	әтеш	[æteʃ]

pata (f), pato (m)	үйрек	[ʉjrek]
pato (m)	кежек	[keʒek]
ganso (m)	қаз	[qaz]

peru (m)	күркетауық	[kʉrqetawɨq]
perua (f)	күркетауық	[kʉrqetawɨq]

animais (m pl) domésticos	үй жануарлары	[ʉj ʒanuarlarɨ]
domesticado (adj)	қол	[qol]
domesticar (vt)	қолға үйрету	[qolɣa ʉjretu]
criar (vt)	өсіру	[øsiru]

fazenda (f)	ферма	[ferma]
aves (f pl) domésticas	үй құсы	[ʉj qusɨ]
gado (m)	мал	[mal]
rebanho (m), manada (f)	табын	[tabɨn]

estábulo (m)	ат қора	[at qora]
chiqueiro (m)	шошқа қора	[ʃoʃqa qora]
estábulo (m)	сиыр қора	[sɪir qora]
coelheira (f)	үй қояны күркесі	[ʉj qojanɨ kʉrqesi]
galinheiro (m)	тауық қора	[tawɨq qora]

213. Cães. Raças de cães

cão (m)	ит	[ɪt]
cão pastor (m)	овчарка	[ovtʃarka]
poodle (m)	пудель	[pudelʲ]
linguicinha (m)	такса	[taksa]
buldogue (m)	бульдог	[bulʲdog]
boxer (m)	боксшы	[boksʃɨ]

mastim (m)	мастиф	[mastıf]
rottweiler (m)	ротвейлер	[rotvejler]
dóberman (m)	доберман	[doberman]

basset (m)	бассет	[basset]
pastor inglês (m)	бобтейл	[bobtejl]
dálmata (m)	далматинец	[dalmatınets]
cocker spaniel (m)	кокер-спаниель	[koker spanielʲ]

| terra-nova (m) | ньюфаундленд | [nʲufaundlend] |
| são-bernardo (m) | сенбернар | [senbernar] |

husky (m) siberiano	хаски	[haskı]
Chow-chow (m)	чау-чау	[tʃau tʃau]
spitz alemão (m)	шпиц	[ʃpıts]
pug (m)	мопс	[mops]

214. Sons produzidos pelos animais

latido (m)	арсылдау	[arsıldau]
latir (vi)	арсылдау	[arsıldau]
miar (vi)	мияулау	[mıjaulau]
ronronar (vi)	пырылдау	[pirildau]

mugir (vaca)	мөңіреу	[møŋireu]
bramir (touro)	өкіру	[økiru]
rosnar (vi)	ырылдау	[irildau]

uivo (m)	ұлу	[ʊlu]
uivar (vi)	ұлу	[ʊlu]
ganir (vi)	қыңсылау	[qiŋsilau]

balir (vi)	маңырау	[maŋirau]
grunhir (vi)	қорсылдау	[qorsildau]
guinchar (vi)	қыңсылау	[qiŋsilau]

coaxar (sapo)	бақылдау	[baqildau]
zumbir (inseto)	ызыңдау	[iziŋdau]
ziziar (vi)	шықылықтау	[ʃiqiliqtau]

215. Animais jovens

cria (f), filhote (m)	тұл	[tʊl]
gatinho (m)	мәулен	[mæulen]
ratinho (m)	тышқанның баласы	[tiʃqanıŋ balasi]
cachorro (m)	күшік	[kүʃik]

filhote (m) de lebre	көжек	[køʒek]
coelhinho (m)	көжек	[køʒek]
lobinho (m)	бөлтірік	[bøltirik]
filhote (m) de raposa	түлкі күшігі	[tʊlki kүʃigi]
filhote (m) de urso	қонжық	[qonʒiq]

filhote (m) de leão	арыстанның күшігі	[aristaniŋ kɯʃigi]
filhote (m) de tigre	жолбарыстың баласы	[ʒolbaristiŋ balasɨ]
filhote (m) de elefante	пілдің баласы	[pildiŋ balasɨ]

leitão (m)	торай	[toraj]
bezerro (m)	бұзау	[buzau]
cabrito (m)	лақ	[laq]
cordeiro (m)	қозы	[qozɨ]
filhote (m) de veado	бұғы бұзауы	[buɣɨ buzawɨ]
cria (f) de camelo	бота	[bota]

| filhote (m) de serpente | жыланның баласы | [ʒɨlanɨŋ balasɨ] |
| filhote (m) de rã | бақаның баласы | [baqanɨŋ balasɨ] |

cria (f) de ave	балапан	[balapan]
pinto (m)	балапан	[balapan]
patinho (m)	үйректің балапаны	[ɯjrektiŋ balapanɨ]

216. Pássaros

pássaro (m), ave (f)	құс	[qus]
pombo (m)	көгершін	[køgerʃin]
pardal (m)	торғай	[torɣaj]
chapim-real (m)	сары шымшық	[sarɨ ʃimʃiq]
pega-rabuda (f)	сауысқан	[sawɨsqan]

corvo (m)	құзғын	[quzɣɨn]
gralha-cinzenta (f)	қарға	[qarɣa]
gralha-de-nuca-cinzenta (f)	шауқарға	[ʃauqarɣa]
gralha-calva (f)	ұзақ	[ʊzaq]

pato (m)	үйрек	[ɯjrek]
ganso (m)	қаз	[qaz]
faisão (m)	қырғауыл	[qɨrɣawɨl]

águia (f)	бүркіт	[burkit]
açor (m)	қаршыға	[qarʃɨɣa]
falcão (m)	қыран	[qiran]
abutre (m)	күшіген	[kɯʃigen]
condor (m)	кондор	[kondor]

cisne (m)	аққу	[aqqu]
grou (m)	тырна	[tirna]
cegonha (f)	лөйлек	[læjlek]

papagaio (m)	тоты құс	[totɨ qus]
beija-flor (m)	колибри	[kolɨbrɨ]
pavão (m)	тауыс	[tawɨs]

avestruz (m)	түйеқұс	[tɯjequs]
garça (f)	аққұтан	[aqqʊtan]
flamingo (m)	қоқиқаз	[qoqɨqaz]
pelicano (m)	бірқазан	[birqazan]
rouxinol (m)	бұлбұл	[bʊlbʊl]

andorinha (f)	қарлығаш	[qarliɣaʃ]
tordo-zornal (m)	барылдақ торғай	[bariłdaq torɣaj]
tordo-músico (m)	әнші шымшық	[ænʃi ʃimʃiq]
melro-preto (m)	қара барылдақ торғай	[qara bariłdaq torɣaj]

andorinhão (m)	стриж	[strɪʒ]
cotovia (f)	бозторғай	[boztorɣaj]
codorna (f)	бөдене	[bødene]

cuco (m)	көкек	[køkek]
coruja (f)	жапалақ	[ʒapalaq]
bufo-real (m)	үкі	[ʉki]
tetraz-grande (m)	саңырау құр	[saɲirau qʊr]
tetraz-lira (m)	бұлдырық	[bʊldiriq]
perdiz-cinzenta (f)	құр	[qʊr]

estorninho (m)	қараторғай	[qaratorɣaj]
canário (m)	шымшық	[ʃimʃiq]
galinha-do-mato (f)	қарабауыр	[qarabawir]
tentilhão (m)	қызыл	[qizil]
dom-fafe (m)	бозшымшық	[bozʃimʃiq]

gaivota (f)	шағала	[ʃaɣala]
albatroz (m)	альбатрос	[alʲbatros]
pinguim (m)	пингвин	[pɪngvɪn]

217. Pássaros. Canto e sons

cantar (vi)	сайрау	[sajrau]
gritar, chamar (vi)	айғайлау	[ajɣajlau]
cantar (o galo)	шақыру	[ʃaqiru]
cocorocó (m)	кукареку	[kukareku]

cacarejar (vi)	қытқылдау	[qitqiłdau]
crocitar (vi)	қарқылдау	[qarqiłdau]
grasnar (vi)	барылдап қою	[bariłdap qoju]
piar (vi)	шырылдау	[ʃirildau]
chilrear, gorjear (vi)	шиқылдау	[ʃiqiłdau]

218. Peixes. Animais marinhos

brema (f)	ақтабан	[aqtaban]
carpa (f)	тұқы	[tʊqi]
perca (f)	алабұға	[alabʊɣa]
siluro (m)	жайын	[ʒajin]
lúcio (m)	шортан	[ʃortan]

salmão (m)	лосось	[lososʲ]
esturjão (m)	бекіре	[bekire]

arenque (m)	майшабақ	[majʃabaq]
salmão (m) do Atlântico	ақсерке	[aqserqe]

cavala, sarda (f)	скумбрия	[skumbrɪja]
solha (f), linguado (m)	камбала	[kambala]
lúcio perca (m)	Көксерке	[køkserke]
bacalhau (m)	треска	[treska]
atum (m)	тунец	[tunets]
truta (f)	бахтах	[bahtah]
enguia (f)	жыланбалық	[ʒilanbalɪq]
raia (f) elétrica	электр құламасы	[ɛlektr qulamasi]
moreia (f)	мурена	[murena]
piranha (f)	пиранья	[pɪranʲa]
tubarão (m)	акула	[akula]
golfinho (m)	дельфин	[delʲfɪn]
baleia (f)	кит	[kɪt]
caranguejo (m)	теңіз шаяны	[teŋiz ʃajani]
água-viva (f)	медуза	[meduza]
polvo (m)	сегізаяқ	[segizajaq]
estrela-do-mar (f)	теңіз жұлдызы	[teŋiz ʒuldizi]
ouriço-do-mar (m)	теңіз кірпісі	[teŋiz kirpisi]
cavalo-marinho (m)	теңіздегі мысықтың баласы	[teŋizdegi misiqtiŋ balasi]
ostra (f)	устрица	[ustrɪtsa]
camarão (m)	асшаян	[asʃajan]
lagosta (f)	омар	[omar]
lagosta (f)	лангуст	[langust]

219. Anfíbios. Répteis

cobra (f)	жылан	[ʒilan]
venenoso (adj)	улы	[uli]
víbora (f)	улы сұр жылан	[uli sur ʒilan]
naja (f)	әбжылан	[æbʒilan]
píton (m)	питон	[pɪton]
jiboia (f)	айдаһар	[ajdahar]
cobra-de-água (f)	сужылан	[suʒilan]
cascavel (f)	ысылдағыш улы жылан	[isildaɣiʃ uli ʒilan]
anaconda (f)	анаконда	[anakonda]
lagarto (m)	кесіртке	[kesirtke]
iguana (f)	игуана	[ɪguana]
varano (m)	келес	[keles]
salamandra (f)	саламандра	[salamandra]
camaleão (m)	хамелеон	[hameleon]
escorpião (m)	құршаян	[qurʃajan]
tartaruga (f)	тасбақа	[tasbaqa]
rã (f)	бақа	[baqa]

| sapo (m) | кұрбақа | [qʊrbaqa] |
| crocodilo (m) | қолтырауын | [qoltirawin] |

220. Insetos

inseto (m)	бунақдене	[bunaqdene]
borboleta (f)	көбелек	[købelek]
formiga (f)	кұмырсқа	[qʊmirsqa]
mosca (f)	шыбын	[ʃibin]
mosquito (m)	маса	[masa]
escaravelho (m)	қоңыз	[qoŋiz]

vespa (f)	ара	[ara]
abelha (f)	балара	[balara]
mamangaba (f)	ара	[ara]
moscardo (m)	бөгелек	[bøgelek]

| aranha (f) | өрмекші | [ørmekʃi] |
| teia (f) de aranha | өрмекшінің торы | [ørmekʃiniŋ tori] |

libélula (f)	инелік	[ınelik]
gafanhoto (m)	шегіртке	[ʃægirtke]
traça (f)	көбелек	[købelek]

barata (f)	тарақан	[taraqan]
carrapato (m)	кене	[kene]
pulga (f)	бүрге	[bʉrge]
borrachudo (m)	шіркей	[ʃirkej]

gafanhoto (m)	шегіртке	[ʃægirtke]
caracol (m)	ұлу	[ʊlu]
grilo (m)	шырылдауық	[ʃirildawiq]
pirilampo, vaga-lume (m)	жылтырауық	[ʒiltirawiq]
joaninha (f)	қызыл қоңыз	[qizil qoŋiz]
besouro (m)	зауза қоңыз	[zauza qoŋiz]

sanguessuga (f)	сүлік	[sʉlik]
lagarta (f)	қырықбуын	[qiriqbuin]
minhoca (f)	құрт	[qʊrt]
larva (f)	құрт	[qʊrt]

221. Animais. Partes do corpo

bico (m)	тұмсық	[tʊmsiq]
asas (f pl)	қанаттар	[qanattar]
pata (f)	табан	[taban]
plumagem (f)	қауырсын	[qawirsin]
pena, pluma (f)	қауырсын	[qawirsin]
crista (f)	айдар	[ajdar]

| brânquias, guelras (f pl) | желбезек | [ʒelbezek] |
| ovas (f pl) | балтыр | [baltir] |

larva (f)	балаңқұрт	[balaŋqʊrt]
barbatana (f)	жүзбеқанат	[ʒʉzbeqanat]
escama (f)	қабыршақ	[qabirʃaq]

presa (f)	азу тіс	[azu tis]
pata (f)	табан	[taban]
focinho (m)	тұмсық	[tʊmsiq]
boca (f)	аран	[aran]
cauda (f), rabo (m)	құйрық	[qʊjriq]
bigodes (m pl)	мұрт	[mʊrt]

| casco (m) | тұяқ | [tʊjaq] |
| corno (m) | мүйіз | [mʉjiz] |

carapaça (f)	бақалшақ	[baqalʃaq]
concha (f)	қабыршақ	[qabirʃaq]
casca (f) de ovo	қабық	[qabiq]

| pelo (m) | жүн | [ʒʉn] |
| pele (f), couro (m) | тері | [teri] |

222. Ações dos animais

| voar (vi) | ұшу | [ʊʃu] |
| dar voltas | айнала қалықтау | [ajnala qaliqtau] |

| voar (para longe) | ұшып кету | [ʊʃip ketu] |
| bater as asas | қанат қағу | [qanat qaɣu] |

| bicar (vi) | шоқу | [ʃoqu] |
| incubar (vt) | жұмыртқа басу | [ʒumirtqa basu] |

| sair do ovo | жарып шығу | [ʒarip ʃiɣu] |
| fazer o ninho | өру | [øru] |

rastejar (vi)	еңбектеу	[eŋbekteu]
picar (vt)	шағу	[ʃaɣu]
morder (cachorro, etc.)	тістеу	[tisteu]

cheirar (vt)	иіскеу	[iiskeu]
latir (vi)	үру	[ʉru]
silvar (vi)	ысылдау	[isildau]

| assustar (vt) | қорқыту | [qorqitu] |
| atacar (vt) | шабуыл жасау | [ʃabuil ʒasau] |

roer (vt)	мұжу	[mʊʒu]
arranhar (vt)	тырнау	[tirnau]
esconder-se (vr)	жасырыну	[ʒasirinu]

brincar (vi)	ойнау	[ojnau]
caçar (vi)	аң аулау	[aŋ aulau]
hibernar (vi)	ұйқыда болу	[ujqida bolu]
extinguir-se (vr)	құрып біту	[qʊrip bitu]

223. Animais. Habitats

hábitat (m)	мекендеу ортасы	[mekendeu ortasi]
migração (f)	миграция	[mɪgratsɪja]
montanha (f)	тау	[tau]
recife (m)	риф	[rɪf]
falésia (f)	жартас	[ʒartas]
floresta (f)	орман	[orman]
selva (f)	қапырық жерлер	[qapɪrɪq ʒerler]
savana (f)	саванна	[savana]
tundra (f)	тундра	[tundra]
estepe (f)	дала	[dala]
deserto (m)	шөл	[ʃøl]
oásis (m)	көгал	[køgal]
mar (m)	теңіз	[teŋiz]
lago (m)	көл	[køl]
oceano (m)	мұхит	[muhɪt]
pântano (m)	батпақ	[batpaq]
de água doce	тұщы сулы	[tuçi suli]
lagoa (f)	тоған	[toɣan]
rio (m)	өзен	[øzen]
toca (f) do urso	апан	[apan]
ninho (m)	ұя	[uja]
buraco (m) de árvore	қуыс	[quis]
toca (f)	ін	[in]
formigueiro (m)	құмырсқа илеуі	[qumɪrsqa ilewi]

224. Cuidados com os animais

jardim (m) zoológico	зоопарк	[zoopark]
reserva (f) natural	қорық	[qorɪq]
viveiro (m)	көшеттік	[køʃættik]
jaula (f) de ar livre	вольер	[volʲer]
jaula, gaiola (f)	тор	[tor]
casinha (f) de cachorro	итжатақ	[ɪtʒataq]
pombal (m)	кептерхана	[kepterhana]
aquário (m)	аквариум	[akvarɪum]
delfinário (m)	дельфинарий	[delʲfɪnarɪj]
criar (vt)	өсіру	[øsiru]
cria (f)	ұрпақ	[urpaq]
domesticar (vt)	қолға үйрету	[qolɣa ujretu]
adestrar (vt)	жаттықтыру	[ʒattiqtiru]
ração (f)	жем	[ʒem]
alimentar (vt)	асырау	[asirau]

loja (f) de animais	зоодүкен	[zooduken]
focinheira (m)	тұмылдырық	[tumildiriq]
coleira (f)	мойнақ	[mojnaq]
nome (do animal)	лақап ат	[laqap at]
pedigree (m)	шежіре	[ʃæʒire]

225. Animais. Diversos

alcateia (f)	топ	[top]
bando (pássaros)	топ	[top]
cardume (peixes)	топ	[top]
manada (cavalos)	табын	[tabin]
macho (m)	еркек	[erkek]
fêmea (f)	ұрғашы	[urɣaʃi]
faminto (adj)	аш	[aʃ]
selvagem (adj)	жабайы	[ʒabaji]
perigoso (adj)	қауіпті	[qawipti]

226. Cavalos

cavalo (m)	жылқы, ат	[ʒilqi], [at]
raça (f)	тұқым	[tuqim]
potro (m)	жабағы	[ʒabaɣi]
égua (f)	бие	[bie]
mustangue (m)	мустанг	[mustang]
pônei (m)	пони	[poni]
cavalo (m) de tiro	ауыр жүк таситын	[awir ʒuk tasitin]
crina (f)	жал	[ʒal]
rabo (m)	құйрық	[qujriq]
casco (m)	тұяқ	[tujaq]
ferradura (f)	Таға	[taɣa]
ferrar (vt)	тағалау	[taɣalau]
ferreiro (m)	ұста	[usta]
sela (f)	ер-тоқым	[er toqim]
estribo (m)	үзеңгі	[uzeŋgi]
brida (f)	жүген	[ʒugen]
rédeas (f pl)	делбе	[delbe]
chicote (m)	қамшы	[qamʃi]
cavaleiro (m)	шабандоз	[ʃabandoz]
colocar sela	ерттеу	[ertteu]
montar no cavalo	қанжығаға отыру	[qanʒiɣaɣa otiru]
galope (m)	텍ірек	[tekirek]
galopar (vi)	текіректеу	[tekirekteu]

trote (m)	желіс	[ʒelis]
a trote	желіспен	[ʒelispen]
cavalo (m) de corrida	бәйге аты	[bæjge atï]
corridas (f pl)	бәйге	[bæjge]
estábulo (m)	ат қора	[at qora]
alimentar (vt)	жем беру	[ʒem beru]
feno (m)	пішен	[piʃæn]
dar água	суару	[suaru]
limpar (vt)	тазалау	[tazalau]
carroça (f)	арба	[arba]
pastar (vi)	бағылу	[baɣïlu]
relinchar (vi)	кісінеу	[kisineu]
dar um coice	тебу	[tebu]

Flora

227. Árvores

árvore (f)	ағаш	[aɣaʃ]
decídua (adj)	жапырақты	[ʒapɨraqtɨ]
conífera (adj)	қылқанды	[qɨlqandɨ]
perene (adj)	мәңгі жасыл	[mæŋgi ʒasɨl]
macieira (f)	алма ағашы	[alma aɣaʃɨ]
pereira (f)	алмұрт	[almʊrt]
cerejeira (f)	қызыл шие ағашы	[qɨzɨl ʃie aɣaʃɨ]
ginjeira (f)	кәдімгі шие ағашы	[kædimgi ʃie aɣaʃɨ]
ameixeira (f)	қара өрік	[qara ørik]
bétula (f)	қайың	[qajɨŋ]
carvalho (m)	емен	[emen]
tília (f)	жөке	[ʒøke]
choupo-tremedor (m)	көктерек	[køkterek]
bordo (m)	үйеңкі	[ʉjeŋki]
espruce (m)	шырша	[ʃɨrʃa]
pinheiro (m)	қарағай	[qaraɣaj]
alerce, lariço (m)	бал қарағай	[bal qaraɣaj]
abeto (m)	самырсын	[samɨrsɨn]
cedro (m)	балқарағай	[balqaraɣaj]
choupo, álamo (m)	терек	[terek]
tramazeira (f)	шетен	[ʃæten]
salgueiro (m)	үйеңкі	[ʉjeŋki]
amieiro (m)	қандағаш	[qandaɣaʃ]
faia (f)	шамшат	[ʃamʃat]
ulmeiro, olmo (m)	шегіршін	[ʃægirʃin]
freixo (m)	шетен	[ʃæten]
castanheiro (m)	талшын	[talʃin]
magnólia (f)	магнолия	[magnolɨja]
palmeira (f)	пальма	[palʲma]
cipreste (m)	сауырағаш	[sawɨraɣaʃ]
mangue (m)	мангр ағашы	[mangr aɣaʃɨ]
embondeiro, baobá (m)	баобаб	[baobab]
eucalipto (m)	эвкалипт	[ɛvkalɨpt]
sequoia (f)	секвойя	[sekvoja]

228. Arbustos

arbusto (m)	бұта	[bʊta]
arbusto (m), moita (f)	бұта	[bʊta]

| videira (f) | жүзім | [ʒʉzim] |
| vinhedo (m) | жүзім егісі | [ʒʉzim egisi] |

framboeseira (f)	таңқурай	[taŋquraj]
groselheira-vermelha (f)	қызыл қарақат	[qizil qaraqat]
groselheira (f) espinhosa	тұшала	[tuʃala]

acácia (f)	қараған	[qaraɣan]
bérberis (f)	зерек	[zerek]
jasmim (m)	ақгүл	[aqgʉl]

junípero (m)	арша	[arʃa]
roseira (f)	қызғылт бұта	[qizɣilt buta]
roseira (f) brava	итмұрын	[ɪtmʊrin]

229. Cogumelos

cogumelo (m)	саңырауқұлақ	[saŋirauqulaq]
cogumelo (m) comestível	жеуге жарайтын саңырауқұлақ	[ʒeuge ʒarajtin saŋirauqulaq]
cogumelo (m) venenoso	зәрлі саңырауқұлақ	[zærli saŋirauqulaq]
chapéu (m)	қалпақ	[qalpaq]
pé, caule (m)	аяқ	[ajaq]

boleto, porcino (m)	ақ саңырауқұлақ	[aq saŋirauqulaq]
boleto (m) alaranjado	саңырауқұлақ	[saŋirauqulaq]
boleto (m) de bétula	қоңыр саңырауқұлақ	[qoŋir saŋirauqulaq]
cantarelo (m)	түлкішек	[tʉlkiʃæk]
rússula (f)	сыроежка	[sɪroeʒka]

morchella (f)	тыржыңқұлақ	[tirʒiŋqulaq]
agário-das-moscas (m)	шыбынжұт	[ʃibinʒut]
cicuta (f) verde	улы саңырау құлақ	[uli saŋirau qulaq]

230. Frutos. Bagas

fruta (f)	жеміс	[ʒemis]
frutas (f pl)	жемістер	[ʒemister]
maçã (f)	алма	[alma]
pera (f)	алмұрт	[almʊrt]
ameixa (f)	қара өрік	[qara ørik]

morango (m)	бүлдірген	[bʉldirgen]
ginja (f)	кәдімгі шие	[kædɪmgɪ ʃie]
cereja (f)	қызыл шие	[qizil ʃie]
uva (f)	жүзім	[ʒʉzim]

framboesa (f)	таңқурай	[taŋquraj]
groselha (f) negra	қарақат	[qaraqat]
groselha (f) vermelha	қызыл қарақат	[qizil qaraqat]
groselha (f) espinhosa	тұшала	[tuʃala]
oxicoco (m)	мүк жидегі	[mʉk ʒɪdegi]

laranja (f)	**апельсин**	[apelʲsın]
tangerina (f)	**мандарин**	[mandarın]
abacaxi (m)	**ананас**	[ananas]
banana (f)	**банан**	[banan]
tâmara (f)	**құрма**	[qʊrma]
limão (m)	**лимон**	[lımon]
damasco (m)	**өрік**	[ørik]
pêssego (m)	**шабдалы**	[ʃabdalɨ]
quiuí (m)	**киви**	[kıvı]
toranja (f)	**грейпфрут**	[grejpfrut]
baga (f)	**жидек**	[ʒıdek]
bagas (f pl)	**жидектер**	[ʒıdekter]
arando (m) vermelho	**итбүлдірген**	[ıtbʉldirgen]
morango-silvestre (m)	**қой бүлдірген**	[qoj bʉldirgen]
mirtilo (m)	**қара жидек**	[qara ʒıdek]

231. Flores. Plantas

flor (f)	**гүл**	[gʉl]
buquê (m) de flores	**гүл шоғы**	[gʉl ʃoɣɨ]
rosa (f)	**раушан**	[rauʃan]
tulipa (f)	**қызғалдақ**	[qɨzɣaldaq]
cravo (m)	**қалампыр**	[qalampɨr]
gladíolo (m)	**гладиолус**	[gladıolus]
centáurea (f)	**гүлкекіре**	[gʉlkekire]
campainha (f)	**қоңырау**	[qoŋɨrau]
dente-de-leão (m)	**бақбақ**	[baqbaq]
camomila (f)	**түйметағы**	[tʉjmetaɣɨ]
aloé (m)	**алоэ**	[aloɛ]
cacto (m)	**кактус**	[kaktus]
fícus (m)	**фикус**	[fıkus]
lírio (m)	**лалагүл**	[lalagʉl]
gerânio (m)	**герань**	[geranʲ]
jacinto (m)	**сүмбілгүл**	[sʉmbilgʉl]
mimosa (f)	**мимоза**	[mımoza]
narciso (m)	**нарцисс**	[nartsıss]
capuchinha (f)	**настурция**	[nasturtsıja]
orquídea (f)	**орхидея**	[orhıdeja]
peônia (f)	**пион**	[pıon]
violeta (f)	**шегіргүл**	[ʃægirgʉl]
amor-perfeito (m)	**сарғалдақтар**	[sarɣaldaqtar]
não-me-esqueças (m)	**ботакөз**	[botaköz]
margarida (f)	**әсел**	[æsel]
papoula (f)	**көкнәр**	[køknær]
cânhamo (m)	**сора**	[sora]

hortelã, menta (f)	жалбыз	[ʒalbɯz]
lírio-do-vale (m)	меруертгүл	[meruertgʉl]
campânula-branca (f)	бәйшешек	[bæjʃeʃek]

urtiga (f)	қалақай	[qalaqaj]
azedinha (f)	қымыздық	[qɯmɯzdɯq]
nenúfar (m)	құмыра гүл	[qʊmɯra gʉl]
samambaia (f)	қырыққұлақ	[qɯrɯqqʊlaq]
líquen (m)	қына	[qɯna]

estufa (f)	жылыжай	[ʒɯlɯʒaj]
gramado (m)	көгал	[køgal]
canteiro (m) de flores	гүлбағы	[gʉlbaɣɯ]

planta (f)	өсімдік	[øsimdik]
grama (f)	шөп	[ʃøp]
folha (f) de grama	бір тал шөп	[bir tal ʃøp]

folha (f)	жапырақ	[ʒapɯraq]
pétala (f)	күлте	[kʉlte]
talo (m)	сабақ	[sabaq]
tubérculo (m)	түйнек	[tʉjnek]

broto, rebento (m)	өскін	[øskin]
espinho (m)	тікенек	[tikenek]

florescer (vi)	гүлдеу	[gʉldeu]
murchar (vi)	сарғаю	[sarɣaju]
cheiro (m)	иіс	[iis]
cortar (flores)	кесу	[kesu]
colher (uma flor)	үзу	[ʉzu]

232. Cereais, grãos

grão (m)	дән	[dæn]
cereais (plantas)	астық дақыл өсімдіктері	[astɯq daqɯl øsimdikteri]
espiga (f)	масақ	[masaq]

trigo (m)	бидай	[bɯdaj]
centeio (m)	қара бидай	[qara bɯdaj]
aveia (f)	сұлы	[sʊlɯ]

painço (m)	тары	[tarɯ]
cevada (f)	арпа	[arpa]

milho (m)	жүгері	[ʒʉgeri]
arroz (m)	күріш	[kʉriʃ]
trigo-sarraceno (m)	қарақұмық	[qaraqʊmɯq]

ervilha (f)	бұршақ	[bʊrʃaq]
feijão (m) roxo	бұршақ	[bʊrʃaq]
soja (f)	соя	[soja]
lentilha (f)	жасымық	[ʒasɯmɯq]
feijão (m)	ірі бұршақтар	[iri bʊrʃaqtar]

233. Vegetais. Verduras

vegetais (m pl)	көкөністер	[køkønister]
verdura (f)	көкөніс	[køkønis]
tomate (m)	қызанақ	[qizanaq]
pepino (m)	қияр	[qıjar]
cenoura (f)	сәбіз	[sæbiz]
batata (f)	картоп	[kartop]
cebola (f)	пияз	[pıjaz]
alho (m)	сарымсақ	[sarimsaq]
couve (f)	капуста	[kapusta]
couve-flor (f)	түрлі түсті орамжапырақ	[turli tusti oramʒapiraq]
couve-de-bruxelas (f)	брюсель орамжапырағы	[brjuselʲ oramʒapiraɣi]
beterraba (f)	қызылша	[qizilʃa]
berinjela (f)	кәді	[kædi]
abobrinha (f)	кәді	[kædi]
abóbora (f)	асқабақ	[asqabaq]
nabo (m)	шомыр	[ʃomir]
salsa (f)	ақжелкен	[aqʒelken]
endro, aneto (m)	аскөк	[askøk]
alface (f)	салат	[salat]
aipo (m)	сельдерей	[selʲderej]
aspargo (m)	қояншөп	[qojanʃøp]
espinafre (m)	саумалдық	[saumaldiq]
ervilha (f)	бұршақ	[burʃaq]
feijão (~ soja, etc.)	ірі бұршақтар	[iri burʃaqtar]
milho (m)	жүгері	[ʒugeri]
feijão (m) roxo	бұршақ	[burʃaq]
pimentão (m)	бұрыш	[buriʃ]
rabanete (m)	шалғам	[ʃalɣam]
alcachofra (f)	бөрікгүл	[børikgul]

GEOGRAFIA REGIONAL

Países. Nacionalidades

234. Europa Ocidental

Europa (f)	Еуропа	[europa]
União (f) Europeia	Еуропалық одақ	[europaliq odaq]
europeu (m)	еуропалық	[europaliq]
europeu (adj)	еуропалық	[europaliq]
Áustria (f)	Австрия	[avstrija]
austríaco (m)	австриялық	[avstrijaliq]
austríaca (f)	австриялық әйел	[avstrijaliq æjel]
austríaco (adj)	австриялық	[avstrijaliq]
Grã-Bretanha (f)	Ұлыбритания	[ulibritanija]
Inglaterra (f)	Англия	[anglija]
inglês (m)	ағылшын	[ayilʃin]
inglesa (f)	ағылшын әйел	[ayilʃin æjel]
inglês (adj)	ағылшын	[ayilʃin]
Bélgica (f)	Бельгия	[belʲgija]
belga (m)	бельгиялық	[belʲgijaliq]
belga (f)	бельгиялық әйел	[belʲgijaliq æjel]
belga (adj)	бельгиялық	[belʲgijaliq]
Alemanha (f)	Германия	[germanija]
alemão (m)	неміс	[nemis]
alemã (f)	неміс әйел	[nemis æjel]
alemão (adj)	неміс	[nemis]
Países Baixos (m pl)	Нидерланд	[niderland]
Holanda (f)	Голландия	[gollandija]
holandês (m)	голландық	[gollandiq]
holandesa (f)	голландық әйел	[gollandiq æjel]
holandês (adj)	голландық	[gollandiq]
Grécia (f)	Грекия	[grekija]
grego (m)	грек	[grek]
grega (f)	грек әйел	[grek æjel]
grego (adj)	грек	[grek]
Dinamarca (f)	Дания	[danija]
dinamarquês (m)	даниялық	[danijaliq]
dinamarquesa (f)	даниялық әйел	[danijaliq æjel]
dinamarquês (adj)	даниялық	[danijaliq]
Irlanda (f)	Ирландия	[irlandija]
irlandês (m)	ирландық	[irlandiq]

irlandesa (f)	ирландық әйел	[ɪrlandɪq æjel]
irlandês (adj)	ирландық	[ɪrlandɪq]
Islândia (f)	Исландия	[ɪslandıja]
islandês (m)	исландиялық	[ɪslandıjaliq]
islandesa (f)	исландиялық әйел	[ɪslandıjaliq æjel]
islandês (adj)	исландиялық	[ɪslandıjaliq]
Espanha (f)	Испания	[ɪspanıja]
espanhol (m)	испандық	[ɪspandɪq]
espanhola (f)	испандық әйел	[ɪspandɪq æjel]
espanhol (adj)	испандық	[ɪspandɪq]
Itália (f)	Италия	[ɪtalıja]
italiano (m)	италиялық	[ɪtalıjaliq]
italiana (f)	италиялық әйел	[ɪtalıjaliq æjel]
italiano (adj)	италиялық	[ɪtalıjaliq]
Chipre (m)	Кипр	[kɪpr]
cipriota (m)	киprлік	[kɪprlik]
cipriota (f)	кипрлік әйел	[kɪprlik æjel]
cipriota (adj)	кипрлік	[kɪprlik]
Malta (f)	Мальта	[malʲta]
maltês (m)	мальталық	[malʲtaliq]
maltesa (f)	мальталық әйел	[malʲtaliq æjel]
maltês (adj)	мальталық	[malʲtaliq]
Noruega (f)	Норвегия	[norvegıja]
norueguês (m)	норвегиялық	[norvegijaliq]
norueguesa (f)	норвегиялық әйел	[norvegijaliq æjel]
norueguês (adj)	норвегиялық	[norvegijaliq]
Portugal (m)	Португалия	[portugalıja]
português (m)	португалдық	[portugaldɪq]
portuguesa (f)	португалдық әйел	[portugaldɪq æjel]
português (adj)	португалдық	[portugaldɪq]
Finlândia (f)	Финляндия	[fɪnljandıja]
finlandês (m)	финн	[fɪn]
finlandesa (f)	финн әйел	[fɪn æjel]
finlandês (adj)	фин	[fɪn]
França (f)	Франция	[frantsıja]
francês (m)	француз	[frantsuz]
francesa (f)	француз	[frantsuz]
francês (adj)	француз	[frantsuz]
Suécia (f)	Швеция	[ʃvetsıja]
sueco (m)	швед	[ʃved]
sueca (f)	швед әйел	[ʃved æjel]
sueco (adj)	швед	[ʃved]
Suíça (f)	Швейцария	[ʃvejtsarıja]
suíço (m)	швейцариялық	[ʃvejtsarıjaliq]
suíça (f)	швейцариялық әйел	[ʃvejtsarıjaliq æjel]

suíço (adj)	швейцариялық	[ʃvejtsarɪjaliq]
Escócia (f)	Шотландия	[ʃotlandɪja]
escocês (m)	шотландық	[ʃotlandiq]
escocesa (f)	шотландық әйел	[ʃotlandiq æjel]
escocês (adj)	шотландық	[ʃotlandiq]
Vaticano (m)	Ватикан	[vatıkan]
Liechtenstein (m)	Лихтенштейн	[lıhtenʃtejn]
Luxemburgo (m)	Люксембург	[ljuksemburg]
Mônaco (m)	Монако	[monako]

235. Europa Central e de Leste

Albânia (f)	Албания	[albanıja]
albanês (m)	албандық	[albandiq]
albanesa (f)	албандық әйел	[albandiq æjel]
albanês (adj)	албандық	[albandiq]
Bulgária (f)	Болгария	[bolgarıja]
búlgaro (m)	болгар	[bolgar]
búlgara (f)	болгар әйел	[bolgar æjel]
búlgaro (adj)	болгар	[bolgar]
Hungria (f)	Мажарстан	[maʒarstan]
húngaro (m)	венгр	[vengr]
húngara (f)	венгр әйел	[vengr æjel]
húngaro (adj)	венгр	[vengr]
Letônia (f)	Латвия	[latvıja]
letão (m)	латыш	[latiʃ]
letã (f)	латыш әйел	[latiʃ æjel]
letão (adj)	латыш	[latiʃ]
Lituânia (f)	Литва	[lıtva]
lituano (m)	литвалық	[lıtvaliq]
lituana (f)	литвалық әйел	[lıtvaliq æjel]
lituano (adj)	литвалық	[lıtvaliq]
Polônia (f)	Польша	[polʲʃa]
polonês (m)	поляк	[poljak]
polonesa (f)	поляк	[poljak]
polonês (adj)	поляк	[poljak]
Romênia (f)	Румыния	[rumınıja]
romeno (m)	румын	[rumɨn]
romena (f)	румын әйел	[rumɨn æjel]
romeno (adj)	румын	[rumɨn]
Sérvia (f)	Сербия	[serbıja]
sérvio (m)	серб	[serb]
sérvia (f)	серб	[serb]
sérvio (adj)	серб	[serb]
Eslováquia (f)	Словакия	[slovakıja]
eslovaco (m)	словак	[slovak]

| eslovaca (f) | словак әйел | [slovak æjel] |
| eslovaco (adj) | словак | [slovak] |

Croácia (f)	Хорватия	[horvatıja]
croata (m)	хорват	[horvat]
croata (f)	хорват әйел	[horvat æjel]
croata (adj)	хорват	[horvat]

República (f) Checa	Чехия	[ʧehıja]
checo (m)	чех	[ʧeh]
checa (f)	чех әйел	[ʧeh æjel]
checo (adj)	чех	[ʧeh]

Estônia (f)	Эстония	[ɛstonıja]
estônio (m)	эстондық	[ɛstondıq]
estônia (f)	эстондық әйел	[ɛstondıq æjel]
estônio (adj)	эстондық	[ɛstondıq]

Bósnia e Herzegovina (f)	Босния мен Герцеговина	[bosnıja men gertsegovına]
Macedônia (f)	Македония	[makedonıja]
Eslovênia (f)	Словения	[slovenıja]
Montenegro (m)	Черногория	[ʧernogorıja]

236. Países da ex-URSS

Azerbaijão (m)	Әзірбайжан	[æzirbajʒan]
azeri (m)	әзірбайжан	[æzirbajʒan]
azeri (f)	әзірбайжан әйел	[æzirbajʒandik æjel]
azeri, azerbaijano (adj)	әзірбайжан	[æzirbajʒan]

Armênia (f)	Әрменстан	[ærmenstan]
armênio (m)	армянин	[armʲanın]
armênia (f)	армян әйел	[armʲan æjel]
armênio (adj)	армян	[armʲan]

Belarus	Беларусь	[belarusʲ]
bielorrusso (m)	белорус	[belorus]
bielorrussa (f)	белорус әйел	[belorus æjel]
bielorrusso (adj)	белорус	[belorus]

Geórgia (f)	Гүржістан	[gurʒistan]
georgiano (m)	грузин	[gruzın]
georgiana (f)	грузин әйел	[gruzın æjel]
georgiano (adj)	грузин	[gruzın]

Cazaquistão (m)	Қазақстан	[qazaqhstan]
cazaque (m)	қазақ	[qazaqh]
cazaque (f)	қазақ	[qazaq]
cazaque (adj)	қазақ	[qazaq]

Quirguistão (m)	Қырғызстан	[qırɣızstan]
quirguiz (m)	қырғыз	[qırɣız]
quirguiz (f)	қырғыз әйел	[qırɣız æjel]
quirguiz (adj)	қырғыз	[qırɣız]

Moldávia (f)	Молдова	[moldova]
moldavo (m)	молдаван	[moldavan]
moldava (f)	молдаван әйел	[moldavan æjel]
moldavo (adj)	молдаван	[moldavan]
Rússia (f)	Ресей	[resej]
russo (m)	орыс	[oris]
russa (f)	орыс әйел	[oris æjel]
russo (adj)	орыс	[oris]
Tajiquistão (m)	Тәжікстан	[tæʒikistan]
tajique (m)	тәжік	[tæʒik]
tajique (f)	тәжік әйел	[taʒik æjel]
tajique (adj)	тәжік	[tæʒik]
Turquemenistão (m)	Түрікменстан	[turikmenstan]
turcomeno (m)	түрікмен	[turikmen]
turcomena (f)	түрікмен әйел	[turikmen æjel]
turcomeno (adj)	түрікмен	[turikmen]
Uzbequistão (f)	Өзбекистан	[øzbekıstan]
uzbeque (m)	өзбек	[øzbek]
uzbeque (f)	өзбек әйел	[øzbek æjel]
uzbeque (adj)	өзбек	[øzbek]
Ucrânia (f)	Украина	[ukraına]
ucraniano (m)	украин	[ukraın]
ucraniana (f)	украин әйел	[ukraın æjel]
ucraniano (adj)	украин	[ukraın]

237. Asia

Ásia (f)	Азия	[azıja]
asiático (adj)	азиялық	[azıjalıq]
Vietnã (m)	Вьетнам	[vʲetnam]
vietnamita (m)	вьетнамдық	[vʲetnamdıq]
vietnamita (f)	вьетнамдық	[vʲetnamdıq]
vietnamita (adj)	вьетнамдық	[vʲetnamdıq]
Índia (f)	Үндістан	[undistan]
indiano (m)	үндіс	[undis]
indiana (f)	үндіс әйел	[undis æjel]
indiano (adj)	үндіс	[undis]
Israel (m)	Израиль	[ızraılʲ]
israelense (m)	израильдік	[ızraılʲdik]
israelita (f)	израильдік әйел	[ızraılʲdik æjel]
israelense (adj)	израильдік	[ızraılʲdik]
judeu (m)	еврей	[evrej]
judia (f)	еврей әйел	[evrej æjel]
judeu (adj)	еврей	[evrej]
China (f)	Қытай	[qitaj]

chinês (m)	қытай	[qɪtaj]
chinesa (f)	қытай әйел	[qɪtaj æjel]
chinês (adj)	қытай	[qɪtaj]

coreano (m)	корей	[korej]
coreana (f)	корей әйел	[korej æjel]
coreano (adj)	корей	[korej]

Líbano (m)	Ливан	[lɪvan]
libanês (m)	ливан	[lɪvan]
libanesa (f)	ливан әйел	[lɪvan æjel]
libanês (adj)	ливандық	[lɪvandɪq]

Mongólia (f)	Монголия	[monɣolɪja]
mongol (m)	монғол	[monɣol]
mongol (f)	монғол әйел	[monɣol æjel]
mongol (adj)	монғол	[monɣol]

Malásia (f)	Малайзия	[malajzɪja]
malaio (m)	малайлық	[malajlɪq]
malaia (f)	малайлық әйел	[malajlɪq æjel]
malaio (adj)	малайлық	[malajlɪq]

Paquistão (m)	Пәкістан	[pækistan]
paquistanês (m)	пәкістандық	[pækistandɪq]
paquistanesa (f)	пәкістандық әйел	[pakistandɪq æjel]
paquistanês (adj)	пәкістандық	[pækistandɪq]

Arábia (f) Saudita	Сауди Арабстан	[saudɪ arabstan]
árabe (m)	араб	[arab]
árabe (f)	араб әйел	[arab æjel]
árabe (adj)	араб	[arab]

Tailândia (f)	Таиланд	[taɪland]
tailandês (m)	тайлық	[tajlɪq]
tailandesa (f)	тайлық әйел	[tajlɪq æjel]
tailandês (adj)	тайлық	[tajlɪq]

Taiwan (m)	Тайвань	[tajvanʲ]
taiwanês (m)	тайваньдық	[tajvanʲdɪq]
taiwanesa (f)	тайваньдық	[tajvanʲdɪq]
taiwanês (adj)	тайваньдық	[tajvanʲdɪq]

Turquia (f)	Түркия	[tʉrkɪja]
turco (m)	түрік	[tʉrik]
turca (f)	түрік әйел	[tʉrik æjel]
turco (adj)	түрік	[tʉrik]

Japão (m)	Жапония	[ʒaponɪja]
japonês (m)	жапон	[ʒapon]
japonesa (f)	жапон әйел	[ʒapon æjel]
japonês (adj)	жапон	[ʒapon]

Afeganistão (m)	Ауғаныстан	[auɣanistan]
Bangladesh (m)	Бангладеш	[bangladeʃ]
Indonésia (f)	Индонезия	[ɪndonezɪja]

Jordânia (f)	Иордания	[ıordanıja]
Iraque (m)	Ирак	[ırak]
Irã (m)	Иран	[ıran]
Camboja (f)	Камбоджа	[kambodʒa]
Kuwait (m)	Кувейт	[kuvejt]

Laos (m)	Лаос	[laos]
Birmânia (f)	Мьянма	[mʲanma]
Nepal (m)	Непал	[nepal]
Emirados Árabes Unidos	Біріккен Араб Эмираттары	[biriken arab ɛmıratarï]

Síria (f)	Сирия	[sırıja]
Palestina (f)	Палестина	[palestına]
Coreia (f) do Sul	Оңтүстік Корея	[oŋtʉstik koreja]
Coreia (f) do Norte	Солтүстік Корея	[soltʉstik koreja]

238. América do Norte

Estados Unidos da América	Америка құрама штаттары	[amerıka qurama ʃtattarï]
americano (m)	американдық	[amerıkalïq]
americana (f)	американдық әйел	[amerıkalïq æjel]
americano (adj)	американдық	[amerıkalïq]

Canadá (m)	Канада	[kanada]
canadense (m)	канадалық	[kanadalïq]
canadense (f)	канадалық әйел	[kanadalïq æjel]
canadense (adj)	канадалық	[kanadalïq]

México (m)	Мексика	[meksıka]
mexicano (m)	мексикандық	[meksıkandïq]
mexicana (f)	мексикандық әйел	[meksıkandïq æjel]
mexicano (adj)	мексикандық	[meksıkandïq]

239. América Central do Sul

Argentina (f)	Аргентина	[argentına]
argentino (m)	аргентин	[argentın]
argentina (f)	аргентин әйел	[argentın æjel]
argentino (adj)	аргентин	[argentın]

Brasil (m)	Бразилия	[brazılıja]
brasileiro (m)	бразилиялық	[brazılıjalïq]
brasileira (f)	бразилиялық	[brazılıjalïq]
brasileiro (adj)	бразилия	[brazılıja]

Colômbia (f)	Колумбия	[kolumbıja]
colombiano (m)	колумбиялық	[kolumbıjalïq]
colombiana (f)	колумбиялық әйел	[kolumbıjalïq æjel]
colombiano (adj)	колумбиялық	[kolumbıjalïq]
Cuba (f)	Куба	[kuba]

cubano (m)	кубалық	[kubalıq]
cubana (f)	кубалық әйел	[kubalıq æjel]
cubano (adj)	куба	[kuba]

Chile (m)	Чили	[ʧılı]
chileno (m)	чилилік	[ʧılılik]
chilena (f)	чилилік әйел	[ʧılılik æjel]
chileno (adj)	чилилік	[ʧılılik]

Bolívia (f)	Боливия	[bolıvıja]
Venezuela (f)	Венесуэла	[venesuɛla]
Paraguai (m)	Парагвай	[paragvaj]
Peru (m)	Перу	[peru]
Suriname (m)	Суринам	[surınam]
Uruguai (m)	Уругвай	[urugvaj]
Equador (m)	Эквадор	[ɛkvador]

Bahamas (f pl)	Багам аралдары	[bagam araldarı]
Haiti (m)	Гаити	[gaıtı]
República Dominicana	Доминикан республикасы	[domınıkan respublıkasi]
Panamá (m)	Панама	[panama]
Jamaica (f)	Ямайка	[jamajka]

240. Africa

Egito (m)	Мысыр	[misir]
egípcio (m)	мысырлық	[misirliq]
egípcia (f)	мысырлық әйел	[misirliq æjel]
egípcio (adj)	мысырлық	[misirliq]

Marrocos	Марокко	[marokko]
marroquino (m)	мароккалық	[marokkaliq]
marroquina (f)	мароккалық әйел	[marokkaliq æjel]
marroquino (adj)	марокко	[marokko]

Tunísia (f)	Тунис	[tunıs]
tunisiano (m)	тунистік	[tunıstik]
tunisiana (f)	тунистік әйел	[tunıstik æjel]
tunisiano (adj)	тунистік	[tunıstik]

Gana (f)	Гана	[gana]
Zanzibar (m)	Занзибар	[zanzıbar]
Quênia (f)	Кения	[kenıja]
Líbia (f)	Ливия	[lıvıja]
Madagascar (m)	Мадагаскар	[madagaskar]

Namíbia (f)	Намибия	[namıbıja]
Senegal (m)	Сенегал	[senegal]
Tanzânia (f)	Танзания	[tanzanıja]
África (f) do Sul	ОАР	[oar]

africano (m)	африкан	[afrıkan]
africana (f)	африкан әйел	[afrıkan æjel]
africano (adj)	африкалық	[afrıkaliq]

241. Austrália. Oceania

Austrália (f)	Австралия	[avstralɪja]
australiano (m)	австралиялық	[avstralɪjalɨq]
australiana (f)	австралиялық әйел	[avstralɪjalɨq æjel]
australiano (adj)	австралиялық	[avstralɪjalɨq]
Nova Zelândia (f)	Жаңа Зеландия	[ʒaŋa zelandɪja]
neozelandês (m)	жаңа зеландиялық	[ʒaŋa zelandɪjalɨq]
neozelandesa (f)	жаңа зеландиялық	[ʒaŋa zelandɪjalɨq]
neozelandês (adj)	жаңа зеландиялық	[ʒaŋa zelandɪjalɨq]
Tasmânia (f)	Тасмания	[tasmanɪja]
Polinésia (f) Francesa	Франция Полинезиясы	[frantsɪja polɪnezɪjasɨ]

242. Cidades

Amesterdã, Amsterdã	Амстердам	[amsterdam]
Ancara	Анкара	[ankara]
Atenas	Афины	[afɪnɨ]
Bagdade	Багдад	[baɣdad]
Bancoque	Бангкок	[bangkok]
Barcelona	Барселона	[barselona]
Beirute	Бейрут	[bejrut]
Berlim	Берлин	[berlɪn]
Bonn	Бонн	[bon]
Bordéus	Бордо	[bordo]
Bratislava	Братислава	[bratɪslava]
Bruxelas	Брюссель	[brjusselʲ]
Bucareste	Бухарест	[buharest]
Budapeste	Будапешт	[budapeʃt]
Cairo	Каир	[kaɪr]
Calcutá	Калькутта	[kalʲkutta]
Chicago	Чикаго	[tʃɪkago]
Cidade do México	Мехико	[mehɪko]
Copenhague	Копенгаген	[kopengagen]
Dar es Salaam	Дар-эс-Салам	[dar ɛs salam]
Deli	Дели	[delɪ]
Dubai	Дубай	[dubaj]
Dublim	Дублин	[dublɪn]
Düsseldorf	Дюссельдорф	[djusselʲdorf]
Estocolmo	Стокгольм	[stokgolʲm]
Florença	Флоренция	[florentsɪja]
Frankfurt	Франкфурт	[frankfurt]
Genebra	Женева	[ʒeneva]
Haia	Гаага	[gaaga]
Hamburgo	Гамбург	[gamburg]
Hanói	Ханой	[hanoj]

Havana	Гавана	[gavana]
Helsinque	Хельсинки	[helˈsınkı]
Hiroshima	Хиросима	[hırosıma]
Hong Kong	Гонконг	[gongkong]
Istambul	Стамбұл	[stambʊl]
Jerusalém	Иерусалим	[ıerusalım]
Kiev, Quieve	Киев	[kıev]
Kuala Lumpur	Куала-Лумпур	[kuala lumpur]
Lion	Лион	[lıon]
Lisboa	Лиссабон	[lıssabon]
Londres	Лондон	[london]
Los Angeles	Лос-Анджелес	[los andʒeles]
Madrid	Мадрид	[madrıd]
Marselha	Марсель	[marselʲ]
Miami	Майями	[majamı]
Montreal	Монреаль	[monrealʲ]
Moscou	Мәскеу	[mæskeu]
Mumbai	Бомбей	[bombej]
Munique	Мюнхен	[mjunhen]
Nairóbi	Найроби	[najrobı]
Nápoles	Неаполь	[neapolʲ]
Nice	Ницца	[nıtsa]
Nova York	Нью-Йорк	[nʲu jork]
Oslo	Осло	[oslo]
Ottawa	Оттава	[ottava]
Paris	Париж	[parıʒ]
Pequim	Бейжің	[bejʒiŋ]
Praga	Прага	[praga]
Rio de Janeiro	Рио-де-Жанейро	[rıo de ʒanejro]
Roma	Рим	[rım]
São Petersburgo	Санкт-Петербург	[sankt peterburg]
Seul	Сеул	[seul]
Singapura	Сингапур	[sıngapur]
Sydney	Сидней	[sıdnej]
Taipé	Тайпей	[tajpej]
Tóquio	Токио	[tokıo]
Toronto	Торонто	[toronto]
Varsóvia	Варшава	[varʃava]
Veneza	Венеция	[venetsıja]
Viena	Вена	[vena]
Washington	Вашингтон	[vaʃıngton]
Xangai	Шанхай	[ʃanhaj]

243. Política. Governo. Parte 1

política (f)	саясат	[sajasat]
político (adj)	саяси	[sajası]

político (m)	саясаткер	[sajasatker]
estado (m)	мемлекет	[memleket]
cidadão (m)	азамат	[azamat]
cidadania (f)	азаматтық	[azamatiq]
brasão (m) de armas	ұлттық елтаңба	[ultiq eltaŋba]
hino (m) nacional	мемлекеттік ән-ұран	[memleketik æn uran]
governo (m)	үкімет	[ukimet]
Chefe (m) de Estado	ел басқарушысы	[el basqaruʃisi]
parlamento (m)	парламент	[parlament]
partido (m)	партия	[partija]
capitalismo (m)	капитализм	[kapitalizm]
capitalista (adj)	капиталистік	[kapitalistik]
socialismo (m)	социализм	[sotsializm]
socialista (adj)	социалистік	[sotsialistik]
comunismo (m)	коммунизм	[kommunizm]
comunista (adj)	коммунистік	[kommunistik]
comunista (m)	коммунист	[kommunist]
democracia (f)	демократия	[demokratija]
democrata (m)	демократ	[demokrat]
democrático (adj)	демократиялық	[demokratijaliq]
Partido (m) Democrático	демократиялық партия	[demokratijaliq partija]
liberal (m)	либерал	[liberal]
liberal (adj)	либералдық	[liberaldiq]
conservador (m)	консерватор	[konservator]
conservador (adj)	консерваторлық	[konservatorliq]
república (f)	республика	[respublika]
republicano (m)	республикашыл	[respublikaʃil]
Partido (m) Republicano	республикалық партия	[respubliqaliq partija]
eleições (f pl)	сайлаулар	[sajlaular]
eleger (vt)	сайлау	[sajlau]
eleitor (m)	сайлаушы	[sajlauʃi]
campanha (f) eleitoral	сайлау науқаны	[sajlau nauqani]
votação (f)	дауыс беру	[dawis beru]
votar (vi)	дауыс беру	[dawis beru]
sufrágio (m)	дауыс беру құқығы	[dauis beru quqiɣi]
candidato (m)	кандидат	[kandidat]
candidatar-se (vi)	дауысқа түсу	[dawisqa tusu]
campanha (f)	науқан	[nauqan]
da oposição	оппозициялық	[oppozitsijaliq]
oposição (f)	оппозиция	[oppozitsija]
visita (f)	сапар	[sapar]
visita (f) oficial	ресми сапар	[resmi sapar]

internacional (adj)	халықаралық	[haliqaraliq]
negociações (f pl)	келіссөз	[kelisøz]
negociar (vi)	келіссөздер жүргізу	[kelisøzder ʒʉrgizu]

244. Política. Governo. Parte 2

sociedade (f)	қоғам	[qoɣam]
constituição (f)	конституция	[konstɪtuʦɪja]
poder (ir para o ~)	билік	[bɪlik]
corrupção (f)	жемқорлық	[ʒemqorliq]

| lei (f) | заң | [zaŋ] |
| legal (adj) | заңды | [zaŋdɪ] |

| justeza (f) | әділдік | [ædildik] |
| justo (adj) | әділ | [ædil] |

comitê (m)	комитет	[komɪtet]
projeto-lei (m)	заң жобасы	[zaŋ ʒobasi]
orçamento (m)	бюджет	[bjudʒet]
política (f)	саясат	[sajasat]
reforma (f)	реформа	[reforma]
radical (adj)	радикалдық	[radɪqaldiq]

força (f)	күш	[kʉʃ]
poderoso (adj)	қуатты	[quati]
partidário (m)	жақтағыш	[ʒaqtaɣɪʃ]
influência (f)	ықпал	[iqpal]

regime (m)	режим	[reʒɪm]
conflito (m)	шиеленіс	[ʃɪelenis]
conspiração (f)	қастандық	[qastandiq]
provocação (f)	азғыру	[azɣɪru]

derrubar (vt)	түсіру	[tʉsiru]
derrube (m), queda (f)	құлату	[qulatu]
revolução (f)	революция	[revoljuʦɪja]

| golpe (m) de Estado | төңкеріс | [tøŋkeris] |
| golpe (m) militar | әскери төңкеріс | [æskerɪ tøŋkeris] |

crise (f)	дағдарыс	[daɣdaris]
recessão (f) econômica	экономикалық құлдырау	[ɛkonomɪkaliq quldirau]
manifestante (m)	демонстрант	[demonstrant]
manifestação (f)	білдіру	[bildiru]
lei (f) marcial	әскери жағдай	[æskerɪ ʒaɣdaj]
base (f) militar	база	[baza]

| estabilidade (f) | тұрақтылық | [turaqtiliq] |
| estável (adj) | тұрақты | [turaqti] |

exploração (f)	пайдалану	[pajdalanu]
explorar (vt)	пайдалану	[pajdalanu]
racismo (m)	нәсілшілдік	[næsilʃildik]

racista (m)	нәсілшіл	[næsilʃil]
fascismo (m)	фашизм	[faʃizm]
fascista (m)	фашист	[faʃist]

245. Países. Diversos

estrangeiro (m)	шетелдік	[ʃæteldik]
estrangeiro (adj)	шетелдік	[ʃæteldik]
no estrangeiro	шетелде	[ʃætelde]

emigrante (m)	эмигрант	[ɛmɪgrant]
emigração (f)	эмиграция	[ɛmɪgraʦɪja]
emigrar (vi)	эмиграцияға кету	[ɛmɪgraʦɪjaɣa ketu]

Ocidente (m)	батыс	[batis]
Oriente (m)	шығыс	[ʃiɣis]
Extremo Oriente (m)	қиыр шығыс	[qiir ʃiɣis]
civilização (f)	өркениет	[ørkenɪet]
humanidade (f)	адамзат	[adamzat]
mundo (m)	әлем	[ælem]
paz (f)	бейбітшілік	[bejbitʃilik]
mundial (adj)	әлемдік	[ælemdik]

pátria (f)	отан	[otan]
povo (população)	халық	[haliq]
população (f)	халық	[haliq]
gente (f)	адамдар	[adamdar]
nação (f)	ұлт	[ʊlt]
geração (f)	ұрпақ	[ʊrpaq]
território (m)	территория	[terrɪtorɪja]
região (f)	аймақ	[ajmaq]
estado (m)	штат	[ʃtat]

tradição (f)	әдет-ғұрпы	[ædet ɣʊrpi]
costume (m)	әдет	[ædet]
ecologia (f)	экология	[ɛkologɪja]

índio (m)	үндіс	[ʉndis]
cigano (m)	сыған	[siɣan]
cigana (f)	сыған әйел	[siɣan æjel]
cigano (adj)	сыған	[siɣan]

império (m)	империя	[ɪmperɪja]
colônia (f)	отар	[otar]
escravidão (f)	құлдық	[qʊldiq]
invasão (f)	жорық	[ʒoriq]
fome (f)	аштық	[aʃtiq]

246. Grupos religiosos mais importantes. Confissões

| religião (f) | дін | [din] |
| religioso (adj) | діндар | [dindar] |

crença (f)	дiншiлдiк	[dinʃildik]
crer (vt)	сену	[senu]
crente (m)	дiндар	[dindar]
ateísmo (m)	атеизм	[ateɪzm]
ateu (m)	атеист	[ateɪst]
cristianismo (m)	христиан дiнi	[hrɪstɪan dɛnɪ]
cristão (m)	христиан	[hrɪstɪan]
cristão (adj)	христиандық	[hrɪstɪandɪq]
catolicismo (m)	Католицизм	[katolɪtsɪzm]
católico (m)	католик	[katolɪk]
católico (adj)	католик	[katolɪk]
protestantismo (m)	Протестанттық	[protestanttɪq]
Igreja (f) Protestante	Протестант шiркеуi	[protestant ʃɪrkewɪ]
protestante (m)	протестант	[protestant]
ortodoxia (f)	Православие	[pravoslavɪe]
Igreja (f) Ortodoxa	православиелiк шiркеу	[pravoslavɪelik ʃɪrkeu]
ortodoxo (m)	православ	[pravoslav]
presbiterianismo (m)	Пресвитериандық	[presvɪterɪandɪq]
Igreja (f) Presbiteriana	Пресвитериан шiркеуi	[presvɪterɪan ʃɪrkewɪ]
presbiteriano (m)	пресвитерианин	[presvɪterɪanɪn]
luteranismo (m)	Лютерандық шiркеу	[ljuterandɪq ʃɪrqeu]
luterano (m)	лютеранин	[ljuteranɪn]
Igreja (f) Batista	Баптизм	[baptɪzm]
batista (m)	баптист	[baptɪst]
Igreja (f) Anglicana	Ағылшын шiркеуi	[aɣɪlʃɪn ʃɪrkewɪ]
anglicano (m)	англиканин	[anglɪkanɪn]
mormonismo (m)	Мормондық	[mormondɪq]
mórmon (m)	мормон	[mormon]
Judaísmo (m)	Иудаизм дiнi	[ɪudaɪzm dɪnɪ]
judeu (m)	иудей	[ɪudej]
budismo (m)	Буддизм	[buddɪzm]
budista (m)	буддист	[buddɪst]
hinduísmo (m)	Индуизм	[ɪnduɪzm]
hindu (m)	индуист	[ɪnduɪst]
Islã (m)	Ислам	[ɪslam]
muçulmano (m)	мұсылман	[mʊsɨlman]
muçulmano (adj)	мұсылман	[mʊsɨlman]
xiismo (m)	Шиизм	[ʃɪ:zm]
xiita (m)	шиит	[ʃɪ:t]
sunismo (m)	Суннизм	[sunɪzm]
sunita (m)	суннит	[sunɪt]

247. Religiões. Padres

padre (m)	дін қызметшісі	[din qizmetʃisi]
Papa (m)	Рим Папасы	[rım papasi]
monge (m)	монах	[monah]
freira (f)	монах әйел	[monah æjel]
pastor (m)	пастор	[pastor]
abade (m)	аббат	[abbat]
vigário (m)	викарий	[vıkarıj]
bispo (m)	епископ	[epıskop]
cardeal (m)	кардинал	[kardınal]
pregador (m)	дінге үгіттеуші	[dinge ʉgitteuʃi]
sermão (m)	аѓуа	[aɣua]
paroquianos (pl)	приходтықтар	[prıhodtiqtar]
crente (m)	діншіл	[dinʃil]
ateu (m)	атеист	[ateıst]

248. Fé. Cristianismo. Islão

Adão	Адам	[adam]
Eva	Ева	[eva]
Deus (m)	Құдай	[qʊdaj]
Senhor (m)	Құдай	[qʊdaj]
Todo Poderoso (m)	Құдіретті	[qʊdiretti]
pecado (m)	күнә	[kʉnæ]
pecar (vi)	күнәға бату	[kʉnæɣa batu]
pecador (m)	күнәһар	[kʉnæhar]
pecadora (f)	күнаһар әйел	[kʉnahar æjel]
inferno (m)	тозақ	[tozaq]
paraíso (m)	жұмақ	[ʒʊmaq]
Jesus	Иса	[ısa]
Espírito (m) Santo	ақ аруақ	[aq aruaq]
Salvador (m)	Құтқарушы	[qʊtqaruʃi]
Virgem Maria (f)	құдай ана	[qʊdaj ana]
Diabo (m)	шайтан	[ʃajtan]
diabólico (adj)	шайтан	[ʃajtan]
Satanás (m)	әбілет	[æbilet]
satânico (adj)	шайтандық	[ʃajtandiq]
anjo (m)	періште	[periʃte]
anjo (m) da guarda	періште-сақтаушы	[periʃte saqtauʃi]
angelical	періштедей	[periʃtedej]
apóstolo (m)	апостол	[apostol]
arcanjo (m)	періште	[periʃte]

anticristo (m)	антихрист	[antıhrıst]
Igreja (f)	шіркеу	[ʃirkeu]
Bíblia (f)	інжіл	[inʒil]
bíblico (adj)	інжіл	[inʒil]

Velho Testamento (m)	Көне өсиет	[køne øsıet]
Novo Testamento (m)	Жаңа өсиет	[ʒaŋa øsıet]
Evangelho (m)	Інжіл	[inʒil]
Sagradas Escrituras (f pl)	Қасиетті жазу	[qasıetti ʒazu]
Céu (sete céus)	Аспан, Аспан патшалығы	[aspan], [aspan patʃaliɣi]

mandamento (m)	парыз	[pariz]
profeta (m)	пайғамбар	[pajɣambar]
profecia (f)	пайғамбарлық	[pajɣambarlıq]

Alá (m)	Алла	[alla]
Maomé (m)	Мұхаммед	[mʊhammed]
Alcorão (m)	Құран	[qʊran]

mesquita (f)	мешіт	[meʃit]
mulá (m)	молда	[molda]
oração (f)	дұға	[dʊɣa]
rezar, orar (vi)	дұға оқу	[dʊɣa oqu]

peregrinação (f)	қажылық	[qaʒiliq]
peregrino (m)	қажы	[qaʒi]
Meca (f)	Мекке	[mekke]

igreja (f)	шіркеу	[ʃirkeu]
templo (m)	ғибадатхана	[ɣıbadathana]
catedral (f)	собор	[sobor]
gótico (adj)	готикалық	[gotıkaliq]
sinagoga (f)	синагога	[sınagoga]
mesquita (f)	мешіт	[meʃit]

capela (f)	кішкентай шіркеу	[kiʃkentaj ʃirkeu]
abadia (f)	аббат тағы	[abbat taɣi]
convento (m)	монастырь	[monastir]
monastério (m)	монастырь	[monastir]

sino (m)	қоңырау	[qoŋirau]
campanário (m)	қоңыраухана	[qoŋirauhana]
repicar (vi)	соғу	[soɣu]

cruz (f)	крест	[krest]
cúpula (f)	күмбез	[kʊmbez]
ícone (m)	икон	[ıkon]

alma (f)	жан	[ʒan]
destino (m)	тағдыр	[taɣdir]
mal (m)	жамандық	[ʒamandiq]
bem (m)	жақсылық	[ʒaqsiliq]

vampiro (m)	қанішер	[qaniʃær]
bruxa (f)	мыстан	[mistan]
demônio (m)	әзәзіл	[æzæzil]

espírito (m)	рух	[ruh]
redenção (f)	өтеу	[øteu]
redimir (vt)	өтеу	[øteu]

missa (f)	намаз оқу	[namaz oqu]
celebrar a missa	намаз оқу	[namaz oqu]
confissão (f)	тәубе	[tæube]
confessar-se (vr)	тәубе жасау	[tæube ʒasau]

santo (m)	әулие	[æulıe]
sagrado (adj)	әулие	[æulıe]
água (f) benta	қасиетті су	[qasıetti su]

ritual (m)	салт	[salt]
ritual (adj)	салтты	[saltti]
sacrifício (m)	құрбандық шалу	[qurbandiq ʃalu]

superstição (f)	ырым	[irim]
supersticioso (adj)	ырымшыл	[irimʃil]
vida (f) após a morte	о дүниелік өмір	[o dunıelik ømir]
vida (f) eterna	мәңгілік өмір	[mæŋgilik ømir]

TEMAS DIVERSOS

249. Várias palavras úteis

ajuda (f)	көмек	[kømek]
barreira (f)	тосқауыл	[tosqawïl]
base (f)	негіз	[negiz]
categoria (f)	дәреже	[dæreʒe]
causa (f)	себеп	[sebep]
coincidência (f)	түйісу	[tʉjisu]
coisa (f)	зат	[zat]
começo, início (m)	бастама	[bastama]
cômodo (ex. poltrona ~a)	ыңғайлы	[iŋɣajlï]
comparação (f)	салыстыру	[salïstïru]
compensação (f)	қарымақы	[qarïmaqï]
crescimento (m)	даму	[damu]
desenvolvimento (m)	даму	[damu]
diferença (f)	айырмашылық	[ajïrmaʃïlïq]
efeito (m)	әсер	[æser]
elemento (m)	элемент	[ɛlement]
equilíbrio (m)	баланс	[balans]
erro (m)	қате	[qate]
esforço (m)	күш салу	[kʉʃ salu]
estilo (m)	стиль	[stïlʲ]
exemplo (m)	мысал	[mïsal]
fato (m)	дерек	[derek]
fim (m)	соңы	[soŋï]
forma (f)	пішін	[piʃin]
frequente (adj)	жиі	[ʒïi]
fundo (ex. ~ verde)	фон	[fon]
gênero (tipo)	түр	[tʉr]
grau (m)	дәреже	[dæreʒe]
ideal (m)	мұрат	[mʊrat]
labirinto (m)	лабиринт	[labïrïnt]
modo (m)	амал	[amal]
momento (m)	сәт	[sæt]
objeto (m)	объект	[obʔekt]
obstáculo (m)	бөгет	[bøget]
original (m)	төлнұсқа	[tølnʊsqa]
padrão (adj)	стандартты	[standarttï]
padrão (m)	стандарт	[standart]
paragem (pausa)	тоқталу	[toqtalu]
parte (f)	бөлшек	[bølʃæk]

partícula (f)	бөлшек	[bølʃæk]
pausa (f)	үзіліс	[ʉzilis]
posição (f)	позиция	[pozɪtsɪja]
princípio (m)	принцип	[prɪntsɪp]

problema (m)	мәселе	[mæsele]
processo (m)	үдеріс	[ʉderis]
progresso (m)	жақсарыс	[ʒaqsarɨs]
propriedade (qualidade)	қасиет	[qasɨet]

reação (f)	реакция	[reaktsɪja]
risco (m)	тәуекел	[tæwekel]
ritmo (m)	қарқын	[qarqɨn]
segredo (m)	жасырын сыр, құпия	[ʒasɨrɨn sɨr], [qʊpɪja]
série (f)	серия	[serɪja]

sistema (m)	жүйе	[ʒʉje]
situação (f)	жағдай	[ʒaɣdaj]
solução (f)	шешуі	[ʃæʃui]
tabela (f)	кесте	[keste]
termo (ex. ~ técnico)	термин	[termɪn]

tipo (m)	түр	[tʉr]
urgente (adj)	жедел	[ʒedel]
urgentemente	дереу	[dereu]
utilidade (f)	пайда	[pajda]

variante (f)	вариант	[varɪant]
variedade (f)	таңдау	[taŋdau]
verdade (f)	ақиқат	[aqɪqat]
vez (f)	кезек	[kezek]
zona (f)	аймақ	[ajmaq]

250. Modificadores. Adjetivos. Parte 1

aberto (adj)	ашық	[aʃɨq]
afetuoso (adj)	нәзік	[næzik]
afiado (adj)	өткір	[øtkir]
agradável (adj)	жағымды	[ʒaɣɨmdɨ]
agradecido (adj)	игілікті	[ɪgilikti]

alegre (adj)	көңілді	[køŋildi]
alto (ex. voz ~a)	қатты	[qattɨ]
amargo (adj)	ащы	[aɕɨ]
amplo (adj)	кең	[keŋ]
antigo (adj)	ежелгі	[eʒelgi]

apropriado (adj)	жарамды	[ʒaramdɨ]
arriscado (adj)	тәуекелді	[tæwekeldi]
artificial (adj)	жасанды	[ʒasandɨ]

azedo (adj)	қышқыл	[qɨʃqɨl]
baixo (voz ~a)	тыныш	[tɨnɨʃ]
barato (adj)	арзан	[arzan]

belo (adj)	әсем	[æsem]
bom (adj)	жақсы	[ʒaqsɨ]
bondoso (adj)	игі	[ɪgi]
bonito (adj)	әдемі	[ædemi]
bronzeado (adj)	күнге күйген	[kʉnge kʉjgen]
burro, estúpido (adj)	ақылсыз	[aqɨlsɨz]

calmo (adj)	байсалды	[bajsaldɨ]
cansado (adj)	шаршаған	[ʃarʃaɣan]
cansativo (adj)	шаршататын	[ʃarʃatatɨn]
carinhoso (adj)	қамқоршыл	[qamqorʃɨl]
caro (adj)	қымбат	[qɨmbat]

cego (adj)	соқыр	[soqɨr]
central (adj)	орталық	[ortalɨq]
cerrado (ex. nevoeiro ~)	қою	[qoju]
cheio (xícara ~a)	толық	[tolɨq]

civil (adj)	азаматтық	[azamatɨq]
clandestino (adj)	астыртын	[astɨrtɨn]
claro (explicação ~a)	айқын	[ajqɨn]
claro (pálido)	жарық	[ʒarɨq]

compatível (adj)	бірлескен	[birlesken]
comum, normal (adj)	кәдімгі	[kædimgi]
congelado (adj)	мұздалған	[mʊzdalɣan]
conjunto (adj)	бірлескен	[birlesken]
considerável (adj)	маңызды	[maŋɨzdɨ]

contente (adj)	риза	[rɪza]
contínuo (adj)	ұзақ	[ʊzaq]
contrário (ex. o efeito ~)	қарама-қарсы	[qarama qarsɨ]
correto (resposta ~a)	дұрыс	[dʊrɨs]
cru (não cozinhado)	шикі	[ʃɪki]

curto (adj)	қысқа	[qɨsqa]
de curta duração	қысқа мерзімді	[qɨsqa merzimdi]
de sol, ensolarado	жарық	[ʒarɨq]
de trás	артқы	[artqɨ]
denso (fumaça ~a)	қалың	[qalɨŋ]

desanuviado (adj)	бұлтсыз	[bʊltsɨz]
descuidado (adj)	салақ	[salaq]
difícil (decisão)	қиын	[qɪɪn]
difícil, complexo (adj)	қиын	[qɪɪn]

direito (lado ~)	оң	[oŋ]
distante (adj)	қашық	[qaʃɨq]
doce (açucarado)	тәтті	[tætti]
doce (água)	тұщы	[tʊɕɨ]

doente (adj)	науқас	[nauqas]
duro (material ~)	қатты	[qattɨ]
educado (adj)	сыпайы	[sɨpajɨ]
encantador (agradável)	аяулы	[ajaulɨ]
enigmático (adj)	жұмбақ	[ʒʊmbaq]

enorme (adj)	зор	[zor]
escuro (quarto ~)	қараңғы	[qaraŋɣɨ]
especial (adj)	арнайы	[arnajɨ]
esquerdo (lado ~)	сол	[sol]

estrangeiro (adj)	шетелдік	[ʃæteldik]
estreito (adj)	тар	[tar]
exato (montante ~)	дәл	[dæl]
excelente (adj)	үздік	[ʉzdik]
excessivo (adj)	асқан	[asqan]

externo (adj)	сыртқы	[sɨrtqɨ]
fácil (adj)	жеңіл	[ʒeŋil]
faminto (adj)	аш	[aʃ]
fechado (adj)	жабық	[ʒabɨq]
feliz (adj)	бақытты	[baqittɨ]

fértil (terreno ~)	құнарлы	[qʊnarlɨ]
forte (pessoa ~)	күшті	[kʉʃti]
fraco (luz ~a)	күңгірт	[kʉŋgirt]
frágil (adj)	сынғыш	[sɨnɣɨʃ]
fresco (pão ~)	жаңа	[ʒaŋa]

fresco (tempo ~)	салқын	[salqɨn]
frio (adj)	суық	[suɨq]
gordo (alimentos ~s)	майлы	[majlɨ]
gostoso, saboroso (adj)	дәмді	[dæmdi]

grande (adj)	үлкен	[ʉlken]
gratuito, grátis (adj)	ақысыз	[aqisiz]
grosso (camada ~a)	қалың	[qalɨŋ]
hostil (adj)	дұшпандық	[dʊʃpandɨq]

251. Modificadores. Adjetivos. Parte 2

igual (adj)	біркелкі	[birkelki]
imóvel (adj)	қозғалмайтын	[qozɣalmajtin]
importante (adj)	маңызды	[maŋɨzdɨ]
impossível (adj)	мүмкін емес	[mʉmkin emes]
incompreensível (adj)	түсініксіз	[tʉsiniksiz]

indigente (muito pobre)	қайыршы	[qajɨrʃɨ]
indispensável (adj)	керекті	[kerekti]
inexperiente (adj)	тәжірибесіз	[tæʒirɨbesiz]
infantil (adj)	балаға арналған	[balalarɣa arnlaɣan]

ininterrupto (adj)	үздіксіз	[ʉzdiksiz]
insignificante (adj)	болар-болмас	[bolar bolmas]
inteiro (completo)	бүтін	[bʉtin]
inteligente (adj)	ақылды	[aqɨldɨ]

interno (adj)	ішкі	[iʃki]
jovem (adj)	жас	[ʒas]
largo (caminho ~)	кең	[keŋ]

| legal (adj) | заңды | [zaŋdi] |
| leve (adj) | жеңіл | [ʒeŋil] |

limitado (adj)	шектелген	[ʃæktelgen]
limpo (adj)	таза	[taza]
líquido (adj)	сұйық	[sujiq]
liso (adj)	жалама	[ʒalama]
liso (superfície ~a)	тегіс	[tegis]

livre (adj)	бос	[bos]
longo (ex. cabelo ~)	ұзын	[uzin]
maduro (ex. fruto ~)	піскен	[pisken]
magro (adj)	арық	[ariq]
mais próximo (adj)	ең жақын	[eŋ ʒaqin]

mais recente (adj)	өткен	[øtken]
mate (adj)	күңгірт	[kuŋgirt]
mau (adj)	жаман	[ʒaman]
meticuloso (adj)	жинақы	[ʒinaqi]
míope (adj)	алыстан көрмейтін	[alistan kørmejtin]

mole (adj)	жұмсақ	[ʒumsaq]
molhado (adj)	дымқыл	[dimqil]
moreno (adj)	қараторы	[qaratori]
morto (adj)	өлі	[øli]
muito magro (adj)	арық	[ariq]

não difícil (adj)	қиын емес	[qiin emes]
não é clara (adj)	айқынсыз	[ajqinsiz]
não muito grande (adj)	кішкене	[kiʃkene]
natal (país ~)	туған	[tuɣan]
necessário (adj)	қажетті	[qaʒetti]

negativo (resposta ~a)	теріс	[teris]
nervoso (adj)	күйгелек	[kujgelek]
normal (adj)	қалыпты	[qalipti]
novo (adj)	жаңа	[ʒaŋa]
o mais importante (adj)	ең маңызды	[eŋ maŋizdi]

obrigatório (adj)	міндетті	[mindetti]
original (incomum)	өзіндік	[øzindik]
passado (adj)	өткен	[øtken]
pequeno (adj)	кішкентай	[kiʃkentaj]
perigoso (adj)	қауіпті	[qawipti]

permanente (adj)	тұрақты	[turaqti]
perto (adj)	жақын	[ʒaqin]
pesado (adj)	ауыр	[awir]
pessoal (adj)	арнайы	[arnaji]
plano (ex. ecrã ~ a)	жазық	[ʒaziq]

pobre (adj)	кедей	[kedej]
pontual (adj)	пунктуалды	[punktualdi]
possível (adj)	мүмкін	[mumkin]
pouco fundo (adj)	таяз	[tajaz]
presente (ex. momento ~)	осы	[osi]

primeiro (principal)	негізгі	[negizgi]
principal (adj)	басты	[basti]
privado (adj)	жеке	[ʒeke]

provável (adj)	мүмкін	[mʉmkin]
próximo (adj)	жақын	[ʒaqin]
público (adj)	қоғамдық	[qoɣamdiq]
quente (cálido)	ыстық	[istiq]

quente (morno)	жылы	[ʒïlï]
rápido (adj)	шапшаң	[ʃapʃaŋ]
raro (adj)	сирек	[sirek]
remoto, longínquo (adj)	алыс	[alis]
reto (linha ~a)	тік	[tik]

salgado (adj)	тұзды	[tʊzdï]
satisfeito (adj)	қанағаттанған	[qanaɣattanɣan]
seco (roupa ~a)	құрғақ	[qʊrɣaq]
seguinte (adj)	келесі	[kelesi]
seguro (não perigoso)	қатерсіз	[qatersiz]

similar (adj)	ұқсас	[ʊqsas]
simples (fácil)	жай	[ʒaj]
soberbo, perfeito (adj)	асқан	[asqan]
sólido (parede ~a)	берік	[berik]
sombrio (adj)	зұлмат	[zʊlmat]

sujo (adj)	кір	[kir]
superior (adj)	жоғарғы	[ʒoɣarɣi]
suplementar (adj)	қосымша	[qosimʃa]
tranquilo (adj)	тыныш	[tiniʃ]

transparente (adj)	мөлдір	[møldir]
triste (pessoa)	көңілсіз	[køŋilsiz]
triste (um ar ~)	қайғылы	[qajɣïlï]
último (adj)	ақырғы	[aqirɣï]
úmido (adj)	дымқыл	[dimqïl]

único (adj)	бірегей	[biregej]
usado (adj)	қолдануда болған	[qoldanuda bolɣan]
vazio (meio ~)	бос	[bos]
velho (adj)	ескі	[eski]
vizinho (adj)	көрші	[kørʃi]

500 VERBOS PRINCIPAIS

252. Verbos A-B

abraçar (vt)	құшақтау	[quʃaqtau]
abrir (vt)	ашу	[aʃu]
acalmar (vt)	тыныштандыру	[tiniʃtandiru]
acariciar (vt)	сипау	[sipau]
acenar (com a mão)	бұлғау	[bulɣau]
acender (~ uma fogueira)	жағу	[ʒaɣu]
achar (vt)	ойлану	[ojlanu]
acompanhar (vt)	қосталу	[qostalu]
aconselhar (vt)	кеңес беру	[keŋes beru]
acordar, despertar (vt)	ояту	[ojatu]
acrescentar (vt)	қосу	[qosu]
acusar (vt)	кінәлау	[kinælau]
adestrar (vt)	жаттықтыру	[ʒattiqtiru]
adivinhar (vt)	шешу	[ʃeʃu]
admirar (vt)	сүйсіну	[sүjsinu]
adorar (~ fazer)	жақсы көру	[ʒaqsi køru]
advertir (vt)	ескерту	[eskertu]
afirmar (vt)	дегеніне көндіру	[degenine køndiru]
afogar-se (vr)	бату	[batu]
afugentar (vt)	қуып жіберу	[quip ʒiberu]
agir (vi)	жұмыс істеу	[ʒumis isteu]
agitar, sacudir (vt)	жұлқылау	[ʒulqilau]
agradecer (vt)	алғыс айту	[alɣis ajtu]
ajudar (vt)	көмектесу	[kømektesu]
alcançar (objetivos)	жету	[ʒetu]
alimentar (dar comida)	асырау	[asirau]
almoçar (vi)	түскі тамақ ішу	[tүski tamaq iʃu]
alugar (~ o barco, etc.)	жалдап алу	[ʒaldap alu]
alugar (~ um apartamento)	жалға алу	[ʒalɣa alu]
amar (pessoa)	жақсы көру	[ʒaqsi køru]
amarrar (vt)	байлау	[bajlau]
ameaçar (vt)	қорқыту	[qorqitu]
amputar (vt)	ампутациялау	[amputatsijalau]
anotar (escrever)	белгілеу	[belgileu]
anotar (escrever)	жазу	[ʒazu]
anular, cancelar (vt)	болдырмау	[boldirmau]
apagar (com apagador, etc.)	сүртіп тастау	[sуrtip tastau]
apagar (um incêndio)	сөндіру	[søndiru]

apaixonar-se ...	ғашық болу	[ɣaʃiq bolu]
aparecer (vi)	көріну	[kørinu]
aplaudir (vi)	қол шапалақтау	[qol ʃapalaqtau]

apoiar (vt)	қолдау	[qoldau]
apontar para ...	дәлдеу	[dældeu]
apresentar (alguém a alguém)	таныстыру	[tanistiru]
apresentar (Gostaria de ~)	таныстыру	[tanistiru]

apressar (vt)	асықтыру	[asiqtiru]
apressar-se (vr)	асығу	[asiɣu]
aproximar-se (vr)	жақындау	[ʒaqindau]
aquecer (vt)	қыздыру	[qizdiru]

arrancar (vt)	жырту	[ʒirtu]
arranhar (vt)	тырнау	[tirnau]
arrepender-se (vr)	аяу	[ajau]
arriscar (vt)	тәуекел ету	[tæwekel etu]

arrumar, limpar (vt)	жинау	[ʒinau]
aspirar a ...	ұмтылу	[umtilu]
assinar (vt)	қол қою	[qol qoju]
assistir (vt)	көмектесу	[kømektesu]
atacar (vt)	шабуыл жасау	[ʃabuïl ʒasau]

atar (vt)	байлау	[bajlau]
atracar (vi)	айлақтау	[ajlaqtau]
aumentar (vi)	үлкею	[ʉlkeju]
aumentar (vt)	үлкейту	[ʉlkejtu]

avançar (vi)	өну	[ønu]
avistar (vt)	көру	[køru]
baixar (guindaste, etc.)	түсіру	[tʉsiru]
barbear-se (vr)	қырыну	[qirinu]
basear-se (vr)	негізделу	[negizdelu]

bastar (vi)	жету	[ʒetu]
bater (à porta)	қағу	[qaɣu]
bater (espancar)	ұру	[uru]
bater-se (vr)	төбелесу	[tøbelesu]

beber, tomar (vt)	ішу	[iʃu]
brilhar (vi)	жылтырау	[ʒiltirau]
brincar, jogar (vi, vt)	ойнау	[ojnau]
buscar (vt)	іздеу	[izdeu]

253. Verbos C-D

caçar (vi)	аң аулау	[aŋ aulau]
calar-se (parar de falar)	үндемей қалу	[undemej qalu]
calcular (vt)	есептеу	[esepteu]
carregar (o caminhão, etc.)	жүктеу	[ʒʉkteu]
carregar (uma arma)	оқтау	[oqtau]

casar-se (vr)	үйлену	[ʉjlenu]
causar (vt)	себеп болу	[sebep bolu]
cavar (vt)	қазу	[qazu]

ceder (não resistir)	жол беру	[ʒol beru]
cegar, ofuscar (vt)	көз қаратпау	[køz qaratpau]
censurar (vt)	кінәлау	[kinælau]
chamar (~ por socorro)	шақыру	[ʃaqɯru]

chamar (alguém para ..)	шақыру	[ʃaqɯru]
chegar (a algum lugar)	жету	[ʒetu]
chegar (vi)	келу	[kelu]
cheirar (~ uma flor)	иіскеу	[ɪiskeu]

cheirar (tem o cheiro)	иістену	[ɪistenu]
chorar (vi)	жылау	[ʒɯlau]
citar (vt)	дәйексөз алу	[dæjeksøz alu]
colher (flores)	үзу	[ʉzu]

colocar (vt)	салу	[salu]
combater (vi, vt)	шайқасу	[ʃajqasu]
começar (vt)	бастау	[bastau]
comer (vt)	тамақ ішу	[tamaq iʃu]
comparar (vt)	салыстыру	[salɯstɯru]

compensar (vt)	орнын толтыру	[ornɯn toltɯru]
competir (vi)	бәсекелесу	[bæsekelesu]
complicar (vt)	қиындату	[qɯɯndatu]
compor (~ música)	шығару	[ʃɯɣaru]

comportar-se (vr)	өзін ұстау	[øzin ʊstau]
comprar (vt)	сатып алу	[satɯp alu]
comprometer (vt)	бедел түсіру	[bedel tʉsiru]
concentrar-se (vr)	жиналу	[ʒɯnalu]
concordar (dizer "sim")	мақұлдау	[maqʊldau]

condecorar (dar medalɦa)	марапаттау	[marapattau]
confessar-se (vr)	мойындау	[mojɯndau]
confiar (vt)	сену	[senu]
confundir (equivocar-se)	шатыстыру	[ʃatɯstɯru]
conhecer (vt)	білу	[bilu]

conhecer-se (vr)	танысу	[tanɯsu]
consertar (vt)	ретке келтіру	[retke keltiru]
consultar ...	кеңес алу	[keŋes alu]
contagiar-se com ...	жұқтыру	[ʒʊqtɯru]

contar (vt)	баяндау	[bajandau]
contar com ...	үміт арту	[ʉmit artu]
continuar (vt)	жалғастыру	[ʒalɣastɯru]
contratar (vt)	жалдап алу	[ʒaldap alu]

controlar (vt)	бақылау	[baqɯlau]
convencer (vt)	нандыру	[nandɯru]
convidar (vt)	шақыру	[ʃaqɯru]
cooperar (vi)	ынтымақтасу	[ɯntɯmaqtasu]

coordenar (vt)	үйлестіру	[üjlestiru]
corar (vi)	қызару	[qizaru]
correr (vi)	жүгіру	[ʒügiru]
corrigir (~ um erro)	дұрыстау	[duristau]
cortar (com um machado)	шауып тастау	[ʃawip tastau]
cortar (com uma faca)	кесіп алу	[kesip alu]
cozinhar (vt)	әзірлеу	[æzirleu]
crer (pensar)	сену	[senu]
criar (vt)	жасау	[ʒasau]
cultivar (~ plantas)	өсіру	[øsiru]
cuspir (vi)	түкіру	[tükru]
custar (vt)	тұру	[turu]
dar banho, lavar (vt)	шомылдыру	[ʃomildiru]
datar (vi)	даталану	[datalanu]
decidir (vt)	шешу	[ʃeʃu]
decorar (enfeitar)	безендіру	[bezendiru]
dedicar (vt)	арнау	[arnau]
defender (vt)	қорғау	[qorɣau]
defender-se (vr)	қорғану	[qorɣanu]
deixar (~ a mulher)	тастау	[tastau]
deixar (esquecer)	тастап кету	[tastap ketu]
deixar (permitir)	қонжиту	[qonʒitu]
deixar cair (vt)	түсіріп алу	[tüsirip alu]
denominar (vt)	атау	[atau]
denunciar (vt)	арыз түсіру	[ariz tüsiru]
depender de ...	тәуелді болу	[tæweldi bolu]
derramar (~ líquido)	төгу	[tøgu]
desaparecer (vi)	жоғалып кету	[ʒoɣalip ketu]
desatar (vt)	ағыту	[aɣitu]
desatracar (vi)	қозғалып кету	[qozɣalip ketu]
descansar (um pouco)	дем алу	[dem alu]
descer (para baixo)	түсу	[tüsu]
descobrir (novas terras)	ашу	[aʃu]
descolar (avião)	ұшу	[uʃu]
desculpar (vt)	кешіру	[keʃiru]
desculpar-se (vr)	кешірім сұрау	[keʃirim surau]
desejar (vt)	тілеу	[tileu]
desempenhar (papel)	ойнау	[ojnau]
desligar (vt)	сөндіру	[søndiru]
desprezar (vt)	сескенбеу	[seskenbeu]
destruir (documentos, etc.)	құрту	[qurtu]
dever (vi)	қарыздар болу	[qarizdar bolu]
devolver (vt)	кері жіберу	[keri ʒiberu]
direcionar (vt)	бағыттау	[baɣitau]
dirigir (~ um carro)	машинаны жүргізу	[maʃinani ʒürgizu]
dirigir (~ uma empresa)	басшылық ету	[basʃiliq etu]

dirigir-se (a um auditório, etc.)	біреуге арнап сөз сөйлеу	[bireuge arnap søz søjleu]
discutir (notícias, etc.)	талқылау	[talqɨlau]
disparar, atirar (vi)	ату	[atu]
distribuir (folhetos, etc.)	тарату	[taratu]
distribuir (vt)	тарату	[taratu]
divertir (vt)	алдарқату	[aldarqatu]
divertir-se (vr)	көңіл көтеру	[køŋil køteru]
dividir (mat.)	бөлу	[bølu]
dizer (vt)	айту	[ajtu]
dobrar (vt)	екі есе өсіру	[eki ese øsiru]
duvidar (vt)	күдіктену	[kʉdiktenu]

254. Verbos E-J

elaborar (uma lista)	жасау	[ʒasau]
elevar-se acima de …	биіктеу	[biikteu]
eliminar (um obstáculo)	жою	[ʒoju]
embrulhar (com papel)	орау	[orau]
emergir (submarino)	қалқу	[qalqu]
emitir (~ cheiro)	тарату	[taratu]
empreender (vt)	қолдану	[qoldanu]
empurrar (vt)	итеру	[ɨteru]
encabeçar (vt)	басшылық ету	[basʃɨlɨq etu]
encher (~ a garrafa, etc.)	толтыру	[toltiru]
encontrar (achar)	табу	[tabu]
enganar (vt)	алдау	[aldau]
ensinar (vt)	оқыту	[oqɨtu]
entediar-se (vr)	сағыну	[saɣɨnu]
entender (vt)	түсіну	[tʉsinu]
entrar (na sala, etc.)	кіру	[kiru]
enviar (uma carta)	жіберу	[ʒiberu]
equipar (vt)	жабдықтау	[ʒabdɨqtau]
errar (enganar-se)	қателесу	[qatelesu]
escolher (vt)	таңдау	[taŋdau]
esconder (vt)	тығу	[tɨɣu]
escrever (vt)	жазу	[ʒazu]
escutar (vt)	тыңдау	[tɨŋdau]
escutar atrás da porta	жасырын тыңдау	[ʒasirin tiŋdau]
esmagar (um inseto, etc.)	жаншып тастау	[ʒanʃɨp tastau]
esperar (aguardar)	күту	[kʉtu]
esperar (contar com)	күту	[kʉtu]
esperar (ter esperança)	үміттену	[ʉmitenu]
espreitar (vi)	сығалау	[sɨɣalau]
esquecer (vt)	ұмыту	[umɨtu]
estar	жату	[ʒatu]

Português	Cazaque	Pronúncia
estar convencido	көзі жету	[køzi ʒetu]
estar deitado	жату	[ʒatu]
estar perplexo	түсінбеу	[tusinbeu]
estar preocupado	алаң болу	[alaŋ bolu]
estar sentado	отыру	[otıru]
estremecer (vi)	селк ете түсу	[selk ete tusu]
estudar (vt)	зерттеу	[zertteu]
evitar (~ o perigo)	аулақ жүру	[aulaq ʒuru]
examinar (~ uma proposta)	қарап шығу	[qarap ʃɣu]
exigir (vt)	талап ету	[talap etu]
existir (vi)	бар болу	[bar bolu]
explicar (vt)	түсіндіру	[tusindiru]
expressar (vt)	білдіру	[bilʲdiru]
expulsar (~ da escola, etc.)	шығару	[ʃɣaru]
facilitar (vt)	жеңілдету	[ʒeŋildetu]
falar com …	сөйлесу	[søjlesu]
faltar (a la escuela, etc.)	келмей қалу	[kelmej qalu]
fascinar (vt)	елтіту	[eltitu]
fatigar (vt)	шаршату	[ʃarʃatu]
fazer (vt)	істеу	[isteu]
fazer lembrar	еске салу	[eske salu]
fazer piadas	қалжындау	[qalʒindau]
fazer publicidade	жарнама жасау	[ʒarnama ʒasau]
fazer uma tentativa	талаптану	[talaptanu]
fechar (vt)	жабу	[ʒabu]
felicitar (vt)	құттықтау	[quttiqtau]
ficar cansado	шаршау	[ʃarʃau]
ficar em silêncio	үндемеу	[undemeu]
ficar pensativo	ойлану	[ojlanu]
forçar (vt)	мәжбүр ету	[mæʒbur etu]
formar (vt)	жасау	[ʒasau]
gabar-se (vr)	мақтану	[maqtanu]
garantir (vt)	кепілдік беру	[kepildik beru]
gostar (apreciar)	ұнау	[unau]
gritar (vi)	бақыру	[baqiru]
guardar (fotos, etc.)	сақтау	[saqtau]
guardar (no armário, etc.)	жинау	[ʒınau]
guerrear (vt)	соғысу	[soɣisu]
herdar (vt)	мұра ету	[mura etu]
iluminar (vt)	жарықтандыру	[ʒariqtandiru]
imaginar (vt)	елестету	[elestetu]
imitar (vt)	ұқсату	[uqsatu]
implorar (vt)	өтіну	[øtinu]
importar (vt)	импорттау	[ımporttau]
indicar (~ o caminho)	көрсету	[kørsetu]
indignar-se (vr)	ашыну	[aʃinu]

infetar, contagiar (vt)	жұқтыру	[ʒuqtɨru]
influenciar (vt)	ықпал ету	[ɨqpal etu]
informar (~ a policia)	хабарлау	[habarlau]
informar (vt)	мәлімдеу	[mælimdeu]
informar-se (~ sobre)	тану	[tanu]
inscrever (na lista)	тізімге кіргізу	[tizimge kirgizu]
inserir (vt)	салу	[salu]
insinuar (vt)	тұспалдау	[tuspaldau]
insistir (vi)	дегеніне көндіру	[degenine køndiru]
inspirar (vt)	жігерлендіру	[ʒigerlendiru]
instruir (ensinar)	нұсқау беру	[nusqau beru]
insultar (vt)	қорлау	[qorlau]
interessar (vt)	қызықтыру	[qɨzɨqtɨru]
interessar-se (vr)	қызығу	[qɨzɨɣu]
intervir (vi)	араласу	[aralasu]
invejar (vt)	көре алмау	[køre almau]
inventar (vt)	ойлап шығару	[ojlap ʃɨɣaru]
ir (a pé)	бару	[baru]
ir (de carro, etc.)	бару	[baru]
ir nadar	суға түсу	[suɣa tusu]
ir para a cama	ұйықтауға жату	[ujɨqtauɣa ʒatu]
irritar (vt)	түршіктіру	[turʃiktiru]
irritar-se (vr)	қозу	[qozu]
isolar (vt)	оқшаулау	[oqʃaulau]
jantar (vi)	кешкі ас ішу	[keʃki as iʃu]
jogar, atirar (vt)	тастау	[tastau]
juntar, unir (vt)	бірлестіру	[birlestiru]
juntar-se a ...	қосылу	[qosɨlu]

255. Verbos L-P

lançar (novo projeto, etc.)	іске қосу	[iske qosu]
lavar (vt)	жуу	[ʒuu]
lavar a roupa	жуу	[ʒuu]
lavar-se (vr)	жуыну	[ʒuɨnu]
lembrar (vt)	еске сақтау	[eske saqtau]
ler (vt)	оқу	[oqu]
levantar-se (vr)	тұру	[turu]
levar (ex. leva isso daqui)	әкету	[æketu]
libertar (cidade, etc.)	босату	[bosatu]
ligar (~ o radio, etc.)	қосу	[qosu]
limitar (vt)	шек қою	[ʃæk qoju]
limpar (eliminar sujeira)	тазалау	[tazalau]
limpar (tirar o calcário, etc.)	тазарту	[tazartu]
lisonjear (vt)	қошеметтесу	[qoʃæmetesu]
livrar-se de ...	құтылу	[qutɨlu]

| lutar (combater) | күресу | [kuresu] |
| lutar (esporte) | күресу | [kuresu] |

marcar (com lápis, etc.)	атап өту	[atap øtu]
matar (vt)	өлтіру	[øltiru]
memorizar (vt)	еске сақтау	[eske saqtau]
mencionar (vt)	еске алу	[eske alu]

mentir (vi)	жалған айту	[ʒalɣan ajtu]
merecer (vt)	лайық болу	[lajiq bolu]
mergulhar (vi)	сүңгу	[suŋgu]
misturar (vt)	араластыру	[aralastiru]

morar (vt)	өмір сүру	[ømir suru]
mostrar (vt)	көрсету	[kørsetu]
mover (vt)	жылжыту	[ʒɨlʒitu]
mudar (modificar)	өзгерту	[øzgertu]

multiplicar (mat.)	көбейту	[købejtu]
nadar (vi)	жүзу	[ʒuzu]
negar (vt)	мойындамау	[mojindamau]
negociar (vi)	келіссөздер жүргізу	[kelisøzder ʒurgizu]

nomear (função)	тағайындау	[taɣajindau]
obedecer (vt)	бағыну	[baɣinu]
objetar (vt)	қарсы болу	[qarsi bolu]
observar (vt)	бақылау	[baqilau]

ofender (vt)	ренжіту	[renʒitu]
olhar (vt)	қарау	[qarau]
omitir (vt)	тастап кету	[tastap ketu]
ordenar (mil.)	бұйыру	[bujiru]

organizar (evento, etc.)	ұйымдастыру	[ujimdastiru]
ousar (vt)	батылдану	[batildanu]
ouvir (vt)	есту	[estu]
pagar (vt)	төлеу	[tøleu]

parar (para descansar)	тоқтау	[toqtau]
parar, cessar (vt)	тоқтату	[toqtatu]
parecer-se (vr)	ұқсау	[uqsau]
participar (vi)	қатысу	[qatisu]
partir (~ para o estrangeiro)	кетіп қалу	[ketip qalu]

passar (vt)	өту	[øtu]
passar a ferro	үтіктеу	[utikteu]
pecar (vi)	күнәға бату	[kunæɣa batu]
pedir (comida)	тапсырыс беру	[tapsiris beru]

pedir (um favor, etc.)	сұрау	[surau]
pegar (tomar com a mão)	ұстау	[ustau]
pegar (tomar)	алу	[alu]
pendurar (cortinas, etc.)	ілу	[ilu]
penetrar (vt)	кіру	[kiru]
pensar (vi, vt)	ойлау	[ojlau]
pentear-se (vr)	тарану	[taranu]

perceber (ver)	көріп қалу	[kørip qalu]
perder (o guarda-chuva, etc.)	жоғалту	[ʒoɣaltu]
perdoar (vt)	кешіру	[keʃiru]
permitir (vt)	рұқсат беру	[ruqsat beru]
pertencer a ...	меншігі болу	[menʃigi bolu]
perturbar (vt)	мазалау	[mazalau]
pesar (ter o peso)	тарту	[tartu]
pescar (vt)	балық аулау	[baliq aulau]
planejar (vt)	жоспарлау	[ʒosparlau]
poder (~ fazer algo)	істей алу	[istej alu]
pôr (posicionar)	орналастыру	[ornalastiru]
possuir (uma casa, etc.)	иелену	[ielenu]
predominar (vi, vt)	басым болу	[basim bolu]
preferir (vt)	қалау	[qalau]
preocupar (vt)	мазалау	[mazalau]
preocupar-se (vr)	абыржу	[abirʒu]
preparar (vt)	дайындау	[dajindau]
preservar (ex. ~ a paz)	сақтау	[saqtau]
prever (vt)	болжау	[bolʒau]
privar (vt)	айыру	[ajiru]
proibir (vt)	тыйым салу	[tijim salu]
projetar, criar (vt)	жобалау	[ʒobalau]
prometer (vt)	сөз беру	[søz beru]
pronunciar (vt)	айту	[ajtu]
propor (vt)	ұсыну	[usinu]
proteger (a natureza)	күзету	[kuzetu]
protestar (vi)	наразылық білдіру	[naraziliq bildiru]
provar (~ a teoria, etc.)	дәлелдеу	[dæleldeu]
provocar (vt)	азғыру	[azɣiru]
punir, castigar (vt)	жазалау	[ʒazalau]
puxar (vt)	тарту	[tartu]

256. Verbos Q-Z

quebrar (vt)	сындыру	[sindiru]
queimar (vt)	жағу	[ʒaɣu]
queixar-se (vr)	наразылық білдіру	[naraziliq bildiru]
querer (desejar)	келу	[kelu]
rachar-se (vr)	жарылу	[ʒarilu]
ralhar, repreender (vt)	ұрсу	[ursu]
realizar (vt)	жүзеге асыру	[ʒuzege asiru]
recomendar (vt)	кеңес беру	[keŋes beru]
reconhecer (identificar)	тану	[tanu]
reconhecer (o erro)	мойындау	[mojindau]
recordar, lembrar (vt)	еске түсіру	[eske tusiru]

recuperar-se (vr)	айығу	[ajïɣu]
recusar (~ alguém)	қабыл алмау	[qabïl almau]
reduzir (vt)	азайту	[azajtu]
refazer (vt)	қайта істеу	[qajta isteu]
reforçar (vt)	бекіту	[bekitu]
refrear (vt)	ұстап қалу	[ʊstap qalu]
regar (plantas)	суару	[suaru]
remover (~ uma mancha)	кетіру	[ketiru]
reparar (vt)	жөндеу	[ʒøndeu]
repetir (dizer outra vez)	қайталау	[qajtalau]
reportar (vt)	баяндау	[bajandau]
reservar (~ um quarto)	бронмен қаптау	[bronmen qaptau]
resolver (o conflito)	бітісу	[bitisu]
resolver (um problema)	шешу	[ʃæʃu]
respirar (vi)	дем алу	[dem alu]
responder (vt)	жауап беру	[ʒawap beru]
rezar, orar (vi)	табыну	[tabïnu]
rir (vi)	күлу	[kʉlu]
romper-se (corda, etc.)	жыртылу	[ʒïrtïlu]
roubar (vt)	ұрлау	[ʊrlau]
saber (vt)	білу	[bilu]
sair (~ de casa)	шығу	[ʃïɣu]
sair (ser publicado)	шығу	[ʃïɣu]
salvar (resgatar)	құтқару	[qʊtqaru]
satisfazer (vt)	қанағаттандыру	[qanaɣatandïru]
saudar (vt)	сәлем беру	[sælem beru]
secar (vt)	кептіру	[keptiru]
seguir (~ alguém)	шығу (артында ...)	[ʃïɣu artïnda]
selecionar (vt)	іріктеп алу	[iriktep alu]
semear (vt)	себу	[sebu]
sentar-se (vr)	отыру	[otïru]
sentenciar (vt)	үкім шығару	[ʉkim ʃïɣaru]
sentir (vt)	сезіну	[sezinu]
ser diferente	ерекшелену	[erekʃælenu]
ser indispensável	керек болу	[kerek bolu]
ser necessário	керек болу	[kerek bolu]
ser preservado	сақталыну	[saqtalïnu]
ser, estar	болу	[bolu]
servir (restaurant, etc.)	қызмет көрсету	[qïzmet kørsetu]
servir (roupa, caber)	жарасу	[ʒarasu]
significar (palavra, etc.)	мәні болу	[mæni bolu]
significar (vt)	білдіру	[bildiru]
simplificar (vt)	ықшамдау	[ïqʃamdau]
sofrer (vt)	азап шегу	[azap ʃægu]
sonhar (~ com)	армандау	[armandau]
sonhar (ver sonhos)	түстерді көру	[tʉsterdi køru]

soprar (vi)	үрлеу	[ürleu]
sorrir (vi)	күлімдеу	[külimdeu]
subestimar (vt)	кете бағаламау	[ʒete baɣalamau]
sublinhar (vt)	астын сызу	[astin sizu]
sujar-se (vr)	лайлану	[lajlanu]
superestimar (vt)	қайта бағалау	[qajta baɣalau]
supor (vt)	жобалау	[ʒobalau]
suportar (as dores)	шыдау	[ʃidau]
surpreender (vt)	таң қалдыру	[taŋ qaldiru]
surpreender-se (vr)	таң қалу	[taŋ qalu]
suspeitar (vt)	сезіктену	[seziktenu]
suspirar (vi)	күрсіну	[kürsinu]
tentar (~ fazer)	тырысу	[tirisu]
ter (vt)	бар болу	[bar bolu]
ter medo	қорқу	[qorqu]
terminar (vt)	бітіру	[bitiru]
tirar (vt)	шешу	[ʃeʃu]
tirar cópias	көбейту	[købejtu]
tirar fotos, fotografar	суретке түсіру	[suretke tüsiru]
tirar uma conclusão	қорытынды жасау	[qoritindi ʒasau]
tocar (com as mãos)	тию	[tiju]
tomar café da manhã	таңертеңдік ас ішу	[taŋerteŋdik as iʃu]
tomar emprestado	қарыз алу	[qariz alu]
tornar-se (ex. ~ conhecido)	болып қалыптасу	[bolip qaliptasu]
trabalhar (vi)	жұмыс істеу	[ʒumis isteu]
traduzir (vt)	аудару	[audaru]
transformar (vt)	басқа түрге өзгерту	[basqa türge øzgertu]
tratar (a doença)	емдеу	[emdeu]
trazer (vt)	әкелу	[ækelu]
treinar (vt)	жаттықтыру	[ʒattiqtiru]
treinar-se (vr)	жаттығу	[ʒattiɣu]
tremer (de frio)	дірілдеу	[dirildeu]
trocar (vt)	алмасу	[almasu]
trocar, mudar (vt)	өзгерту	[øzgertu]
usar (uma palavra, etc.)	қолдану	[qoldanu]
utilizar (vt)	пайдалану	[pajdalanu]
vacinar (vt)	егу	[egu]
vender (vt)	сату	[satu]
verter (encher)	құю	[quju]
vingar (vt)	кек алу	[kek alu]
virar (~ para a direita)	бұру	[buru]
virar (pedra, etc.)	төңкеру	[tøŋkeru]
virar as costas	жүзін аудару	[ʒüzin audaru]
viver (vi)	өмір сүру	[ømir süru]
voar (vi)	ұшу	[uʃu]
voltar (vi)	қайту	[qajtu]

votar (vi)	дауыс беру	[dawis beru]
zangar (vt)	ашуландыру	[aʃulandïru]
zangar-se com …	ашуланып отыру …	[aʃulanïp otïru]
zombar (vt)	күлкі қылу	[kʉlki qïlu]